제인에어

미국대학위원회 추천 필독서
제인 에어

원 작 Charlotte Bronte
엮은이 넥서스콘텐츠개발팀
펴낸이 임상진
펴낸곳 (주)넥서스

초판 1쇄 인쇄 2018년 7월 1일
초판 1쇄 발행 2018년 7월 15일

출판신고 1992년 4월 3일 제311-2002-2호
주소 10880 경기도 파주시 지목로 5
전화 (02)330-5500 팩스 (02)330-5555

ISBN 979-11-6165-430-0 44740
        979-11-6165-445-4 44740 (세트)

이 도서의 국립중앙도서관 출판예정도서목록(CIP)은
서지정보유통지원시스템 홈페이지(http://seoji.nl.go.kr)와
국가자료공동목록시스템(http://www.nl.go.kr/kolisnet)에서 이용하실 수 있습니다.
(CIP제어번호 : CIP2018019869)

www.nexusbook.com

Jane Eyre

제인 에어

넥서스

이 시리즈의 특징

1 | 미국대학위원회 추천 필독서

미국대학위원회 추천 필독서 시리즈는 미국 대학입학자격시험인 SAT를 주관하는 미국대학위원회 The College Board에서 추천한 도서들로 구성되어 있습니다. 미국뿐 아니라 세계 주요 대학에서도 필독서로 인정받고 있는 도서들입니다.

2 | 쉬운 영어로 Rewriting

주옥같은 영미 문학 작품을 영어로 읽어 보면 우리말로 번역된 책을 읽을 때는 느끼지 못했던 또 다른 재미와 감동을 느낄 수 있습니다. 본 책은 영문을 부담 없이 읽을 수 있도록, 원문을 최대한 살리면서 쉬운 영어로 각색하였습니다. 또한 중학교 영어 수준에서 벗어나는 어려운 어휘는 별도로 뜻풀이를 해 두었습니다.

3 | 학습용 MP3 파일

책과 함께 원어민 MP3 파일을 들어 보세요. 전문 원어민 성우들의 실감나는 연기가 담긴 MP3 파일을 들으면서, 읽기와 함께 듣기 및 말하기까지 연습할 수 있습니다.

MP3 파일 무료 다운 www.nexusbook.com

휴대폰에서 MP3 듣기

추천 리딩 가이드

Step1 **들으면서 의미 추측하기**

책을 읽기에 앞서 MP3 파일을 들으며 이야기의 내용을 추측해 본다.

Step2 **빨리 읽으면서 의미 추측하기**

STORY 및 SCENE의 영문 제목과 우리말 요약을 읽은 다음, 본문을 읽으면서 혼자 힘으로 뜻을 파악해 본다. 모르는 단어나 문장이 나와도 멈추지 말고 전체적인 흐름을 파악하는 데 주력한다.

Step3 **정확히 읽으면서 의미 파악하기**

단어 풀이와 우리말 번역을 참고하면서 정확한 의미를 파악한다.

Step4 **소리 내어 읽으면서 소리와 친해지기**

단어와 단어가 연결될 때 나타나는 발음 현상과 속도 등에 유의하면서 큰 소리로 또박또박 읽어 본다.

Step5 **따라 말하면서 회화 연습하기**

MP3 파일을 들으며 원어민의 말을 한 박자 늦게 돌림노래 부르듯 따라 말하면서, 속도감과 발음 등 회화에 효과적인 훈련을 한다.

샬롯 브론테
Charlotte Bronte

샬롯 브론테(Charlotte Bronte, 1816~1855)는 목사의 셋째 딸로 태어났다. 다섯 살 때 어머니를 여의고 1824년에는 기숙 학교에 다녔다. 이 학교가 훗날 그녀의 대표작 「제인 에어」에 나오는 로우드 시설의 모델인데, 샬롯은 열악한 기숙 학교의 환경 속에서 영양실조와 폐렴으로 위의 두 언니를 잃기도 했다.

1846년, 샬롯은 「폭풍의 언덕」의 저자로 유명한 동생 에밀리 브론테(Emily Bronte)가 쓴 시와 자신의 작품을 엮어 「커러, 엘리스, 액턴 벨의 시집」을 출판했다. 이 책은 자비로 출판되었고, 비평가의 관심을 거의 끌지 못했다. 또한 자신의 첫 번째 소설 「교수」를 출간하고자 했으나 출판사에 의해 거절당했다. 그런데 출판사는 이 무렵 집필이 거의 끝난 「제인 에어」에 관심을 보였고, 이 작품은 1847년에 출간되어 큰 성공을 거두었다.

샬롯은 마침내 작가로서 성공을 거두었으나 에밀리를 포함한 여동생 둘과 남동생까지 모두 잃는 불행을 다시 겪었다. 이 무렵 새로운 돌파구를 마련하고자 샬롯은 아버지 교회의 부목사인 아서 벨 니콜스로부터 청혼을 받고 그와 결혼했다. 그러나 1855년 봄, 새로운 소설 「엠마」의 집필을 시작한 지 얼마 안 되어 노산에다 각종 합병증이 겹쳐 결혼 9개월 만에 서른아홉의 아까운 나이로 사망하고 말았다. 샬롯이 남긴 주요 작품으로는 「교수」, 「제인 에어」, 「셜리」, 「빌레트」 등이 있다.

제인 에어
Jane Eyre

주인공인 제인 에어는 어려서 부모를 잃고 외숙모에게 맡겨지지만, 더부살이의 설움을 겪는다. 결국 열 살 때 고아들을 위한 기숙 시설로 쫓겨나고 훗날 가정 교사가 되어 손필드 저택에 들어가게 된 제인은 주인 로체스터를 사랑하게 된다. 그들의 결혼식 날, 그에게 정신이 이상해진 아내가 있다는 사실을 알게 된 제인은 충격을 받는다.

이 작품은 작가의 여러 가지 경험이 투영되어 있다. 샬롯이 유년 시절을 보냈던 클러지 도터스 기숙 학교는 제인이 공부했던 로우드 시설로 나타나고, 샬롯이 교사로 재직했던 에제 기숙 학교의 교장인 콩스탕틴 에제는 로체스터의 모델이 되었다. 현실에서는 샬롯의 마음이 받아들여지지 않았지만 작품 속의 제인은 진실한 사랑으로 역경을 극복하고 로체스터와 해피 엔딩을 맞는다.

이 작품에서 보여 주는 사랑은 통속적인 남녀 간의 애정이 아니다. 주인공인 제인은 그리 예쁘지 않고 심성이 특별히 착한 것도 아니지만, 교양 있고 자존심 강한 여성으로 묘사된다. 또한 제인과 로체스터의 결혼은 남성의 우월한 지위와 경제력에 의해 성사되는 것이 아니다. 오히려 로체스터는 재산을 잃고 불구가 된 반면, 제인은 유산을 상속받아 경제적 지위가 상승되었을 때 비로소 그들의 사랑이 실현된다. 이 작품의 주인공 제인은 여성이 사회적 지위에 눈을 뜨기 시작한 19세기 영국 여성의 선구적 모델로 페미니즘이라는 메시지를 담고 있다는 것에서 높이 평가되고 있다.

Contents

I care for myself.
The more solitary,
the more friendless, the more unsustained I am,
the more I will respect myself.

내가 나 스스로를 보살필 거야.
더 외로울수록, 홀로 남겨질수록, 의지할 사람이 없을수록
나는 나 자신을 더 소중하게 여길 거야.

Charlotte Bronte

Chapter 1

There was no possibility* of taking a walk that day. The cold winter wind had brought with it clouds so somber,* and a rain so penetrating,* that further outdoor* exercise was now impossible. I was glad of it: I never liked long walks, especially on chilly afternoons.

Eliza, John, and Georgiana were now seated around their mama in the living room.

"Until I hear from Bessie the details* of what you have done, I don't want to see you or speak to you," said Mrs. Reed.

"What is Bessie accusing me of*?" I asked.

"Jane, just sit somewhere and remain silent."

제1장

날씨가 궂은 어느 날,
제인 에어는 짓궂은 사촌들을 피해 책을 읽고 있다.
그때 사촌인 존이 들이닥치고 둘 사이에는 실랑이가 벌어진다.

그날은 산책을 나갈 가능성이 없었다. 차가운 겨울바람이 아주 거무칙칙한 구름을 몰고 왔고, 비가 툭툭 사납게 땅 속을 파고들어 더 이상의 야외 활동은 이제 불가능했다. 나는 그것이 기뻤다. 나는 장시간의 산책, 특히 쌀쌀한 오후의 산책을 전혀 좋아하지 않았다.

일라이자, 존, 조지아나는 이제 거실에서 그들의 어머니 주위에 빙 둘러앉아 있었다.

"베시한테 네가 저지른 일에 대한 상세한 설명을 듣기 전까지는 너를 보고 싶지도, 너와 이야기를 하고 싶지도 않구나." 리드 외숙모가 말했다.

"베시가 제가 무엇을 잘못했다고 했는데요?" 내가 물었다.

"제인, 그냥 어디에든 앉아서 잠자코 있어."

---

possibility 가능성   **somber** 거무칙칙한   **penetrating** 꿰뚫는, 꿰뚫고 들어가는   **outdoor** 옥외의, 야외의   **details** 상세한 설명   **accuse A of B** A를 B의 혐의로 고발하다(비난하다)

I slipped into* the breakfast room and returned to my book—Bewick's *History of British* Birds*. With the big book on my knee, I was happy. I feared nothing but interruption,* and that came very soon.

"Where is she?" cried John, bursting into* the room. I hid myself behind the curtain of the window seat just in time.* "Lizzy! Georgy! Jane is not here! Tell mama she has run out into the rain."

I came out immediately.*

"What do you want?" I asked.

"What were you doing behind the curtain?" John asked.

"I was reading a book."

"Show me the book."

I did as I was told.

"You have no right to take our books," the tyrant* continued.* "You are a dependent,* mama says. You have no money because your father left you none. You are a beggar.* You have no business living* here with gentlemen's children like us, and eating the same meals we do, and wearing clothes at our mama's expense.* Now, I'll teach you a lesson!"

나는 아침 식사를 먹는 방으로 슬쩍 들어갔고 내가 읽고 있던 책, 베윅의 「영국 새들의 역사」 쪽으로 몸을 돌렸다. 그 큰 책을 무릎에 놓고서 나는 행복했다. 나는 방해 말고는 아무것도 두렵지 않았는데, 그것은 아주 빨리 왔다.

"어디 있는 거야?" 존이 방으로 불쑥 들어오며 소리쳤다. 나는 딱 제시간에 맞추어 창문 커튼 뒤로 몸을 숨겼다. "리지! 조지! 제인은 여기 없어! 제인이 빗속으로 달려 나갔다고 어머니께 말씀드려."

나는 즉시 나왔다.

"원하는 것이 뭐야?" 내가 물었다.

"커튼 뒤에서 무엇을 하고 있었어?" 존이 물었다.

"책을 읽고 있었어."

"내게 그 책을 보여 줘."

나는 들은 대로 했다.

"너는 우리 책을 가져갈 권리가 없어." 그 폭군은 계속해서 말했다. "어머니가 너는 군식구라고 그러셨어. 너희 아버지가 너에게 아무것도 남기지 않았으니까 너는 무일푼이야. 너는 거지야. 너는 우리처럼 품위 있는 사람의 자식들과 여기에서 같이 살고, 우리가 먹는 것과 같은 음식을 먹고, 우리 어머니의 돈으로 옷을 입을 자격이 없어. 이제 내가 너한테 본때를 보여 주겠어."

---

slip into ~로 슬쩍 들어가다 **British** 영국의 **interruption** 중단, 방해 **burst into** ~로 불쑥 들어오다 **in time** 때맞추어 **immediately** 즉시, 즉각 **tyrant** 폭군, 압제자 **continue** 말을 잇다 **dependent** 남에게 의지하여 사는 사람 **beggar** 거지 **have no business -ing** ~할 자격이 없다 **expense** 지출, 비용

He ran at me at full speed.* I felt him grab* my hair and my shoulder. I felt a drop of blood* from my head trickle down* my neck. Pain* took over* my fear, and I retaliated* frantically.* I don't know what I did with my hands, but I heard him bellow out.* Meanwhile,* Eliza and Georgiana had run for Mrs. Reed. She now entered the room, followed by Bessie and her maid Abbot. We were separated.*

"Take her away to the red-room," she said angrily. "Lock her in there."

존은 전속력으로 나에게 달려들었다. 나는 존이 나의 머리카락과 나의 어깨를 붙잡는 것을 느꼈다. 나는 내 머리에서 목으로 핏방울이 주르륵 흘러내리는 것을 느꼈다. 고통이 두려움을 압도했으며, 나는 미친 듯이 응수했다. 나는 내 손으로 무엇을 했는지 몰랐으나, 존이 고래고래 소리 지르는 것은 들었다. 그 사이 일라이자와 조지아나는 리드 외숙모를 부르러 달려갔다. 이제 리드 외숙모가 방으로 들어왔고 베시와 외숙모의 하녀 애보트가 뒤따라왔다. 그들은 우리를 떨어뜨려 놓았다.

"이 애를 '붉은 방'으로 데려가." 리드 외숙모가 화를 내며 말했다. "저 애를 그곳에 가둬 놓도록 해."

---

at full speed 전속력으로   **grab** 붙들다, 움켜쥐다   **blood** 피   **trickle down** 주르륵 흐르다 **pain** 고통   **take over** ~을 압도하다   **retaliate** 응수하다, 보복하다   **frantically** 미친 듯이, 극도로 흥분하여   **bellow out** 크게 고함지르다   **meanwhile** 그동안, 한편   **separate** 떼어 놓다

Chapter 2

I was taken to the red-room by Bessie and Miss Abbot.

"You should know, Miss, that you are under obligations* to Mrs. Reed," Bessie said to me. "If she were to throw you out,* you would have to go to the poorhouse.*"

These were the kind of words I had heard ever since I could remember. This reproach* of my dependence was a daily occurrence* for me.

"That's right," Miss Abbot joined in. "And you should not think yourself on the same level as Master Reed or his sisters. When they grow up, they will have a great deal of money, and you will have none."

제2장

존에게 덤빈 죄로 붉은 방에 갇힌 제인은
그 누구에게도 억울한 심정을 위로받지 못한다.
밀폐된 공간에 갇혀 있던 어린 제인은 환영을 보고 겁에 질린다.

나는 베시와 애보트에게 붉은 방으로 끌려갔다.

"아가씨, 아가씨는 리드 마님께 신세를 지고 계시다는 것을 아셔야 해요." 베시가 나에게 말했다. "만약 리드 마님께서 아가씨를 쫓아내신다면 아가씨는 구빈원으로 가셔야 할 거예요."

이러한 말들은 내가 기억할 수 있는 이래로 쭉 들어 왔던 종류의 말이었다. 의지할 데 없는 나의 처지에 대한 이런 질책은 나에게는 늘 일어나는 일이었다.

"맞아요." 애보트가 거들었다. "그리고 아가씨는 아가씨를 리드 도련님이나 도련님의 누이들과 같은 처지라고 생각하시면 안 돼요. 그분들은 성인이 되시면 막대한 양의 재산을 갖게 되시지만, 아가씨는 한 푼도 갖지 못하실 테니까요."

---

obligation 은혜, 신세　**throw out** ~을 버리다　**poorhouse** 구빈원　**reproach** 비난, 질책;
책망하다, 꾸짖다　**daily occurrence** 일상적인 일

They left the room and shut the door, locking it from the outside.

The red-room was a square* chamber,* and it was the only room in Gateshead Hall that was never slept in. There was a large mirror in the room, and I was shocked to see my own reflection.* I looked, cold and pale, like a tiny phantom.* I was suddenly overcome with sadness* at the poor state* of my life with the Reeds. I remembered all of John Reed's violent* tyrannies,* his sisters' proud indifference,* his mother's aversion,* and the servants' partiality.*

Suddenly, a light gleamed* on the wall. It was not the moonlight. The light glided* up to the ceiling* and quivered* over my head. In all likelihood,* it was a gleam from a lantern* carried by someone across the lawn.* But my mind was so ready for horror that I thought it was the ghost of Uncle Reed that had come back to punish* his wife for being cruel* to me. I rushed to the door and cried out in terror. Soon the door was opened, and Bessie and Abbot entered.

"Let me out!" I screamed.*

"Why?" answered Bessie. "Did you see something? Are you in pain?"

"I saw a light, and I thought it was a ghost." I grabbed Bessie's hand, and she did not let it go.

그들은 방을 나간 다음 문을 닫고 밖에서 잠갔다.

붉은 방은 정사각형의 방이었고, 게이츠헤드 저택에서는 절대로 침실로 사용되지 않는 유일한 방이었다. 방 안에는 커다란 거울이 하나 있었고, 나는 거울에 비친 내 자신의 모습에 충격을 받았다. 나는 작은 유령처럼 몸이 차고 창백해 보였다. 나는 갑자기 리드 집안 사람들과 사는 내 인생의 불쌍한 처지에 대한 슬픔에 굴복하고 말았다. 나는 존 리드의 난폭한 횡포, 자만심으로 똘똘 뭉친 그의 누이들의 무관심, 그의 어머니의 혐오감, 그리고 하인들의 편파성에 관한 모든 것이 떠올랐다.

갑자기 벽에서 빛이 어슴푸레 빛났다. 그것은 달빛이 아니었다. 빛이 천장을 향해 위쪽으로 천천히 움직였고 나의 머리 위에서 흔들렸다. 십중팔구 그것은 잔디밭을 가로지르는 누군가에게 들려진 등불에서 나온 번쩍임이었다. 그러나 나의 마음은 공포에 사로잡히기 쉬운 상태여서 나는 그것이 나에게 잔인하게 구는 것에 대하여 자기 아내를 벌주러 돌아온 리드 외삼촌의 유령이라고 생각했다. 나는 공포에 사로잡혀 문으로 달려가 소리를 질렀다. 곧 문이 열렸고, 베시와 애보트가 들어왔다.

"나를 내보내 줘!" 내가 소리쳤다.

"왜 그러세요?" 베시가 대답했다. "뭔가 보신 거예요? 어디가 아프세요?"

"불빛을 봤는데, 내 생각에 그것은 유령이었어." 나는 베시의 손을 잡았고 베시는 내 손을 뿌리치지 않았다.

---

square 정사각형의, 사각의 **chamber** 방 **reflection** (거울 등에 비친) 모습, 상 **phantom** 유령, 도깨비 **be overcome with sadness** 슬픔에 굴복하다 **state** 상태 **violent** 난폭한, 폭력적인 **tyranny** 압제, 횡포 **indifference** 무관심, 냉담 **aversion** 반감, 혐오 **partiality** 불공평, 편파 **gleam** 어슴푸레 빛나다 **glide** 미끄러지듯 움직이다 **ceiling** 천장 **quiver** 흔들리다 **in all likelihood** 아마, 십중팔구 **lantern** 등불, 손전등 **lawn** 잔디, 잔디밭 **punish** 벌하다, 응징하다 **cruel** 잔혹한, 잔인한 **scream** 소리치다, 외치다

"She screamed out on purpose,*" said Abbot, in some disgust.* "She only did it to bring us all here."

"What is going on?" demanded* another voice. Mrs. Reed came along the corridor.* "Abbot and Bessie, didn't I tell you that Jane Eyre is to be left in the red-room until I let her out myself?"

"Miss Jane screamed so loud, ma'am," said Bessie, "we thought something terrible had happened."

"Oh! Aunt! Forgive me! I cannot bear it. Let me be punished some other way!"

"Silence!" she replied.

Mrs. Reed violently thrust* me back into the room and locked me in.

"아가씨가 일부러 소리친 거로군." 애보트가 조금은 혐오스러운 듯 말했다. "우리를 이곳으로 오게 하려고 아가씨가 일부러 그런 것뿐이야."

"무슨 일이 벌어지고 있는 거지?" 또 다른 목소리가 설명을 요구했다. 리드 외숙모가 복도를 따라 왔다. "애보트, 베시, 내가 직접 내보내 줄 때까지 제인 에어를 붉은 방에 가둬 두라고 내가 말하지 않았나?"

"제인 아가씨가 아주 크게 소리를 지르셨어요, 마님." 베시가 말했다. "저희는 무언가 끔찍한 일이 생겼다고 생각했고요."

"오! 외숙모! 용서해 주세요! 저는 못 참겠어요. 다른 방법으로 벌을 받게 해 주세요!"

"조용히 해!" 리드 외숙모가 대답했다.

리드 외숙모는 나를 방 안으로 난폭하게 밀어 넣고 안에 가두었다.

---

on purpose 고의로, 일부러   **in disgust** 혐오스러워 하며, 넌더리 내며   **demand** 요구하다, 힐문하다   **corridor** 복도, 회랑   **thrust** 밀다

Chapter 3

I woke up in my own bedroom in the care of Mr. Lloyd. He was an apothecary,* sometimes called in by Mrs. Reed when the servants were ill. When her children were ill, she called in a physician.*

"Do you feel you need more sleep, Miss?" asked Bessie, rather softly.

"I will try," I said hesitantly.*

"Would you like to drink some water?" Bessie asked. "Do you think you can eat something?"

"No, thank you."

"Then I'll go to bed, for it is past twelve o'clock. You can call me if you want anything during the night."

제3장

붉은 방에서 겪은 심리적 공포로 인해 제인은 며칠을 앓아눕고
인정머리 없는 사촌과 외숙모에게서 벗어나는 방법으로
학교에 진학하는 방법을 모색한다.

나는 로이드 씨의 간호를 받으면서 내 침대에서 깨어났다. 로이드 씨는 하인들이
아플 때 리드 외숙모에 의해 때때로 불려 오는 약제사였다. 자기 아이들이 아플
때에 리드 외숙모는 의사를 불렀다.

"잠을 더 자야겠다는 생각이 드세요, 아가씨?" 베시가 상당히 상냥하게 물었
다.

"더 자려고 해 볼게." 내가 주저하며 말했다.

"물 좀 드실래요?" 베시가 물었다. "뭘 좀 드실 수 있을 것 같으세요?"

"아니, 고맙지만 됐어."

"그러면 저는 자러 갈게요. 12시도 넘었거든요. 밤중에 무엇이든 필요하면 저
를 부르시면 돼요."

---

apothecary 약종상, 약제사 **physician** 내과 의사 **hesitantly** 주저하며, 머뭇거리며

The next day, by noon, I was up and dressed. I sat wrapped in a shawl by the nursery* hearth.* I felt physically* weak. Bessie had now finished dusting* and tidying* the room, and having washed her hands, she opened a small drawer. It was full of splendid* shreds* of silk and satin,* and Bessie began making a new bonnet* for Georgiana's doll. While doing so, she sang a song. I felt as if she were singing it for me, and soon tears rolled down my cheeks.

"Don't cry Miss Jane," said Bessie as she finished the song.

Just then, Mr. Lloyd came again.

"Already up?" he said as he entered the nursery.

I smiled at him faintly.*

"What made you so ill yesterday?" he asked.

"She fell," said Bessie.

"I was knocked down,*" I said. "But that's not what made me ill."

Bessie would rather have stayed, but she had to go and help get lunch ready.

"If the fall did not make you ill, what did?" asked Mr. Lloyd when Bessie was gone.

"I was locked up in a room where there is a ghost."

Mr. Lloyd smiled and frowned* at the same time.

"And I am unhappy, very unhappy, because of other things."

다음 날 정오쯤 나는 일어나서 옷을 입었다. 나는 놀이방의 벽난로 옆에서 숄을 두르고 앉았다. 나는 몸이 허하다는 생각이 들었다. 베시는 이제 방의 먼지를 털고 치우는 일을 끝낸 터였고, 손을 씻고, 작은 서랍을 열었다. 서랍에는 멋진 비단과 공단 조각들이 가득 있었고, 베시는 조지아나의 인형에게 씌울 새 모자를 만들기 시작했다. 그러는 동안 베시는 노래를 불렀다. 나는 마치 그녀가 나를 위해 그 노래를 불러 주고 있는 것처럼 느꼈고, 곧 눈물이 뺨 위로 방울방울 흘러내렸다.

"울지 마세요, 제인 아기씨." 베시가 노래를 끝내며 말했다.

바로 그때 로이드 씨가 다시 왔다.

"벌써 일어났니?" 로이드 씨가 놀이방으로 들어서며 말했다.

나는 로이드 씨를 보고 희미하게 미소를 지었다.

"어제는 무엇 때문에 그렇게 아팠던 거니?" 로이드 씨가 물었다.

"넘어지셨어요." 베시가 말했다.

"얻어맞고 넘어진 거예요." 내가 말했다. "하지만 그게 저를 아프게 한 것은 아니었어요."

베시는 웬만하면 남아 있고 싶어 했지만, 가서 점심 식사를 준비하는 것을 도와야 했다.

"넘어져서 아프게 된 것이 아니었다면, 무엇이 아프게 한 거니?" 베시가 사라지자 로이드 씨가 물었다.

"저는 유령이 있는 방에 갇혀 있었어요."

로이드 씨는 미소를 지음과 동시에 눈살을 찌푸렸다.

"그리고 저는 불행해요, 아주 불행해요. 다른 것들 때문에요."

---

nursery 아기방, 놀이방 **hearth** 벽난로 **physically** 육체적으로 **dust** 먼지를 털다 **tidy** 치우다, 정돈하다 **splendid** 화려한, 멋진 **shred** 조각, 단편 **satin** 공단, 새틴 **bonnet** 보닛 **faintly** 희미하게, 힘없이 **knock down** ~을 때려눕히다 **frown** 눈살을 찌푸리다

"What other things?" he asked, looking concerned.*

"I have no father or mother, brothers or sisters."

"You have a kind aunt and cousins."

"John Reed knocked me down, and my aunt locked me up in the red-room."

"Don't you like Gateshead Hall?" he asked. "Are you not thankful to have such a fine house to live in?"

"It is not my house, sir," I replied. "And Miss Abbot says I have less right to be here than a servant."

Mr. Lloyd scratched* his chin and thought for a while.

"Would you like to go to school?" he asked at last.

Going to school implied* a long journey, an entire* separation* from Gateshead, and an entrance* into a new life.

"I would love to go to school," I said.

"Well, we'll see what we can do," said Mr. Lloyd as he got up. "I will see you soon, my child."

That same day, I overheard* Bessie and Miss Abbot whispering* in the corridor. I learned that my father had been a poor clergyman,* and that my mother had married him against the wishes of her father. My grandfather Reed was so angry that he wrote her out of his will. A year into the marriage, my father caught typhus* while caring for the poor of a large manufacturing* town. My mother caught the infection* from him, and both died within a month of each other.

"어떤 다른 것들?" 로이드 씨가 걱정스럽게 바라보며 물었다.

"저에게는 부모도 형제도 없어요."

"친절한 외숙모와 외사촌들이 있잖니."

"존 리드는 저를 때려눕혔고, 외숙모는 저를 붉은 방에 가두었어요."

"게이츠헤드 저택이 마음에 들지 않니?" 로이드 씨가 물었다. "그렇게 멋진 집에서 사는 것이 감사하지 않아?"

"제 집은 아니에요, 아저씨." 내가 대답했다. "그리고 애보트 양은 제가 여기 있을 권리가 하인만큼도 없다고 말해요."

로이드 씨는 자신의 턱을 살살 긁으면서 잠시 생각했다.

"학교에 가고 싶니?" 마침내 로이드 씨가 물었다.

학교에 간다는 것은 긴 여행, 게이츠헤드 저택으로부터의 완전한 이탈, 그리고 새로운 삶으로의 진입을 암시했다.

"저는 정말로 학교에 가고 싶어요." 나는 말했다.

"그렇다면 우리가 무엇을 할 수 있을지 알아볼게." 로이드 씨가 일어서며 말했다. "곧 또 보자꾸나, 애야."

그날 나는 베시와 애보트 양이 복도에서 소곤거리는 것을 우연히 들었다. 나는 나의 아버지가 가난한 성직자였고, 나의 어머니가 할아버지의 바람을 거스르고 나의 아버지와 결혼했다는 것을 알았다. 나의 외할아버지 리드 씨는 몹시 화가 나서서 유언장에서 어머니의 이름을 지웠다. 결혼한 지 1년 후에 나의 아버지는 제조업으로 유명한 대도시의 가난한 사람들을 돌보다가 발진티푸스에 걸렸다. 나의 어머니는 아버지에게 병이 옮았으며, 두 분 다 한 달 사이로 돌아가시고 말았다.

---

concerned 염려하는, 근심하는 **scratch** 긁다 **imply** 의미하다, 암시하다 **entire** 완전한 **separation** 헤어짐 **entrance** 들어섬, 입장 **overhear** 우연히 듣다 **whisper** 소곤소곤 이야기하다 **clergyman** 성직자 **typhus** 발진티푸스 **manufacturing** 제조(업)의 **infection** 감염

Chapter 4

Days and weeks passed. I had regained* my health, but there was no news as to my going to school. Meanwhile, John, Eliza and Georgiana, evidently* acting according to orders, spoke to me as little as possible.

November, December, and half of January passed away. Then one morning, I was called into Aunt Reed's study.

Mrs. Reed occupied* her usual seat by the fireside, and there was a tall, grim-looking* man standing nearby. She signaled* me to approach, and I did so.

"This is the little girl I was hoping you would take," she said.

제4장

얼마 후 제인은 외숙모의 방으로 불려가고
자선 학교의 교장인 브로클허스트를 만난다.
심한 모욕에 발끈한 제인은 외숙모를 날카롭게 쏘아붙인다.

몇 날 몇 주가 지났다. 나는 건강을 회복했으나, 나의 진학에 대해서는 아무런 소식이 없었다. 한편, 명백히 명령에 따라 행동하고 있는 존, 일라이자, 조지아나는 가능한 한 나에게 거의 말을 걸지 않았다.

11월, 12월, 그리고 1월의 절반이 지나갔다. 그러던 어느 날, 나는 리드 숙모의 서재로 불려갔다.

리드 외숙모는 난로 옆 늘 앉는 자리에 앉아 있었고, 키가 크고 엄숙한 표정의 남자가 가까이에 서 있었다. 리드 외숙모는 나에게 다가오라고 신호했고, 나는 그렇게 했다.

"이 아이가 데려가 주셨으면 하는 아이예요." 리드 외숙모가 말했다.

---

regain 되찾다, 회복하다　**evidently** 분명히, 명백히　**occupy** 차지하다　**grim-looking** 엄숙한
얼굴을 한, 엄숙하게 보이는　**signal** 신호하다, 신호를 보내다

"She is small. How old is she?"

"Ten."

"Really?" said the man doubtingly.* "What is your name, little girl?"

"Jane Eyre, sir," I replied.

"Well, Jane Eyre, your benefactress* tells me that you are a naughty* child. Do you know where the wicked* go after death?"

"They go to hell, sir," was my orthodox* answer.

"Do you say your prayers* every day?" asked my interrogator.*

"Yes, sir."

"Do you read the Bible?"

"Sometimes."

"Do you like it?"

"I like Revelations,* and the book of Daniel,* and Genesis* and Samuel,* and Exodus,* and little bits of Kings* and Chronicles,* and Job* and Jonah.*"

"And the Psalms*? Do you like the Psalms?"

"No, sir. Psalms are not interesting," I answered.

"That proves* that you have a wicked heart," he said. "You must pray to God to change it. You must ask him to give you a new and clean one. He will then take away your heart of stone and give you a heart of flesh.*"

"아이가 작군요. 몇 살이죠?"

"열 살이에요."

"정말입니까?" 그 남자가 미심쩍은 듯이 말했다. "네 이름이 무엇이니, 애야?"

"제인 에어입니다, 선생님." 내가 대답했다.

"음, 제인 에어, 네 후견인께서 네가 버릇없는 아이라고 말씀하시더구나. 못된 사람들이 죽은 후에 어디로 가는지 알고 있니?"

"지옥으로 갑니다, 선생님." 이 나의 통상적인 대답이었다.

"너는 매일 기도를 하니?" 나의 심문자가 물었다.

"네, 선생님."

"성경은 읽고?"

"가끔요."

"성경을 좋아하니?"

"저는 계시록, 다니엘서, 창세기와 사무엘서, 출애굽기, 그리고 열왕기와 역대기의 일부, 욥기와 요나기를 좋아해요."

"그러면 시편은? 시편은 좋아하니?"

"아니요, 선생님. 시편은 재미없어요." 내가 대답했다.

"그것이 네가 못된 마음씨를 가지고 있다는 것을 증명해 주는구나." 그가 말했다. "너는 네 마음씨를 바꾸어 달라고 하느님께 기도드려야 해. 너는 새롭고 깨끗한 마음씨를 달라고 하느님께 부탁드려야 해. 그러면 하느님께서는 너의 무정한 마음씨를 가져가시고 인정 있는 마음씨를 주실 거야."

---

doubtingly 미심쩍은 듯이 **benefactress** 여성 보호자, 여성 후원자 **naughty** 버릇없는, 못된 **wicked** 사악한, 못된 **orthodox** 정통의, 관례적인 **prayer** 기도 **interrogator** 질문자, 심문자 **Revelations** 계시록 **Daniel** 다니엘서 **Genesis** 창세기 **Samuel** 사무엘서 **Exodus** 출애굽기 **Kings** 열왕기 **Chronicles** 역대기 **Job** 욥기 **Jonah** 요나서 **Psalms** 시편 **prove** 입증하다, 증명하다 **flesh** 살

"Mr. Brocklehurst," interrupted* Mrs. Reed. "I believe I mentioned* in the letter which I wrote to you three weeks ago, that this little girl does not have the character* and disposition* one could wish for in a girl. If you decide to admit* her into Lowood School, the superintendent* and teachers should be requested* to keep a strict eye on* her. She has a propensity* for lying, you see. I mention this in your presence,* Jane, so that you may not attempt* to deceive* Mr. Brocklehurst as you have done to me on so many occasions.*"

"You can rest assured,* Madam," replied Mr. Brocklehurst. "After staying at Lowood, she will soon realize how fortunate she is to have you as her benefactress, and will no longer be capable of* deceit.*"

"Then, Mr. Brocklehurst, I will send her as soon as possible. I am anxious to* be relieved* of a responsibility* that was becoming too irksome.*"

Mr. Brocklehurst gave a nod and walked out of the study.

"Leave me now," said Mrs. Reed, "and return to the nursery."

My look of frustration* must have struck her as* offensive,* as she spoke with extreme* though suppressed* irritation.* I went to the door, turned the handle, and then stopped. I came back again. I walked across the room, then close up to her.

"브로클허스트 씨." 리드 외숙모가 끼어들었다. "제가 3주 전에 브로클허스트 씨에게 쓴 편지에서 이 아이가 소녀에게서 바랄 수 있는 성격과 기질을 갖고 있지 않다고 말씀드린 것으로 생각합니다. 만약 이 아이를 로우드 학교에 입학시켜 주시기로 결정하신다면, 교장 선생님과 선생님들은 이 아이를 엄격하게 주시하셔야 할 겁니다. 아시다시피, 이 아이는 거짓말을 하는 성향이 있지요. 제인, 네가 아주 많은 경우에 나에게 그러했듯이 브로클허스트 씨를 속이려고 시도하지 않도록 네 앞에서 이 말을 하는 거야."

"안심하셔도 됩니다, 부인." 브로클허스트 씨가 말했다. "로우드 학교에서 지내고 나면 이 아이는 곧 부인을 자기 후견인으로 둔 것이 얼마나 운이 좋은 것인지 깨닫게 될 것이고, 더 이상 속일 수 없을 것입니다."

"그렇다면 브로클허스트 씨, 가능한 빨리 이 아이를 보내도록 하겠어요. 너무 짜증이 나게 하는 책임에서 정말로 해방되고 싶거든요."

브로클허스트 씨는 목례를 하고 서재에서 나갔다.

"이제 나가 봐." 리드 외숙모가 말했다. "그리고 놀이방으로 돌아가."

화를 억제하고 있기는 하지만 과격하게 말하는 것으로 보아 나의 불만스러운 표정이 리드 외숙모를 화나게 한 것이 분명했다. 나는 문으로 가서 손잡이를 돌리다가 멈췄다. 나는 다시 돌아왔다. 나는 방을 가로질러 외숙모에게 다가갔다.

---

interrupt (말 등을) 도중에서 방해하다 **mention** 간단히 말하다, 언급하다 **character** 성격, 성질 **disposition** 성질, 기질 **admit** 입학을 허락하다 **superintendent** 교장, 교육감 **request** 요청하다 **keep an eye on** ~을 감시하다, ~에 유의하다 **propensity** 성향, 경향 **in one's presence** ~의 면전에서 **attempt** 시도하다, 기도하다 **deceive** 속이다, 기만하다 **occasion** 경우, 때 **rest assured** 믿어도 되다, 확신해도 되다 **be capable of** ~을 할 수 있다 **deceit** 사기, 기만 **be anxious to** ~하기를 갈망하다, 몹시 ~하고 싶다 **relieve** 덜다, 해방하다 **responsibility** 책임, 책무 **irksome** 짜증 나는, 귀찮은 **frustration** 좌절, 불만 **strike A as B** A에게 B하다는 인상을 주다 **offensive** 불쾌한, 거슬리는 **extreme** 극도의, 극심한 **suppressed** 억제된, 억압된 **irritation** 짜증, 화

"I am not deceitful,*" I said, shaking with anger from head to toe. "If I were, I would say I love you. But let me make it clear: I dislike you more than anybody in the world except John Reed."

Mrs. Reed looked at me with piercing, cold eyes.

"Do you have anything else you wish to say to me?" she asked.

"I am glad we are not related by blood.* I will never call you my aunt again, ever. I will never come to see you, and if anyone asks me whether I like you, and how you treated me, I will tell them that the very thought of you makes me sick, and that you treated me cruelly."

For the first time, Mrs. Reed looked frightened.* She looked almost ready to cry.

"Send me to school soon, Mrs. Reed," I continued my attack.* "I hate living here. I hate living with you and your miserable* children."

Mrs. Reed could not take anymore. She abruptly* left the study. I was left there alone, victorious* for the first time.

"I hear you are going to school?" Bessie asked me that afternoon in the nursery.

I nodded.

"Are you going to be sorry to leave Bessie?"

"Bessie doesn't care," I replied. "She is always scolding* me."

"저는 사람들을 속이지 않아요." 나는 분노로 머리끝에서 발끝까지 부들부들 떨며 말했다. "제가 남을 잘 속인다면, 외숙모를 사랑한다고 말하겠지요. 하지만 분명히 해 둘게요. 저는 이 세상에서 누구보다도 외숙모가 싫어요. 존 리드를 빼면요."

리드 외숙모가 꿰뚫어 볼 듯한 냉랭한 시선으로 나를 쳐다보았다.

"나에게 하고 싶은 말이 더 있니?" 리드 외숙모가 물었다.

"우리가 혈연으로 이어진 게 아니어서 기뻐요. 저는 절대로 다시는 당신을 내 외숙모라고 부르지 않을 거예요, 영원히요. 절대로 당신을 보러 오지 않을 것이고, 저한테 누가 당신을 좋아하는지, 그리고 나한테 어떻게 대해 주었는지 물으면, 당신 생각만 해도 구역질이 나고, 저한테 잔인하게 굴었다고 말하겠어요."

처음으로, 리드 외숙모는 겁먹은 것처럼 보였다. 외숙모는 거의 눈물을 흘리기 직전처럼 보였다.

"나를 빨리 학교로 보내세요, 리드 부인." 나는 공격을 계속했다. "나는 여기 사는 것이 정말 싫어요. 당신과 당신의 같잖은 아이들과 함께 사는 것이 정말 싫다고요."

리드 외숙모는 더 이상 감내할 수 없었다. 리드 외숙모는 돌연 서재를 나갔다. 나는 처음으로 승리를 거둔 채 그곳에 혼자 남았다.

"듣자니까 학교에 가신다면서요?" 그날 오후에 놀이방에서 베시가 나에게 물었다.

나는 고개를 끄덕였다.

"이 베시를 떠나는 것이 서운하지 않으시겠어요?"

"베시는 신경 안 쓰잖아." 내가 대답했다. "베시는 거의 늘 나를 야단치기만 하면서."

---

deceitful 기만적인, 사기의　**be related by blood** 혈연관계이다, 같은 핏줄이다　**frightened** 깜짝 놀란, 겁이 난　**attack** 공격, 비난　**miserable** 비열한, 파렴치한　**abruptly** 돌연, 갑자기　**victorious** 승리를 거둔　**scold** 꾸짖다, 잔소리하다

"I only scold you when you are being strange."

"Bessie, promise me that you will not scold me anymore until I go."

"I promise, but as long as you are a good girl. You have no reason to be afraid of me."

"I don't think I will ever be afraid of you again, Bessie, because I have got used to you. And soon I'll have another set of people to dread.*"

"Don't dread them. They'll dislike you if you dread them."

"Like you do, Bessie?"

"I don't dislike you, Miss Jane. In fact, I like you better than the Reed children."

I looked at her with shocked, round eyes.

"So now, are you still glad to leave me?" Bessie asked.

"Not at all, Bessie. Now I'm rather sorry."

"How coolly* little miss says it! I dare say if I were to ask you for a kiss you wouldn't give it to me. You would say you'd rather not."

"I'll give you a kiss," I replied.

Bessie stooped,* and we mutually* embraced.* That afternoon flew by in peace and harmony.* In the evening, Bessie told me some of her most beautiful stories, and sang me some of her sweetest songs. Even for me life had its moments of sunshine.

"아가씨가 이상하게 굴 때만 야단치는데요."

"베시, 내가 떠나기 전까지는 더 이상 나를 야단치지 않겠다고 약속해 줘."

"약속할게요. 하지만 아가씨가 착하게 굴 때만이에요. 아가씨는 저를 두려워하실 이유가 하나도 없으세요."

"내가 또 베시를 두려워할 거라고는 생각하지 않아. 왜냐하면 말이지, 베시, 나는 베시에게 익숙해져 있거든. 그리고 머지않아 나는 두려워해야 할 한 무리의 사람들과 만나야 하니까."

"그들을 두려워하지 마세요. 만약 아가씨가 그들을 두려워하면, 그들은 아가씨를 좋아하지 않을 거예요."

"너처럼 말이지, 베시?"

"저는 아가씨가 싫지 않아요, 제인 아가씨. 사실 저는 리드 집안의 아이들보다 아가씨가 더 좋아요."

나는 깜짝 놀라 휘둥그레진 눈으로 베시를 쳐다보았다.

"그런데도 저를 떠나는 것이 아직도 기쁘세요?" 베시가 물었다.

"전혀 안 그래, 베시. 이제는 오히려 유감스러워."

"아가씨는 참 냉정하게도 그런 말씀을 하시네요! 제가 입맞춤을 해 달라고 감히 말씀드려도, 아가씨는 해 주지 않으실 거예요. 그러지 않는 편이 좋겠다고 말씀하시겠지요."

"입맞춤해 줄게." 내가 대답했다.

베시는 상체를 굽혔고, 우리는 서로 껴안았다. 그날 오후는 화기애애하게 흘러 갔다. 저녁에 베시는 자신이 알고 있는 가장 아름다운 이야기를 내게 들려 주었고, 자신이 알고 있는 가장 감미로운 노래 몇 곡을 내게 불러 주었다. 심지어 내 삶에도 햇살이 비치는 순간이 있었다.

---

dread 무서워하다, 두려워하다 **coolly** 매몰차게, 냉담하게 **stoop** 상체를 굽히다 **mutually** 서로, 상호간에 **embrace** 포옹하다, 껴안다 **in peace and harmony** 화기애애하게

Chapter 5

On the morning of the 19th of January, Bessie came into my room and found me already up and nearly dressed. I was to leave Gateshead that day by a coach* which passed the lodge gates at six a.m.

"Aren't you going to say goodbye?" Bessie asked as we passed Mrs. Reed's room.

"No, Bessie," I replied. "She came to see me last night and said I need not disturb* her or my cousins in the morning. And she told me to remember that she had always been my best friend."

"So what did you say?"

"Nothing. I turned away from her."

제5장

게이츠헤드를 떠나는 날,
외숙모는 끝내 제인을 외면하고 작별 인사조차 해 주지 않는다.
제인은 긴 여행 끝에 로우드 시설에 도착한다.

1월 19일 아침, 베시는 내 방으로 들어왔고 내가 이미 일어나서 옷을 거의 다 입은 것을 발견했다. 나는 아침 6시에 관리실 문들을 통과한 마차를 타고 그날 게이츠헤드를 떠날 예정이었다.

"작별 인사를 하지 않으실 거예요?" 우리가 리드 외숙모의 방을 지나갈 때 베시가 물었다.

"그래, 베시." 내가 대답했다. "어젯밤에 외숙모가 나한테 와서 아침에 외숙모나 내 사촌들을 방해할 필요가 없다고 하셨어. 그리고 외숙모가 항상 나의 가장 좋은 친구였다는 것을 기억하라고 하시더라."

"그래서 뭐라고 하셨어요?"

"아무 말도. 나는 외숙모를 외면했어."

---

coach 사륜마차   **disturb** 방해하다

When we reached the porter's lodge,* we found the porter's wife kindling* her fire.

"Is she going by herself?" the porter's wife asked Bessie.

"Yes."

"And how far is the school?"

"Fifty miles."

"That's a long way! I'm surprised Mrs. Reed is not afraid to let her travel so far alone."

Soon the coach drew up. It was driven by four horses, and its top was laden with* passengers.* The guard hoisted up* my trunk, and I was taken from Bessie's neck, to which I clung* with kisses.

"Please take good care of her," Bessie cried to the guard as he lifted me inside.

The door was shut, and a voice shouted "All right," and on we drove.

I remember very little of the journey. We drove all day, for most of which I slept. We stayed the night at an inn* and drove all day again the next day. At what must have been just after six in the evening, I was woken up by the sudden cessation* of motion* and a female* voice.

"Is there a little girl called Jane Eyre here?" the voice asked. It came from a woman who looked like a servant, standing at the coach door.

"Yes," I answered. I was then lifted out, my trunk was handed down, and the coach instantly drove away.

관리실에 도착했을 때, 우리는 수위의 아내가 불을 붙이고 있는 것을 보았다.

"아가씨 혼자 가시는 거니?" 수위의 아내가 베시에게 물었다.

"네."

"학교가 얼마나 멀리 있는데?"

"50마일이요."

"먼 길이네! 리드 마님이 아가씨를 그렇게 멀리 혼자 여행하도록 허용하는 것을 걱정하지 않으시다니 놀라울 따름이로군."

곧 마차가 다가왔다. 마차는 네 마리의 말이 끌고 있었으며, 지붕 위에는 승객들이 타고 있었다. 차장이 나의 트렁크를 올려 주었고, 베시의 목에 매달려 입맞춤을 하던 나를 떼어냈다.

"아가씨를 잘 부탁해요." 차장이 나를 들어 올려 안으로 들여보내 줄 때 베시가 그에게 소리쳤다.

문이 닫혔고, 어떤 목소리가 "출발"이라고 소리쳤으며 우리는 마차를 타고 달렸다.

나는 그 여행에 대해서는 거의 기억이 나지 않는다. 우리는 하루 종일 달렸고, 그 시간 동안 대부분 나는 잠을 잤다. 우리는 여관에서 밤을 지냈고 다음 날 다시 온종일 마차로 달렸다. 저녁 6시를 막 넘긴 것이 분명한 시각에, 나는 갑작스러운 움직임의 중단과 여자의 목소리에 의해 깨어났다.

"여기에 제인 에어라고 하는 여자아이가 있나요?" 목소리가 물었다. 그것은 마차 문 앞에 서 있는, 하인처럼 보이는 여자에게서 나온 목소리였다.

"네." 내가 대답했다. 그런 다음 나는 들어 올려져서 마차에서 내려졌고, 나의 트렁크가 건네졌으며 마차는 즉시 떠났다.

---

porter's lodge 수위실, 관리 사무소 **kindle** 불붙이다 **be laden with** (짐을) 싣고 있다
passenger 승객, 여객 **hoist up** 올리다 **cling** 매달리다 **inn** 여인숙, 여관 **cessation** 휴지,
정지 **motion** 운동, 움직임 **female** 여성의, 여자의

I was led into the grim building that was to be my new home. I was greeted inside by a tall lady with dark hair, dark eyes, and a pale and large forehead.

"The child is too young to be sent alone," she said. "She looks tired. Are you tired?" she asked, placing her hand on my shoulder.

"A little, ma'am," I answered.

"And probably hungry, too. Let her have some supper before she goes to bed, Miss Miller." She touched my cheek gently with her forefinger* and dismissed* me along with Miss Miller.

The lady I had left looked to be about twenty-nine. Miss Miller appeared* some years younger. I was impressed* by the first lady's voice, look, and air.* Miss Miller was more ordinary.* Later, I found out that she was an under-teacher. She led me into a wide, long room, with huge tables. There were two at each end of the room, on each of which burnt a pair of candles. Seated on the benches was a congregation* of girls of every age, from nine or ten to twenty. There seemed to be nearly eighty girls in total. They were uniformly* dressed in brown, pleasantly* old-fashioned dresses. Miss Miller told me to sit on a bench near the door.

After a silent and quick supper, the girls went upstairs. The bedroom was just like the schoolroom—it was very long. I glanced at* the long rows* of beds as the single candle was extinguished,* and fell asleep shortly

나는 나의 새로운 집이 될 음침한 건물로 안내되었다. 나는 머리와 눈은 검고 이마가 넓고 창백한 키 큰 여성에 의해 안으로 맞아들여졌다.

"이 아이는 혼자 보내기에는 너무 어리네요." 그 여성이 말했다. "지쳐 보이네요. 너 피곤하니?" 그 여성은 내 어깨에 손을 얹으며 물었다.

"약간이요, 부인." 내가 대답했다.

"그리고 아마 배도 고프겠지. 자러 가기 전에 저녁 식사를 좀 하게 해 주세요, 밀러 선생님." 그 여성은 집게손가락으로 내 뺨을 살짝 건드리면서 말한 후 밀러 선생님을 따라가도록 나를 방에서 내보냈다.

내가 방에 두고 온 여성은 약 스물아홉 살 정도로 보였다. 밀러 선생님은 몇 살 더 어려 보였다. 나는 처음 만난 여성의 목소리, 외모, 그리고 분위기에 깊은 인상을 받았다. 밀러 선생님은 보다 평범했다. 나중에 나는 밀러 선생님이 하급반 교사임을 알았다. 밀러 선생님은 나를 커다란 탁자들이 있는 넓고 긴 방으로 안내했다. 방 양쪽 끝에는 두 개의 탁자가 있었고, 그 탁자들 각각에는 한 벌의 초가 타고 있었다. 벤치에는 아홉 살 또는 열 살에서부터 스무 살에 이르기까지, 모든 연령대의 소녀들의 무리가 앉아 있었다. 다 합해서 거의 여든 명 정도의 소녀들인 듯했다. 그들은 똑같이 갈색의, 유행과는 상당히 거리가 먼 옷을 입고 있었다. 밀러 선생님은 나에게 문 가까이에 있는 벤치에 앉으라고 말씀하셨다.

조용하고 빠른 저녁 식사가 끝난 후, 여자아이들은 위층으로 올라갔다. 침실은 마치 교실 같았고, 아주 길었다. 나는 단 하나뿐인 초가 꺼질 때 침대들이 늘어서 있는 긴 열을 얼핏 보았고, 그 후에 곧 잠이 들었다.

---

forefinger 집게손가락 **dismiss** 물러가게 하다, 해산하다 **appear** ~인 것 같이 보이다, ~인 듯하다 **impress** 깊은 인상을 주다 **air** 태도, 분위기 **ordinary** 평범한 **congregation** 신도들, 신도들의 무리 **uniformly** 균일하게 **pleasantly** 꽤, 상당히 **glance at** ~을 흘긋 보다 **row** 열, 줄 **extinguish** 끄다, 진화하다

thereafter.*

The next day began with badly* burnt porridge.* My hunger disguised* its taste for a few spoonfuls* before I realized how disgusting* and nauseous* it really was.

"Silence! To your seats!" said Miss Miller as the clock in the schoolroom struck nine.

The upper-teachers came in and assumed* their positions,* followed by the lady who had received me the night before. In broad daylight,* I could see that she looked tall, fair, and shapely.* She was Miss Temple— Maria Temple, the superintendent of Lowood.

"I have an announcement* to make," she said to the entire schoolroom. "This morning you all had a breakfast which you could not eat. You must be hungry. I have ordered a lunch of bread and cheese to be served to all."

The teachers looked at her with surprise.

During lunch break, I talked to a girl who was reading by herself in the garden. She seemed to be a couple of years older than me. She told me that what I had believed to be Lowood School was in fact Lowood Institution,* a charity school* for female orphans.* Mrs. Reed had sent me there so that she would not have to pay for my education.* I also learned from the girl that Mr. Brocklehurst was the treasurer* and manager* of the institution who pays for everything, and that I was to watch out for Miss Scatcherd, one of the teachers, as she

다음 날은 심하게 탄 포리지와 함께 시작되었다. 나의 허기가 몇 숟가락 먹을 동안은 그 맛을 제대로 느끼지 못하게 했지만, 머지않아 나는 그것이 실제로 얼마나 메스껍고 욕지기나게 하는지 깨달았다.

"조용히 해요! 모두 자리로!" 교실에 있는 시계가 9시를 칠 때 밀러 선생님이 말씀하셨다.

상급반 선생님들이 들어오셔서 자리를 잡으셨고, 전날 밤에 나를 맞아주었던 여성이 뒤따라 들어왔다. 환한 대낮에 보니, 나는 그분이 키가 크고 예쁘고 몸매도 좋다는 것을 알 수 있었다. 그녀는 로우드의 교장인 템플, 마리아 템플 선생님이었다.

"발표할 것이 있습니다." 교장 선생님이 교실에 있는 전원에게 말씀하셨다. "오늘 아침, 여러분은 모두 차마 먹기 힘든 아침 식사를 들었습니다. 여러분은 분명히 배가 고플 테지요. 저는 여러분 모두에게 치즈 바른 빵으로 점심 식사를 제공하도록 주문해 두었습니다."

선생님들이 놀라서 교장 선생님을 쳐다보았다.

점심시간 동안 나는 정원에서 혼자 책을 읽고 있는 여자아이에게 말을 걸었다. 그 아이는 나보다 두서너 살 많아 보였다. 그 아이는 내가 로우드 학교라고 믿고 있는 것이 사실은 여자 고아들을 위한 자선 학교인 로우드 시설이라는 것을 말해주었다. 리드 외숙모가 나의 교육에 돈을 지불하지 않으려고 나를 그곳으로 보낸 것이었다. 나는 또한 그 아이로부터 브로클허스트 씨가 거의 모든 것의 비용을 대는 그 시설의 재무 이사이자 경영자라는 것과 내가 선생님들 중 한 분인 스캐처드 선생님을 주의해야 하는데, 그녀가 성격이 급하고 유쾌한 분이 아니기 때문이

---

thereafter 그 후에, 그 이래 **badly** 몹시, 심히 **porridge** 포리지(죽) **disguise** 속이다, 감추다 **spoonful** 한 숟가락 **disgusting** 메스꺼운, 역겨운 **nauseous** 욕지기나게 하는 **assume** 맡다 **position** 위치, 장소 **daylight** 일광, 낮 **shapely** (몸매가) 맵시 있는, 아름다운 **announcement** 발표, 공표 **institution** 시설 **charity school** 빈민 학교, 자선 학교 **orphan** 고아 **education** 교육 **treasurer** 회계원, 출납계원 **manager** 경영자, 책임자

was a hasty* and unpleasant* woman.

"Is Miss Temple nice?" I asked.

"Miss Temple is very good and very smart," replied the girl. "She is above the other teachers, because she knows far more than they do."

"Have you been here long?"

"Two years."

"My parents died when I was very young. Are you an orphan, too?"

"My mother is dead," said the girl.

Then the bell sounded, and the afternoon lessons began. They continued until five o'clock.

The only marked* event of the afternoon was when the girl with whom I had talked in the garden was disgracefully* scolded by Miss Scatcherd during a history class. She was sent to stand in the middle of the large schoolroom, but to my surprise,* she did not blush* or seem at all embarrassed.* It seemed as though she was used to being treated that way.

Soon after five p.m., we were each given a small mug of coffee and a piece of brown bread. This was followed by thirty minutes of free time, then study. After that, we were given a glass of water and a piece of oatcake* each. This was then followed by prayers, and we were sent to bed. That was the first of my many days at Lowood.

라는 것을 알았다.

"템플 선생님은 좋으셔?" 내가 물었다.

"템플 선생님은 매우 마음씨가 좋으시고 매우 똑똑하셔." 그 아이가 대답했다. "선생님은 다른 선생님들보다 지위가 높으셔. 다른 선생님들보다 훨씬 더 많이 아시거든."

"너는 여기에 오래 있었니?"

"2년."

"우리 부모님은 내가 아주 어렸을 때 돌아가셨어. 너도 고아니?"

"어머니는 돌아가셨어." 그 아이가 말했다.

그런 다음 종이 울렸고, 오후 수업이 시작되었다. 수업은 5시까지 계속되었다.

그날 오후에 단 하나 주의를 끄는 사건은 나와 정원에서 이야기를 나누었던 그 아이가 역사 수업 중에 스캐처드 선생님에게 수치스러울 정도로 꾸지람을 들 었다는 것이었다. 선생님이 그 아이를 넓은 교실의 중앙에 서 있으라고 보냈지만, 놀랍게도 그 아이는 얼굴을 붉히지도 혹은 전혀 창피해 하지도 않았다. 그 아이 는 마치 그런 식으로 다루어지는 것에 익숙한 듯했다.

오후 5시가 지나자마자 우리에게는 각각 작은 머그컵으로 커피 한 잔과 갈색 빵 한 조각이 주어졌다. 그 다음에는 30분의 자유 시간이, 그런 다음에는 공부가 이어졌다. 그 이후에는, 물 한 잔과 귀리로 만든 비스킷이 각자에게 주어졌다. 이 일 이후에는 기도가 이어졌고, 우리는 잠자리로 보내졌다. 그것이 로우드에서 내 가 보낸 많은 날들 중 첫날이었다.

---

hasty 성급한, 경솔한   **unpleasant** 불쾌한, 재미없는   **marked** 주의를 끄는, 뚜렷한 **disgracefully** 수치스럽게 **to one's surprise** 놀랍게도 **blush** 얼굴을 붉히다 **embarrassed** 창피한, 무안한 **oatcake** 귀리 비스킷

Chapter 6

The next day began as before, except that we could not wash because the water in the pitchers* was frozen.* It did not take me long to realize that life at Lowood Institution was harsh.* The girls were underfed,* overworked,* and forced to sit still during seemingly* endless* sermons.*

Before the long hour and a half of prayers and Bible-reading was over, I felt ready to perish* with cold. Breakfast time came at last, and that morning the porridge was not burnt; the quality* was eatable,* the quantity* small. How small my portion* seemed! I wished it had been doubled.

제6장

로우드의 시설과 환경은 열악하지만
제인은 게이츠헤드를 떠난 것에 만족한다.
새로 사귄 친구, 헬렌 번스는 제인에게 로우드에 대해 이야기해 준다.

다음 날은 물주전자 안의 물이 얼어서 씻을 수 없었다는 것을 제외하면 전과 다름없이 시작되었다. 로우드 시설에서의 삶이 가혹하다는 것을 깨닫는 데에는 오랜 시간이 걸리지 않았다. 여자아이들은 영양 부족에 과로 상태였으며, 끝이 없을 것 같아 보이는 설교 중에는 가만히 앉아 있도록 강요받았다.

그 기나긴 한 시간 반 동안의 기도와 성경 봉독 시간이 끝나기 전에 나는 얼어 죽는 줄 알았다. 마침내 아침 식사 시간이 왔고, 그날 아침에는 포리지가 타지 않았다. 질은 먹을 만했지만, 양은 적었다. 나의 포리지 몫이 얼마나 적어 보였던지! 나는 그 양이 두 배였으면 좋았을 것이라고 생각했다.

---

pitcher 물주전자 **frozen** 언, 얼어붙은 **harsh** 가혹한, 엄한 **underfed** 음식을 제대로 먹지 못한 **overworked** 과로한 **seemingly** 겉으로 보기에는 **endless** 끝이 없는 **sermon** 설교, 설법 **perish** 죽다, 비명횡사하다 **quality** 질 **eatable** 먹을 수 있는 **quantity** 양 **portion** 몫

The fourth class was 'tasks and occupations.*' I was bewildered* by the frequent* change from task to task. At about three o'clock in the afternoon, Miss Smith put into my hands a border* of muslin* two yards long, together with a needle and a thimble.* She then sent me to sit in a quiet corner of the schoolroom, with directions* to sew* and hem.*

At that hour, most of the other girls were sewing likewise,* but one class still stood around Miss Scatcherd's chair reading. As the rest of the schoolroom was quiet, the subject* of their lessons could be heard. And throughout the whole lesson, Miss Scatcherd made Helen Burns, the girl with whom I talked in the garden the day before, the subject of much prejudiced* and cruel treatment.* She was reproached and flogged* all throughout the afternoon.

"You must really want to leave Lowood," I said to Helen that evening during the free time after bread and coffee.

"Why would I?" she replied. "I was sent to Lowood to get an education. It would be of no use going away until I have done so."

"But Miss Scatcherd is so cruel to you."

"She isn't cruel. She is severe* because she dislikes my faults."

4교시 수업은 '임무와 직업'이었다. 나는 이 과제에서 저 과제로의 빈번한 교체가 당황스러웠다. 오후 3시쯤, 스미스 선생님이 내 손에 바늘, 골무와 함께 2야드 길이의 모슬린 가장자리 장식을 쥐어 주셨다. 그런 다음 그것들을 꿰매고 가장자리를 감치라는 지시와 함께 교실의 조용한 구석에 앉아 있으라며 나를 보내셨다.

그 시간에 대부분의 다른 여학생들은 마찬가지로 바느질을 하고 있었으나, 한 학급은 여전히 스캐처드 선생님의 의자 주위에 서서 책을 읽고 있었다. 교실의 나머지 여학생들은 조용했기 때문에, 그들의 수업 과목을 청강할 수 있었다. 그리고 모든 수업 내내 스캐처드 선생님은 전날 정원에서 나와 이야기를 했던 여학생, 헬렌 번스를 몹시 편파적이고 잔인한 대우를 받는 대상으로 만드셨다. 헬렌은 오후 내내 꾸지람을 듣고 매를 맞았다.

"너는 정말로 로우드를 떠나고 싶을 것이 분명해." 나는 그날 저녁 자유 시간 동안 빵을 먹고 커피를 마신 후에 번스에게 말했다.

"내가 왜 그러는데?" 헬렌이 대답했다. "나는 교육을 받으려고 로우드로 보내졌어. 내가 그렇게 하기 전까지는 떠나 봤자 도움이 안 될 거야."

"하지만 스캐처드 선생님이 너에게 아주 잔인하게 구시잖아."

"선생님은 잔인하시지 않아. 내 결점을 싫어하시니까 엄하신 거지."

---

occupation 직업 **bewildered** 당혹한 **frequent** 자주 있는, 빈번한 **border** 가장자리, 가장자리 장식 **muslin** 모슬린(직물) **thimble** 골무 **directions** 지시 **sew** 바느질하다, 꿰매다 **hem** 가장자리를 감치다 **likewise** 똑같이, 마찬가지로 **subject** 대상, 표적 **prejudiced** 편파적인, 편견이 있는 **treatment** 대우, 처우 **flog** 매질하다 **severe** 엄한, 호된

"If I were in your place, I would hate her. I would resist her. If she struck me with a rod,* I would snatch* it from her hand and break it."

"Why?"

"I must dislike those who, no matter what I do to please them, persist* in disliking me. I have to resist those who punish me unjustly.*"

"Heathens* and savages* think that way, but Christians* and the civilized* don't."

"What do you mean?" I asked.

"Violence* cannot overcome* hate. Vengeance* cannot heal* injury.* As the Bible says, you must love your enemies.*"

Just then, a big, rough* girl, one of the monitors,* came rushing toward us.

"Helen Burns!" she exclaimed. "If you don't go and tidy up your locker,* I'll tell Miss Scatcherd to come and have a look at it!"

Helen sighed,* got up, and obeyed* the monitor without delay* or reply.

"만약 내가 네 입장이라면 나는 선생님을 미워할 거야. 선생님에게 저항할 거야. 만약 선생님이 막대기로 나를 때리신다면, 나는 그것을 선생님 손에서 잡아채어 부러뜨려 버릴 거야."

"왜?"

"나는 그들을 기쁘게 하려고 무슨 짓을 하더라도 내가 싫다고 고집하는 사람들은 싫어하는 것이 당연하니까. 나는 나를 부당하게 벌주는 사람들에게 저항해야 해."

"이교도들과 야만인들은 그런 식으로 생각하지만, 기독교인들과 문명인들은 안 그래."

"무슨 뜻이니?" 내가 물었다.

"폭력은 증오를 이길 수 없어. 복수는 상처를 치유할 수 없지. 성경 말씀처럼 너는 네 원수를 사랑해야 해."

바로 그때 학급 위원들 중 한 명인, 몸집이 크고 사나운 여학생이 우리에게 달려왔다.

"헬렌 번스!" 그 아이가 소리쳤다. "가서 네 사물함을 정돈하지 않으면, 스캐처드 선생님께 보러 오시라고 말씀드릴 거야!"

헬렌은 한숨을 쉬고 일어서서 지체하지도 대꾸도 않고 학급 위원의 말에 따랐다.

---

rod 막대기　**snatch** 잡아채다, 잡아 뺏다　**persist** 고집하다, 지속하다　**unjustly** 불공평하게, 부당하게　**heathen** 이교도　**savage** 야만인, 미개인　**Christian** 기독교인　**the civilized** 문명인　**violence** 폭력　**overcome** 이기다, 압도하다　**vengeance** 복수, 앙갚음　**heal** 고치다, 낫게 하다　**injury** 상해, 손상　**enemy** 적, 원수　**rough** 거친, 사나운　**monitor** 반장, 학급 위원　**locker** 사물함　**sigh** 한숨 쉬다, 탄식하다　**obey** 복종하다, 순종하다　**delay** 지연, 지체

Chapter 7

Mr. Brocklehurst was away from Lowood for the greater part of my first month there. Then one afternoon, as I was sitting with a slate* in my hand, puzzling over* a sum* in long division,* he entered the schoolroom. He walked up to and stood next to Miss Temple, looking longer, narrower, and more rigid* than ever. He frowned ominously* when he caught sight of* me.

"Miss Temple," he said, "while settling accounts* with the housekeeper,* I was surprised to see that a lunch, consisting of* bread and cheese, was served out to the girls twice during the past two weeks. Can you explain why you authorized* such luxuries*?"

제7장

로우드에서 한 달을 보낸 어느 날
브로클허스트 씨가 로우드를 방문하여
모든 사람 앞에서 제인을 비난하고
이에 제인은 마음 깊이 상처를 입는다.

브로클허스트 씨는 로우드에서 내가 보낸 첫 달의 대부분 동안 학교를 비웠다. 그러던 어느 날 오후, 내가 손에 석판을 들고 앉아서 긴 나눗셈의 합계에 골머리를 앓고 있을 때, 브로클허스트 씨가 교실 안으로 들어왔다. 브로클허스트 씨는 전보다 더 짜증 나고 편협하고 엄격한 표정을 지으며 템플 선생님에게 다가가 옆에 섰다. 나를 얼핏 보았을 때, 브로클허스트 씨는 눈살을 찌푸렸다.

"템플 선생님." 브로클허스트 씨가 말했다. "관리인과 장부를 마감하다가 학생들에게 치즈를 곁들인 빵으로 구성된 점심 식사가 지난 2주 동안에 두 번이나 나간 것을 알고 놀랐습니다. 어째서 그런 호사를 정식으로 허락한 것인지 설명해 주실 수 있으십니까?"

---

slate 석판　**puzzle over** ~에 대해 골똘히 생각하다　**sum** 총계, 합계　**division** 나눗셈　**rigid** 엄정한, 엄숙한　**ominously** 불길하게　**catch sight of** ~을 흘긋 보다　**settle accounts** 셈을 치르다, 장부를 마감하다　**housekeeper** 가옥 관리인　**consist of** ~로 구성되다　**authorize** 정식으로 허가하다　**luxury** 사치, 호사

"Sir, the breakfast was so badly prepared that the pupils* could not possibly eat it," she replied." And I could not allow them to remain starved* until supper."

"Madam, this is a charitable* and evangelical* institution. You are aware that my plan in bringing up these girls is not to accustom them to* habits of luxury and indulgence,* but to render* them hardy,* patient,* and frugal* ones. When you put bread and cheese, instead of burnt porridge, into these children's mouths, you may feed their bodies, but you will starve their immortal* souls!"

At that moment, the slate somehow* slipped from my hand and broke into two pieces.

"Who's being so careless?" said Mr. Brocklehurst. "It is that new pupil, isn't it? I have something to tell everyone about her. Let her come forward!"

Miss Temple gently assisted* me to him.

"Don't be afraid, Jane," she whispered under her breath.* "I saw it was an accident.* You will not be punished."

"Place that child on that stool,*" said Mr. Brocklehurst, pointing to a very high stool.

"Ladies," he continued once I was on the stool, "Miss Temple, teachers, and children, you all see this girl?

"선생님, 아침 식사가 너무 형편없이 준비되어 학생들이 도저히 그것을 먹을 수 없었습니다." 템플 선생님이 말씀하셨다. "그리고 저는 학생들이 저녁 식사 때까지 허기진 채로 있도록 두고 볼 수 없었습니다."

"교장 선생님, 이곳은 자선 시설이자 복음 시설입니다. 선생님은 이 여학생들을 양육하는 저의 계획이 그들을 사치와 방종의 습관에 익숙해지게 하는 것이 아니라, 그들에게 강건하고 참을성 있고 검소한 습관을 길러 주려는 것임을 알고 계시겠죠. 이 아이들의 입에 탄 포리지 대신 치즈를 곁들인 빵을 넣어 줄 때, 선생님이 그들의 몸에 양분을 주는지는 모르겠지만, 그들의 불멸의 영혼은 굶주리게 할 것입니다!"

그 순간 어떻게 된 일인지 내 손에서 석판이 미끄러져 두 조각으로 깨졌다.

"누가 저렇게 조심성이 없는 거지?" 브로클허스트 씨가 말했다. "새로 온 학생이군요, 그렇지 않나요? 그 아이에 관해서 내가 모두에게 말해 둘 것이 있어요. 그 아이를 앞으로 나오게 하세요!"

템플 선생님은 다정하게 나의 어깨를 안아서 브로클허스트 씨에게 데려다주셨다.

"두려워하지 마라, 제인." 템플 선생님이 작은 목소리로 속삭이셨다. "나는 그것이 사고였다는 것을 알아. 벌을 받지는 않을 거야."

"저 아이를 저 의자 위에 세워 두세요." 아주 높은 의자를 가리키며 브로클허스트 씨가 말했다.

"여러분." 내가 일단 의자 위에 서자 브로클허스트 씨가 말했다. "템플 교장 선생님, 선생님들, 그리고 학생 여러분, 모두들 이 아이가 보이시죠? 주님의 잃어버

---

pupil 학생 **starved** 굶주린, 허기진 **charitable** 자선의 **evangelical** 복음주의의, 전도자 같은 **accustom A to B** A를 B에 익숙해지게 하다 **indulgence** 방종, 탐닉 **render** 주다, 제공하다 **hardy** 고난에 견딜 수 있는, 강건한 **patient** 인내심 있는, 끈기 있는 **frugal** 검소한 **immortal** 불멸의, 영원한 **somehow** 어쩐지, 웬일인지 **assist** 거들다, 보조하다 **under one's breath** 작은 목소리로, 소곤소곤 **accident** 사고 **stool** 등받이가 없는 높은 의자

It is my duty* to warn you that this girl, who might be one of God's own lambs, is a little castaway.* You must be on your guard* around her. If necessary, avoid* her company.* Teachers, you must watch her, for this girl is a liar! I learned this from her benefactress, the pious* and charitable lady who adopted* her in her orphan state. Now, let her stand on the stool for half an hour, and let no one speak to her during the remainder* of the day."

My half an hour of humiliation* upon the pedestal* of infamy* was only made endurable* by the silent consolidation* of my new friend, Helen Burns. She had to walk by me to get to Miss Scatcherd, and she repeatedly* made excuses* to approach her. She smiled at me every time she passed by, and how beautiful her smile was! I can still see it, and I now know that it was the effluence* of fine intellect* and true courage. It lit up her thin face, her sunken* gray eye, and made her look like an angel. It was a shame* that Miss Scatcherd could never see her in the same light.*

린 양들 중 한 마리일지도 모르는 이 아이가 길을 잃고 헤매는 아이라는 것을 여러분에게 경고하는 것이 저의 의무입니다. 여러분은 이 아이 주변에서는 경계해야 합니다. 필요하다면, 이 아이와의 교제를 피하십시오. 선생님들, 선생님들은 이 아이를 지켜보셔야 합니다. 이 아이는 거짓말쟁이이기 때문입니다! 저는 이 이야기를 이 아이의 후견인, 그러니까 고아인 처지의 이 아이를 입양했던 경건하고 자애로운 부인으로부터 들어서 알게 되었습니다. 이제 30분 동안 이 아이를 의자 위에 세워 두고, 오늘 남은 시간 동안 아무도 이 아이에게 말을 걸게 하지 마십시오."

불명예스러운 받침대 위에서 내가 받은 30분의 굴욕은 나의 새로운 친구 헬렌 번스의 묵상 덕분에 견딜 수 있게 되었다. 헬렌은 스캐처드 선생님에게 가려면 내 옆을 지나가야 했고, 그녀는 선생님에게 다가가려고 계속해서 핑계거리를 만들었다. 헬렌은 내 옆을 지날 때마다 나에게 미소를 지어 주었는데, 그녀의 미소는 참으로 아름다웠다! 나는 아직도 그 미소가 눈에 선하며, 그것이 훌륭한 지성과 진정한 용기의 발산이었다는 것을 안다. 그것은 헬렌의 마른 얼굴, 그녀의 퀭한 회색 눈을 밝게 밝혀 주었으며, 그녀를 천사처럼 보이게 만들었다. 스캐처드 선생님이 그녀를 같은 견지에서 보지 못하는 것은 안타까운 일이었다.

---

duty 의무　**castaway** 조난자　**be on one's guard** ~에게 경계시키다, 조심하게 하다　**avoid** 피하다, 비키다　**company** 교제, 사귐　**pious** 경건한, 신앙심이 깊은　**adopt** 입양하다　**remainder** 나머지　**humiliation** 굴욕, 창피　**pedestal** 받침대　**infamy** 불명예, 오명　**endurable** 참을 수 있는, 견딜 수 있는　**silent consolation** 묵상　**repeatedly** 되풀이하여, 계속해서　**make an excuse** 변명을 하다　**effluence** 발산, 방출　**intellect** 지력, 지성　**sunken** 퀭한, 움푹 들어간　**shame** 치욕, 수치　**in the same light** 같은 견지에서

Chapter 8

The dreadful* half hour was over, five o'clock struck, and school was dismissed. I descended* from my platform* of shame. I sat on the floor in a corner of the schoolroom. I was alone, and my tears wet the floorboards.* I was sure that my reputation* at the school was ruined.*

I heard footsteps.* Helen Burns had brought my coffee and bread.

"Come, eat something," she said.

I didn't touch the coffee or the bread.

"Helen, why are you being kind to someone everybody hates?" I said, still weeping. "They all think I am a liar."

제8장

억울한 비난을 받은 제인은
교장인 템플 선생과 친구인 헬렌의 위로를 받는다.
제인에게서 자초지종을 들은 템플 선생은 제인의 결백을 입증해 주고
제인은 새로운 마음으로 공부에 열중한다.

그 끔찍한 30분이 지나고 5시를 알리는 종이 쳤고, 전교생은 뿔뿔이 흩어졌다. 나
는 나의 수치스러운 받침대에서 내려왔다. 나는 교실 구석의 바닥에 앉았다. 나는
혼자였고, 나의 눈물은 마룻바닥을 적셨다. 나는 학교에서의 나의 평판이 무너졌
다고 확신했다.

나는 발소리를 들었다. 헬렌 번스가 나의 커피와 빵을 가지고 왔다.

"자, 뭐라도 좀 먹어." 헬렌이 말했다.

나는 커피나 빵에 손을 대지 않았다.

"헬렌, 너는 왜 모두가 싫어하는 사람에게 친절하게 대해 주는 거야?" 나는 여
전히 훌쩍거리며 말했다. "사람들은 모두 내가 거짓말쟁이라고 생각해."

---

dreadful 끔찍한, 지독한 **descend** 내려가다, 내려오다, **platform** 대, 연단 **floorboard** 바닥 널,
마루청 **reputation** 평판, 세평 **ruined** 몰락한, 파멸한 **footstep** 발소리

"Jane, you are mistaken,*" she said, wiping away* my tears. "I'm sure not even a single girl hates you. Many, I am sure, feel sorry for you. Mr. Brocklehurst is not popular* with the girls."

I rested my head on Helen's shoulder and put my arms round her waist. She drew me closer to her, and we remained silent. We had stayed like this for some time when the schoolroom door opened and Miss Temple came in.

"I came to find you, Jane Eyre," said Miss Temple. "I want you in my room. And as Helen Burns is with you, she can come too."

The superintendent's room had a good fire and looked cheerful. Miss Temple told Helen Burns to be seated in a low armchair on one side of the hearth, and she sat on another.

"Is it all over?" she asked, pulling me to her side. "Have you cried your sadness away?"

"I am afraid that can never happen," I replied.

"Why not?"

"I have been wrongly accused. And you, ma'am, and everybody else, will now think I am a bad girl."

"If you continue to act as a good girl, I will think of you as a good girl."

"Really, Miss Temple?"

"제인, 너는 오해받고 있는 거야." 헬렌이 나의 눈물을 닦아 주며 말했다. "한 사람도 너를 싫어하지 않는다고 나는 확신해. 분명히, 많은 아이들이 너에 대해 안쓰러움을 느낄 거야. 브로클허스트 씨는 우리 학생들에게 인기가 없거든."

나는 내 머리를 헬렌의 어깨에 기대고 나의 팔을 그녀의 허리에 둘렀다. 헬렌은 나를 더 가까이 끌어당겼고, 우리는 조용히 그대로 있었다. 우리가 한동안 이렇게 있을 때 교실 문이 열리고 템플 선생님이 안으로 들어오셨다.

"너를 찾으러 왔단다, 제인 에어." 템플 선생님이 말씀하셨다. "내 방에 오면 좋겠구나. 그리고 헬렌 번스도 함께 있으니까, 헬렌과 같이 와도 좋아."

교장 선생님의 방은 난로가 잘 타고 있었고, 밝은 기운이 넘쳐 보였다. 템플 선생님은 헬렌 번스에게 벽난로 한쪽에 있는 높이가 낮은 안락의자에 앉으라고 말씀하셨으며, 선생님은 다른 안락의자에 앉으셨다.

"이제 다 울었니?" 템플 선생님이 나를 당신 옆으로 끌어당기며 물어보셨다. "울어서 네 슬픔을 다 날려 버렸니?"

"그런 일은 절대 일어날 수 없을 것 같아요." 내가 대답했다.

"왜지?"

"저는 부당하게 비난받았어요. 그리고 교장 선생님과 다른 사람들 모두가 이제 저를 나쁜 아이라고 생각할 거예요."

"만약 네가 계속해서 착하게 행동한다면, 나는 너를 착한 아이라고 생각할 거야."

"정말이세요, 템플 선생님?"

---

mistaken 틀린, 오해한 **wipe away** 훔쳐 내다 **popular** 인기 있는, 평판이 좋은

"Of course," she said, wrapping her arm around me. "And now tell me, who is the lady whom Mr. Brocklehurst called your benefactress? Can you tell me about her?"

After some hesitation, I related* to Miss Temple the story of my sad childhood and the cruel treatment I had received from the Reeds. In the course of telling my story, I mentioned Mr. Lloyd. When I had finished, Miss Temple thought hard for a few minutes in silence.

"I know Mr. Lloyd," she said. "I will write to him. If he confirms* what you have just told me, you shall be publicly* cleared from any accusation.* To me, Jane, you are clear now."

She kissed me, and gave me and Helen Burns her afternoon tea and some slices of seedcake. We devoured* the seedcake* and tea which were evidently* of a higher quality than the food the girls were given.

About a week later, Miss Temple received a reply from Mr. Lloyd which corroborated* my account.* Miss Temple assembled* the whole school and announced* that inquiry* had been made into the charges* alleged* against Jane Eyre. She said that she was most happy to be able to pronounce* me completely cleared of the charges made against me. The teachers then hugged me and kissed me, and a murmur* of pleasure ran through the ranks* of my companions.*

"물론이지." 템플 선생님이 팔로 나를 감싸 안아 주시며 말씀하셨다. "그럼 이제 나에게 말해 보렴. 브로클허스트 씨가 네 후견인이라고 부른 그 부인이 누구니? 그 부인에 대해 말해 줄 수 있니?"

약간의 주저 후에, 나는 템플 선생님에게 나의 슬픈 어린 시절과 내가 리드 집안 사람들에게 받았던 잔인한 대접에 관한 이야기를 해 드렸다. 내가 이야기를 하는 도중에 나는 로이드 씨를 언급했다. 내가 이야기를 끝냈을 때, 템플 선생님께서는 잠시 말없이 심각하게 생각에 잠기셨다.

"나는 로이드 씨를 안단다." 템플 선생님이 말씀하셨다. "내가 그분에게 편지를 쓰마. 만약 로이드 씨가 네가 방금 나에게 해 준 말을 확인해 주신다면, 너는 공개적으로 어떠한 비난으로부터도 결백해질 거야. 제인, 너는 이제 나에게만큼은 결백하단다."

템플 선생님은 나에게 입맞춤을 해 주시고 나와 헬렌 번스에게 선생님께서 오후에 드시는 차와 캐러웨이 씨앗이 든 케이크를 몇 조각 주셨다. 우리는 여학생들에게 주어지는 음식보다 분명히 더 질 좋은 씨앗이 든 케이크와 차를 게걸스럽게 먹고 마셨다.

약 일주일 후, 템플 선생님이 로이드 씨로부터 나의 이야기를 입증하는 답장을 한 통 받으셨다. 템플 선생님은 전교생을 집합시키고 제인 에어에 대해 주장된 비난에 대하여 조사가 이루어졌다고 발표하셨다. 템플 선생님은 나에게 지워졌던 비난에 대해 내가 완벽히 결백하다고 선언할 수 있어서 아주아주 기쁘다고 말씀하셨다. 그러고 나서 선생님들은 나를 껴안고 입맞춤을 해 주셨으며, 기쁨의 속삭임들이 내 친구들이 서 있던 줄 이리저리로 퍼졌다.

---

relate 이야기하다 **confirm** 확인하다 **publicly** 공개적으로, 공적으로 **accusation** 비난
devour 게걸스레 먹다 **seedcake** 씨가 든 과자 **evidently** 분명히, 명백히 **corroborate** (증거들을) 제공하다, 입증하다 **account** 설명, 이야기 **assemble** 모으다, 집합시키다 **announce** 발표하다, 공고하다 **inquiry** 조사, 조회 **charge** 비난, 혐의 **alleged** 주장된 **pronounce** 선언하다, 단언하다 **murmur** 낮은 목소리, 속삭임 **rank** 열, 줄 **companion** 친구, 동무

Relieved* and happy, I devoted* the next weeks to my studies, excelling* at drawing and French.

Solomon said: "Better is a dinner of herbs* where love is, than a fatted ox and hatred* therewith.*" This was true. Now that I had friends, I would not have exchanged* Lowood, despite* its harsh conditions, for Gateshead and its daily luxuries.

안심이 되고 행복해져서 나는 다음 몇 주 동안 공부에 전념했고, 그림 수업과 프랑스어 수업에서는 다른 학생들을 능가했다.

솔로몬이 말하기를, "푸성귀로 식사를 하더라도 사랑이 있는 곳이 살찐 소를 먹으며 서로 미워하는 곳보다 낫다."고 했다. 이것은 사실이었다. 이제 나에게는 친구들이 있었기 때문에 그 가혹한 상황에도 불구하고, 나는 로우드를 게이츠헤드와 그 일상의 사치스러운 생활과 맞바꾸지 않을 것이었다.

---

relieved 안도한, 해방된 **devote** 바치다, 쏟다 **excel** 남을 능가하다 **herb** 풀, 초본 **hatred** 증오 **therewith** 그것과 함께 **exchange** 교환하다, 맞바꾸다 **despite** ~에도 불구하고

Chapter 9

The hardships* of Lowood became more bearable* in the spring. I discovered the great pleasure and enjoyment running around outside could bring. April advanced* to May, and it was a bright and serene* May. The sky was blue, and the sunshine was warm. But the happiness was soon cut short.*

That forest dell* where Lowood lay became a breeding ground* for typhus. Soon Lowood was turned into a hospital.

Frequent starvation* and neglected* colds had predisposed* most of the pupils to catch typhus. Forty-five out of the eighty girls fell ill simultaneously.* Miss Temple gave her undivided* attention to the patients.

제9장

봄에 로우드에서는 발진티푸스가 창궐하고 많은 학생이 죽는다.
이 와중에 언제나 제인을 위로해 주던 의젓한 친구 헬렌은
폐결핵에 걸려 영원히 세상을 떠난다.

봄에는 로우드에서의 고충이 더 참을 만하게 되었다. 나는 밖에서 이리저리 뛰어다니는 것이 가져올 수 있는 커다란 기쁨과 즐거움을 발견했다. 4월이 5월이 되었고, 5월은 밝고 청명했다. 하늘은 푸르렀고, 햇빛은 따스했다. 그러나 행복은 곧 갑자기 끝나고 말았다.

로우드가 있는 숲 속의 작은 골짜기는 발진티푸스의 번식지가 되었다. 곧 로우드는 병원으로 변했다.

빈번한 굶주림과 방치되었던 감기가 대부분의 학생들을 병에 취약하게 만들어 발진티푸스에 걸리게 했다. 여든 명의 학생 중 마흔다섯 명이 동시에 몸져누웠다. 템플 선생님은 환자들에게 조금도 한눈팔지 않고 주의를 기울이셨다. 템플 선생

---

hardship 곤란, 고충   **bearable** 견딜 수 있는, 견딜 만한   **advance** (시간이) 경과하다   **serene** 청명한, 화창한   **cut short** 갑자기 끝내다   **dell** 작은 골짜기   **breeding ground** 사육장, 번식지   **starvation** 기아, 아사   **neglected** 간과된   **predispose** 병에 걸리기 쉽게 하다   **simultaneously** 동시에   **undivided** 연속된, 한눈팔지 않는

She literally* lived in the sickroom,* only leaving it to catch a few hours of rest at night. The teachers were fully occupied with* packing up* for the departure* of those girls who were fortunate enough to have friends and relatives able and willing to take them away from the contagious* institution. Many went away only to die, while some died at the school. They were buried quietly and quickly to prevent* further infection.

I was fortunate enough to be one of the healthy ones. During the days of mayhem,* I had become good friends with Mary Ann Wilson. She was a shrewd,* observant* girl, and I loved being with her partly* because she was witty* and original,* and partly because she somehow made me feel at ease. She was a few years my senior,* so she knew more of the world. But she was inferior* to Helen Burns. She could only tell me amusing stories and racy* and pungent* gossip,* while Helen could give me a taste of far higher things. I could not spend time with Helen, however, because she was ill. It was not typhus which made her ill, however, but tuberculosis.* I had not seen her for weeks and was told that she was kept in a room upstairs away from the typhus patients.

One evening, in early June, I was on my way back from the garden with Mary Ann Wilson when I saw Mr. Bates, the local doctor, leave the house. He was followed by a nurse who, after seeing him mount* his horse and depart,* was about to close the door. I ran up to her.

님은 문자 그대로 병실에서 살다시피 하셨으며, 밤에는 오로지 남은 몇 시간 동안
만 좀 쉬시려고 자리를 뜨셨다. 선생님들은 병이 옮기 쉬운 시설에서 자신들을 기
꺼이 데려가 줄 수 있는 친구들과 친척들이 있을 만큼 운이 좋은 학생들의 출발
을 위해 짐을 꾸리는 일에 전념하셨다. 많은 학생들이 시설을 떠났지만 결국 죽음
을 맞았고, 반면에 몇몇은 학교에서 죽었다. 그들은 더 이상의 전염을 막기 위해
서 조용히, 그리고 신속하게 묻혔다.

나는 운이 좋아서 건강한 아이들 중 한 명일 수 있었다. 혼란의 아수라장이었
던 나날들 중에 나는 메리 앤 윌슨과 좋은 친구가 되었다. 메리는 영리하고 관찰
력이 좋은 여학생이었으며, 나는 한편으로는 그녀가 재치 있고 독창적이며, 또 한
편으로는 그녀가 왠지 나의 마음을 편하게 해 주었기 때문에 그녀와 함께 있는
것이 좋았다. 메리는 나보다 몇 살 손위였으므로 세상에 대해 더 많이 알았다. 하
지만 메리는 헬렌 번스보다는 못했다. 메리는 그저 나에게 재미있는 이야기와 활
기 있고 자극적인 이야깃거리들을 들려줄 수 있을 뿐이었던 반면에 헬렌은 나에
게 훨씬 더 고차원적인 것들에 대한 혜안을 줄 수 있었다. 하지만 헬렌이 아팠기
때문에 나는 헬렌과 함께 시간을 보낼 수 없었다. 그런데 헬렌을 아프게 한 것은
발진티푸스가 아니라 폐결핵이었다. 나는 몇 주 동안 헬렌을 보지 못한 터였고,
그녀가 발진티푸스 환자들과 격리되어 위층에 있는 방에 있다고 들었다.

6월 초의 어느 날 저녁, 나는 메리 앤 윌슨과 함께 정원에서 돌아오던 도중에
그 동네 의사인 베이츠 씨가 우리의 집을 나서는 것을 보았다. 베이츠 씨 뒤로 간
호사 한 명이 따라 나왔는데, 그녀는 그가 말에 올라 출발하는 것을 본 후 문을
막 닫으려고 했다. 나는 간호사에게 달려갔다.

---

literally 글자 뜻대로 **sickroom** 병실 **be occupied with** ~하기에 바쁘다, 여념이 없다 **pack up** 짐을 꾸리다 **departure** 출발 **contagious** 전염성의 **prevent** 막다, 방해하다 **mayhem** 대혼란, 아수라장 **shrewd** 영리한, 통찰력이 있는 **observant** 관찰력이 있는 **partly** 부분적으로 **witty** 재치 있는 **original** 창의력이 풍부한 **senior** 손위의, 선배의 **inferior** ~보다 못한, 열등한 **racy** 흥분되는, 짜릿한 **pungent** 자극적인, 신랄한 **gossip** 잡담, 뜬소문 **tuberculosis** 결핵, 폐결핵 **mount** 타다, 올라타다 **depart** 출발하다, 떠나다

"How is Helen Burns?"

"She is very, very ill," answered the nurse.

"Is it her that Mr. Bates came to see?"

"Yes."

"What did he say?"

"He says she'll not be with us for long."

I experienced a shock of horror, then a painful pang* of grief.

"What room is she in?" I asked.

"She is in Miss Temple's room."

Before the nurse could stop me, I ran into the house in search of* Miss Temple's room. It was at the far end of the house, and I had only been to it once, but I managed to* find it.

I found Helen Burns in a crib* close by Miss Temple's bed.

"Helen!" I whispered. "Are you awake?"

She turned slowly, and I saw her face, pale, wasted,* but quite composed.*

"Is that you, Jane?" she asked.

"Yes, Helen. It's me. I heard you were very ill, and I could not sleep until I had spoken to you."

"If you have come to bid me goodbye,* you are probably just in time."

"Where are you going, Helen? Are you going home?"

"헬렌 번스는 어때요?"

"헬렌은 아주아주 아프단다." 간호사가 대답했다.

"베이츠 선생님이 보러 온 사람이 헬렌이었나요?"

"그래."

"뭐라고 하셨어요?"

"헬렌이 우리와 오랫동안 함께 있지는 못할 것 같다고 하시는구나."

나는 공포스러운 충격, 그런 다음 고통스러운 슬픔의 격통을 경험했다.

"헬렌이 어느 방에 있어요?" 내가 물었다.

"템플 선생님 방에 있단다."

간호사가 나를 제지하기도 전에, 나는 템플 선생님의 방을 찾아서 집 안으로 뛰어들었다. 방은 집의 맨 끝에 있었고, 딱 한 번 가 본 적이 있을 뿐이었으나, 나는 용케 그 방을 찾았다.

나는 템플 선생님의 침대 바로 옆에 있는 어린이용 침대에서 헬렌 번스를 발견했다.

"헬렌!" 내가 속삭였다. "깨어 있니?"

헬렌은 천천히 몸을 돌렸고, 나는 창백하고 쇠약하지만 상당히 차분한 그녀의 얼굴을 보았다.

"너니, 제인?" 헬렌이 물었다.

"그래, 헬렌. 나야. 네가 매우 아프다는 이야기를 듣고 나니까 너와 이야기를 나누기 전까지는 잠을 이룰 수 없었어."

"만약 나에게 작별 인사를 하러 온 거라면, 아마도 딱 제시간에 맞추어 온 것 같아."

"어디 가는데, 헬렌? 집으로 갈 거니?"

---

pang 격통, 고통스러운 아픔 **in search of** ~을 찾아서, ~을 구해서 **manage to** 용케 ~하다
crib 어린이용 침대 **wasted** 쇠약한 **composed** 침착한, 차분한 **bid ~ goodbye** ~에게 작별을
고하다

"Yes. I am going to my last home."

"No, no, Helen!" I said, trying to hold back my tears.*

"Don't worry, Jane. I am going back to God, our Maker. And I'm happy to be leaving the world's suffering behind."

I began to cry as I put my arms around her.

"I'm comfortable* now. I feel as if I could sleep. Don't leave me, Jane. I like having you near me."

"Don't worry, Helen. I'll stay with you all night."

"Goodnight, Jane."

"Goodnight, Helen."

She kissed me, and I kissed her back. Soon we both fell asleep.

The next morning, Miss Temple returned to her room to find me in the little crib with my face against Helen Burns's shoulder and my arms around her neck. I was asleep, and Helen was dead.

She was buried in Brocklebridge churchyard.* For fifteen years, her grave* remained unmarked,* but now a gray marble* tablet* marks the spot,* inscribed* with her name and the word "Resurgam,*" meaning "I shall rise again."

"그래, 내가 제일 마지막으로 갈 집으로 갈 거야."

"안 돼, 안 돼, 헬렌!" 나는 눈물을 참으려고 애쓰며 말했다.

"걱정하지 마, 제인. 나는 우리의 창조주이신 하느님께 돌아가는 거야. 그리고 세상의 고통을 뒤에 남겨 두고 가게 되어 나는 행복해."

나는 헬렌에게 팔을 두르고 울기 시작했다.

"나는 이제 편안해. 잠을 잘 수 있을 것 같은 기분이 들어. 나를 떠나지 마, 제인. 네가 내 곁에 있는 것이 나는 좋아."

"걱정하지 마, 헬렌. 내가 밤새 너와 함께 있을게."

"잘 자, 제인."

"잘 자, 헬렌."

헬렌은 나에게 입맞춤을 했고, 나도 헬렌에게 입맞춤을 했다. 곧 우리 둘은 잠이 들었다.

다음 날 아침, 템플 선생님이 당신의 방으로 오셔서 내가 헬렌 번스의 어깨에 얼굴을 대고 내 팔을 그녀의 목에 두르고 작은 어린이용 침대에 있는 것을 발견하셨다. 나는 잠들어 있었지만, 헬렌은 죽어 있었다.

헬렌은 브로클브리지 교회 묘지에 묻혔다. 15년 동안 헬렌의 무덤은 비석 하나 없이 있었지만, 지금은 그녀의 이름과 "나는 부활하리라."라는 의미의 'Resurgram(나 되살아나리)'이라는 문구가 새겨진 회색 대리석 비석이 그 장소를 표시해 주고 있다.

---

hold back one's tears 눈물을 억제하다 **comfortable** 기분 좋은, 편안한 **churchyard** 교회의 묘지 **grave** 무덤, 묘 **unmarked** 표시가 없는 **marble** 대리석 **tablet** 명판, 평판 **spot** 장소 **inscribe** 새기다, 파다 **resurgam** 나 되살아나리(=I shall rise again.)

Chapter 10

The virulence* of the typhus at Lowood and the number of its victims* had drawn much public attention to the school. An inquiry was made, and it revealed* the unhealthy nature of the institution; the quantity and quality of the children's food; the dirty water used in its preparation; the pupils' poor clothing and accommodations.* The findings produced a result mortifying* to Mr. Brocklehurst, but beneficial* to the institution.

Several wealthy and benevolent* individuals* got involved* and erected* a more suitable* building in a better location. New regulations* were made, and improvements* in diet *and clothing were

제10장

제인은 6년간의 교육을 무사히 마치고 로우드에서 교사로 재직한다.
그러나 존경하던 템플 선생이 결혼으로 학교를 떠나자
제인도 가정 교 자리를 구해 학교를 떠나고자 한다.

로우드에서 발생한 발진티푸스의 독성과 희생자들의 수는 학교에 대해 많은 대중의 관심을 끌어모았다. 조사가 이루어졌고, 건강에 좋지 못한 시설의 상태, 즉 아이들의 음식의 양과 질, 요리 준비 때 사용된 더러운 물, 학생들의 형편없는 의복과 숙박 시설이 드러났다. 이러한 발견은 브로클허스트 씨에게는 굴욕적인 결과를 가져다주었지만, 시설에는 유익했다.

몇몇 부유하고 인정 많은 사람들이 참여하여 보다 좋은 위치에 보다 적합한 건물을 세웠다. 새로운 규정들이 만들어졌고, 음식과 의복에서의 개선이 도입되었

---

virulence 독성, 병독성 **victim** 희생자, 피해자 **reveal** 드러내다, 폭로하다 **accommodation** 수용 설비 **mortify** ~에게 굴욕을 느끼게 하다 **beneficial** 유익한, 이로운 **benevolent** 인정 많은 **individual** 개인, 사람 **involve** 참가시키다 **erect** 세우다 **suitable** 적당한, 어울리는 **regulation** 규칙, 규정 **improvement** 개량, 개선 **diet** 일상의 음식물

introduced. The funds* of the school were managed*
by a committee.* Mr. Brocklehurst, due to his wealth
and family connections,* could not be overlooked.*
So he retained* the post* of treasurer and inspector,*
but his duties were shared with gentlemen who were
more suited for them. The school, thus improved,* and
became over time a truly useful and noble* institution. I
remained there for eight years: six as a pupil, and two as
a teacher.

During these eight years, Miss Temple acted as my
mother, governess,* and, companion. So it was only
natural that I felt lonely and sad when she got married
and left the school, though I was happy that she had
found an excellent* husband who was a clergyman.

From the day Miss Temple left, I was no longer the
same. Lowood no longer felt like home to me. I, too,
needed a change. After a few days of wondering what to
do, I advertised* in a local paper in search of a post as
a governess. After a week, which felt like an eternity,* I
received one response to my advertisement.* It read as
follows:

"If Jane Eyre, who advertised in the Herald last
Thursday, is still available,* and if she is in a position
to give satisfactory* references* as to her character*
and competency,* a position* can be offered to her.
She will only have one pupil, a little girl, who is under
ten years of age. The salary will be thirty pounds per

다. 학교 운영 기금은 위원회에 의해 관리되었다. 브로클허스트 씨는 그의 재산과 그의 가족 배경 때문에 무시당할 수는 없었다. 그래서 재무 이사와 장학사의 직위를 계속 유지했으나, 그의 의무들은 그러한 지위에 보다 적합한 신사들과 공유되었다. 학교는 그렇게 해서 발전되었고, 시간이 지나면서 진정으로 유용하고 숭고한 시설이 되었다. 나는 그곳에 8년간 남아 있었다. 6년은 학생으로서, 그리고 2년은 교사로서였다.

이 8년 동안 템플 선생님은 나의 어머니로서, 가정 교사로서, 그리고 친구로서 제 역할을 해 주셨다. 그래서 선생님이 결혼해서 학교를 떠나실 때, 비록 선생님이 성직자인 훌륭한 남편을 찾은 것은 기뻤지만 내가 외로움과 슬픔을 느낀 것도 당연했다.

템플 선생님이 떠나신 날부터 나는 더 이상 그전과 똑같지 않았다. 로우드는 더 이상 나에게 집처럼 느껴지지 않았다. 나 역시 변화가 필요했다. 어떻게 할 것인지 며칠 동안 생각한 후에, 나는 지방 신문에 가정 교사 자리를 구하는 광고를 냈다. 영원처럼 느껴졌던 일주일 후, 나는 나의 광고에 대한 한 통의 답장을 받았다. 그것에는 다음과 같이 적혀 있었다.

"만약 지난 목요일에 〈헤럴드〉에 광고를 낸 제인 에어가 아직 채용이 가능하다면, 그리고 자신의 품성과 능력에 대해 만족스러운 추천서를 제출할 만한 입장에 있다면, 그녀에게 일자리가 제공될 수 있습니다. 그녀는 열 살 미만인 어린 소녀 한 명만을 학생으로 맡게 될 것입니다. 봉급은 1년에 30파운드입니다. 에어 양

---

funds 돈, 자금 **manage** 경영하다, 운영하다 **committee** 위원회 **connection** 관계, 관련 **overlook** 간과하다 **retain** 계속 유지하다 **post** 지위, 직 **inspector** 장학사 **improve** 개선되다, 나아지다 **noble** 숭고한, 고귀한 **governess** 여자 가정 교사 **excellent** 우수한 **advertise** 광고하다 **eternity** 영원, 영구 **advertisement** 광고 **available** 이용할 수 있는 **satisfactory** 만족스러운 **reference** 신원 증명서, 추천서 **character** 품성, 덕성 **competency** 능숙함 **position** 직장, 직위

annum.* Miss Eyre is requested to send references, name, address, and all particulars* to Mrs. Fairfax of Thornfield, Millcote."

I remembered from my geography* lessons that Millcote was a large manufacturing town that was seventy miles closer to London than Lowood. I did not hesitate. I knew instantly* that I wanted this job.

The next day, I asked the school committee for permission* to get the job. They wrote to Mrs. Reed, as she was my natural guardian, to ask for her opinion* on the matter. She replied, saying that she had "long relinquished* all interference* in the girl's affairs,*" and that I could "do as I pleased."

I spent the next month in preparation. Letters and references were sent to and from Mrs. Fairfax. I finished up the current* curriculum* that I was teaching the younger ones. Then on the eve of my departure, I had a surprise visitor—Bessie.

"You've not forgotten me, have you, Miss Jane?" she said when I came down the steps into the hall.

For a split second,* I did not recognize* her. The next minute, I was embracing and kissing her.

"Bessie! Bessie! Bessie!" was all I said. With her was a little boy, around three years old.

"That is my little boy," said Bessie.

"You are married, Bessie?"

"Yes, to Robert Leaven, the coachman. I also have a

은 추천서, 이름, 주소, 그리고 모든 세부 내용을 밀코트 손필드의 페어팩스 부인께 보내면 됩니다."

나는 지리 수업 때 밀코트가 로우드보다 런던에 70마일 더 가까운 커다란 제조업 도시라고 배운 것이 기억났다. 나는 주저하지 않았다. 나는 내가 이 일자리를 원한다는 것을 즉시 알았다.

다음 날 나는 학교 위원회에 일자리를 얻기 위해 허락을 구했다. 그들은 리드 외숙모에게 그 문제에 대해 의견을 구하는 편지를 썼는데, 그녀가 나의 실질적인 후견인이기 때문이었다. 리드 외숙모는 자신이 '그 아이의 개인적인 문제에 있어서 모든 간섭을 포기한 지 오래이므로' 나는 '내가 하고 싶은 대로' 하면 된다고 답장했다.

나는 다음 달을 준비하는 데 썼다. 편지와 추천서가 페어팩스 부인에게 발송되었고 부인으로부터 편지도 받았다. 나는 어린 학생들에게 가르치고 있던 현행 교과 과정 교수를 마쳤다. 그런 다음 나의 출발 전날 밤, 나에게 놀라운 방문객이 찾아왔는데, 바로 베시였다.

"저를 잊지 않으셨겠죠, 그렇죠, 제인 아가씨?" 내가 계단을 내려가 거실로 들어서자 베시가 말했다.

아주 잠깐 동안 나는 베시를 알아보지 못했다. 다음 순간 나는 베시를 껴안고 그녀에게 입을 맞추고 있었다.

"베시! 베시! 베시!"가 내가 말한 전부였다. 약 세 살 정도의 어린 소년이 베시와 함께 있었다.

"저 아이는 제 아들이에요." 베시가 말했다.

"결혼했구나, 베시?"

"네, 마부 로버트 리븐이랑요. 바비 말고 딸내미가 한 명 더 있어요. 그 아이의

---

annum 연, 해   **particulars** 자세한 내용   **geography** 지리학   **instantly** 즉시, 즉각   **permission** 허가, 허락   **opinion** 의견, 견해   **relinquish** 포기하다, 내주다   **interference** 간섭, 참견   **affairs** 개인적인 문제   **current** 지금의, 현재의   **curriculum** 교과 과정   **for a split second** 아주 잠깐 동안   **recognize** 인지하다, 알아보다

little girl besides Bobby there. I've named her Jane."

"You don't live at Gateshead?"

"I live at the lodge. The old porter has left."

"What brings you here, Bessie, after all these years?" I asked.

"I have long wanted to see you. When I heard that you were going to another part of the country, I thought I'd just set off and see you before you were out of my reach."

We sat down together, and over the course of the next hour Bessie told me what had happened at Gateshead Hall since I had left for Lowood: Georgiana had attempted to run away in secret with a man named Lord Edwin Vere, but Eliza foiled* the plan by revealing it to Mrs. Reed; meanwhile, John had fallen into a life of debauchery* and dissolution.* Bessie also told me that my father's brother, John Eyre, appeared at Gateshead seven years ago, looking for me. He was very disappointed because he did not have the time to travel to Lowood to visit me. He went away to Madeira, a Portuguese island west of Morocco, in search of wealth.

"He looked like a perfect gentleman," Bessie added. "My Robert said that he looked like a wine merchant.*"

Bessie and I talked about the old times for another hour, and then she was obliged to* leave me. The next morning, I mounted the coach at Lowton that was to take me to new duties and a new life in Millcote.

이름은 제인이라고 지었답니다."

"게이츠헤드에서 살지 않는 거야?"

"관리실에서 살아요. 나이 많은 수위가 떠났거든요."

"여기는 웬일이야, 베시. 참 오랜 세월이 흘렀지?" 내가 물었다.

"오랫동안 아가씨가 보고 싶었어요. 아가씨가 또 다른 지역으로 가실 것이라고 들었을 때, 아가씨가 제가 가기 힘든 곳에 가시기 전에 바로 출발해서 아가씨를 만나야겠다고 생각했어요."

우리는 함께 앉았고, 이후 한 시간이 넘게 베시는 내가 로우드로 떠난 후에 게이츠헤드 저택에서 무슨 일이 일어났는지 말해 주었다. 조지아나는 에드윈 베레 경이라는 남자와 몰래 도망치려고 시도했으나, 일라이자가 그것을 리드 외숙모에게 폭로함으로써 그 계획을 망쳐 놓았다고 했으며, 한편 존은 방탕한 생활을 하다가 결혼 생활이 파경을 맞았다고 했다. 베시는 또한 내 아버지의 동생이신 존 에어 삼촌이 7년 전에 나를 찾으러 게이츠헤드에 오셨다고 말했다. 삼촌은 매우 실망하셨는데, 나를 방문하러 로우드로 여행할 시간이 없으셨기 때문이라고 했다. 삼촌은 모로코 서쪽의 포르투갈령 섬인 마데이라로 돈을 벌기 위해 떠나셨다고 했다.

"그분은 완벽한 신사처럼 보였어요." 베시가 덧붙였다. "남편 로버트 말로는 그분이 포도주 상인처럼 보인다고 하더라고요."

베시와 나는 그 다음 한 시간 동안 옛날이야기를 했으며, 그런 다음 그녀는 어쩔 수 없이 나를 떠나야 했다. 다음 날 아침, 나는 로톤에서 나를 밀코트에 있는 새로운 직무와 새로운 삶으로 데려다줄 마차에 탔다.

---

foil 좌절시키다, 뒤엎다 **debauchery** 방탕 **dissolution** (결혼의) 파경 **merchant** 상인 **be obliged to** 어쩔 수 없이 ~하다

Chapter 11

The driver Mrs. Fairfax had sent me was late, so I was obliged to wait at Millcote Station for half an hour.

"My apologies,* Miss Eyre," he said.

"None needed, sir," I replied. "How long will it take to get there?"

"About an hour and a half."

When the carriage stopped at Thornfield's front door, it was opened by a maidservant.* I alighted* and went in.

"Will you come this way, ma'am?" said the girl. I followed her across a square hall, and she ushered* me into a snug,* small room. Inside, on an armchair, sat Mrs. Fairfax. She looked exactly as I had imagined, only less stately* and milder looking.

제11장

제인은 가정 교사로 손필드 저택에서 일하게 된다.
그녀가 가르치게 될 아이는
저택의 주인인 로체스터가 후견인을 자처한 정부의 딸이다.

페어팩스 부인이 나에게 보낸 마부가 늦어서 나는 밀코트 역에서 30분 동안 기다리지 않을 수 없었다.

"죄송합니다, 에어 양." 마부가 말했다.

"괜찮아요, 아저씨." 내가 대답했다. "그곳에 가는 데는 얼마나 걸리죠?"

"1시간 반쯤이요."

마차가 손필드 저택의 정문에 멈추자 하녀가 문을 열어 주었다. 나는 마차에서 내려 안으로 들어갔다.

"이쪽으로 오시겠어요, 선생님?" 하녀가 말했다. 나는 하녀를 따라 정사각형 홀을 가로질러 갔고, 그녀는 나를 아늑하고 작은 방으로 안내했다. 방 안에는 안락의자에 페어팩스 부인이 앉아 있었다. 페어팩스 부인은 내가 상상했던 것과 똑같이 생겼는데, 다만 덜 위엄 있고 더 온화해 보였다.

---

apology 사과, 사죄   **maidservant** 하녀   **alight** 내리다, 하차하다   **usher** 안내하다, 인도하다
snug 아늑한, 포근한   **stately** 위풍당당한, 위엄 있는

"How do you do, my dear?" she said. "You must be cold. Come to the fire."

"Mrs. Fairfax, I suppose*?" I asked.

"That's right. Please, do sit down. You've brought your luggage* with you, haven't you?"

"Yes, ma'am."

"I'll have it carried into your room," she said before she walked out.

"She treats me like a guest," I thought. "I didn't expect such a reception.* I was expecting coldness* and stiffness.* This is not like what I have heard of the treatment of governesses."

She returned and made room on the table for the tray which Leah, the maidservant, now brought.

"Here you go," said Mrs. Fairfax, as she handed me the refreshment.*

"Will I have the pleasure of seeing Miss Fairfax tonight?" I asked, taking what she had offered me.

"Miss Fairfax?" she said. "Oh, you mean Miss Varens! Varens is the name of the girl you'll be teaching."

"She is not your daughter?" I asked.

"No. I have no family."

I had many more questions, but I thought it would be impolite* to ask too many questions.

"I am so glad that you are here," said Mrs. Fairfax. "It gets lonely here at Thornfield. But I'll not keep you sitting up late tonight. You must be tired. I've had the

"처음 뵙겠습니다, 선생님." 페어팩스 부인이 말했다. "분명 추우실 거예요. 난로 쪽으로 오세요."

"페어팩스 부인이신가요?" 내가 물었다.

"맞습니다. 어서 앉으시지요. 짐을 가지고 오셨지요, 그렇죠?"

"네, 부인."

"선생님 방으로 갖다 놓으라고 할게요." 페어팩스 부인이 나가기 전에 말했다.

'나를 손님처럼 대하잖아.' 나는 생각했다. '이러한 환영은 예상도 못했어. 나는 냉담함과 서먹함을 기대하고 있었는데. 이것은 가정 교사를 대우하는 것에 대해서 내가 들었던 것과 다르잖아.'

페어팩스 부인은 돌아와서 하녀인 레어가 막 가지고 온 쟁반을 놓기 위해 탁자에 공간을 만들었다.

"드세요." 페어팩스 부인이 나에게 다과를 건네며 말했다.

"제가 오늘 밤에 페어팩스 양을 만나는 기쁨을 누리게 되는 건가요?" 나는 페어팩스 부인이 나에게 준 것을 먹으며 물었다.

"페어팩스 양이요?" 페어팩스 부인이 말했다. "오, 바랭 아가씨 말씀이시군요! 바랭이 선생님이 가르치게 될 아이의 이름입니다."

"부인의 따님이 아닌가요?" 내가 물었다.

"아니요. 나는 가족이 없어요."

나는 질문을 더 많이 했지만, 너무 많은 질문을 하는 것은 무례할 것이라고 생각했다.

"선생님이 오셔서 무척 기뻐요." 페어팩스 부인이 말했다. "이곳 손필드에서는 외로움을 타게 된답니다. 하지만 오늘 밤 늦게까지 선생님을 앉아 계시게 하지는 않을 거예요. 선생님은 분명히 피곤하실 테니까요. 내 방 옆방을 선생님을 위해

---

suppose 추측하다, 생각하다 **luggage** 짐, 수하물 **reception** 환영, 접대 **coldness** 냉정, 냉담
stiffness 딱딱함, 완고함 **refreshment** 가벼운 음식물, 다과 **impolite** 버릇없는, 무례한

room next to mine prepared for you. It is only a small apartment,* but I thought you would prefer it to one of the large front chambers. Yes, they have finer furniture, but they are so dreary* and solitary.* I never sleep in them myself."

I thanked her for her considerate* choice, and she showed me to my room. On the way, I noticed that everything in the huge house seemed more suited to a church than a house.

The next morning, I rose up early and went outside. It was a beautiful autumn morning. I looked up and surveyed* the front of the mansion.* It was four floors high. It was big, but not vast.* Its gray front stood out well against the background of a rookery,* whose cawing* tenants* were now waking. The rooks* now flew over the lawn and grounds to alight in a great meadow.* Enclosing* the grounds was a sunken fence, filled with an array of* mighty* old thorn trees* that were strong, knotty,* and broad as oaks.*

I had breakfast with Mrs. Fairfax. Over the course of the meal, I found out that she was not the owner of Thornfield, but rather the housekeeper. She also told me that Thornfield's owner, Mr. Rochester, travels regularly* and leaves much of the manor's management to her. She was a distant relative on Mr. Rochester's mother's side.

준비해 놨어요. 작은 방일 뿐이지만, 커다란 앞 방들 중 하나보다는 더 마음에 드실 거예요. 그럼요, 그 방들에는 더 좋은 가구들이 있기는 하지만, 그것들은 몹시 음울하고 고독하게 느껴진답니다. 나는 그 방들에서 절대로 잠을 자지 않아요."

나는 페어팩스 부인의 배려 깊은 선택에 감사했고, 그녀는 나를 내 방으로 안내했다. 도중에 나는 그 거대한 집에 있는 모든 것이 집보다는 교회에 더 어울려 보인다는 것을 눈치챘다.

다음 날 아침 나는 일찍 일어나서 밖으로 나갔다. 아름다운 가을날 아침이었다. 나는 위를 올려다보고 저택 정면을 살펴보았다. 저택은 4층이었다. 저택은 컸지만 광대하지는 않았다. 회색빛의 저택 정면은 당까마귀 떼를 배경으로 하여 매우 두드러졌는데, 까악까악 울고 있는 까마귀들이 이제 깨어나고 있었다. 당까마귀들은 이제 잔디밭과 땅 위로 날아가 대초원에 내려앉았다. 마당은 땅으로 푹 꺼진 울타리로 둘러싸여 있었고, 단단하고 옹이가 많고 떡갈나무처럼 커다란 여러 그루의 가시나무가 가득했다.

나는 페어팩스 부인과 같이 아침 식사를 했다. 식사 도중 나는 부인이 손필드의 주인이 아니라 차라리 가옥 관리인에 가깝다는 것을 알아냈다. 부인은 또한 손필드의 주인인 로체스터 씨는 정기적으로 여행을 하며 저택 관리의 많은 부분을 자신에게 맡긴다고 말했다. 부인은 로체스터 씨의 외가 쪽으로 먼 친척이었다.

---

apartment 방   **dreary** 음울한, 따분한   **solitary** 외로운, 고독한   **considerate** 배려심이 있는, 이해심이 있는   **survey** 살피다, 점검하다   **mansion** 대저택, 저택   **vast** 광대한, 막대한   **rookery** 당까마귀 떼   **caw** 까악까악 울다   **tenant** 소작인, 거주자   **rook** 떼까마귀 떼가 사는 숲   **meadow** 목초지, 초원   **enclose** 에워싸다   **an array of** 다수의 ~   **mighty** 강력한   **thorn tree** 가시나무   **knotty** 옹이가 있는, 마디가 많은   **oak** 떡갈나무   **regularly** 정기적으로

"You will be teaching Adèle, my dear," said Mrs. Fairfax. "She's an eight-year-old French girl whose mother was a singer and dancer. She is Mr. Rochester's ward.* Oh, here she comes now."

A little girl, followed by her attendant,* came running up to the table. She was slightly built,* with a pale, small face. She had long, curly* hair falling down to her waist.

"Good morning, Miss Adèle," said Mrs. Fairfax. "Come and say hello to the lady who is to teach you, and to make you a clever woman some day."

The little girl and her attendant talked to each other in French.

"Are they foreigners?" I asked, amazed at hearing the French language.

"The nurse is a foreigner, and Adèle was born in France. She only came here six months ago. When she first came here, she could speak no English, but now she can speak it a little."

Luckily, I had been accustomed to the fluent* tongue* of Madame Pierrot at Lowood. I introduced myself to Adèle in French, which greatly surprised her. Then she introduced herself and her attendant, Sophie, to me.

Adèle and I spent much of the first lesson telling each other about our pasts. From what she told me, I guessed that her mother used to be Mr. Rochester's mistress.* After the morning lesson, Adèle ran off to Sophie, and I was joined by Mrs. Fairfax.

"선생님은 아델을 가르치시게 될 거예요." 페어팩스 부인이 말했다.

"아델은 8살짜리 프랑스 여자아이인데, 그 아이의 어머니는 가수이자 무용수예요. 아델은 로체스터 씨가 후견인으로 돌봐 주는 아이예요. 오, 아델이 지금 이리로 오네요."

어린 소녀가 유모를 따라 식탁으로 달려왔다. 소녀는 창백한 작은 얼굴에 다소 가냘픈 체구를 지니고 있었다. 소녀의 머리는 허리까지 내려오는 곱슬머리였다.

"안녕하세요, 아델 양." 페어팩스 부인이 말했다. "이리 와서 아가씨에게 공부를 가르쳐 주고 언젠가는 아가씨를 현명한 여자로 만들어 주실 선생님께 인사하세요."

어린 소녀와 그녀의 유모는 프랑스어로 서로 이야기했다.

"외국인들인가요?" 나는 프랑스어를 듣고 놀라서 물었다.

"유모는 외국인이고, 아델은 프랑스에서 태어났어요. 아델은 불과 6개월 전에 이곳에 왔지요. 처음 이곳에 왔을 때는 영어를 한 마디도 못했지만, 지금은 약간은 할 줄 알아요."

다행히도, 나는 로우드에서 피에로 부인의 유창한 프랑스어에 익숙해져 있었다. 나는 프랑스어로 내 소개를 아델에게 했고, 이는 그녀를 몹시 놀래 주었다. 그러고 나서 아델이 자기소개를 하고 자신의 유모인 소피를 나에게 소개해 주었다.

아델과 나는 첫 번째 수업의 많은 시간을 우리의 과거에 관해 서로 이야기하며 보냈다. 아델이 나에게 말해 준 것에서 나는 그녀의 어머니가 로체스터 씨의 정부였을 것이라고 추측했다. 오전 수업 후, 아델은 소피에게 달려갔고, 나는 페어팩스 부인과 함께했다.

---

ward 피(被)후견인   **attendant** 시중드는 사람   **slightly built** 체구가 작은   **curly** 곱슬곱슬한
fluent 유창한   **tongue** 말투, 언어   **mistress** 정부, 애인

"What is Mr. Rochester like?" I asked. "Is he generally liked?"

"Oh, yes. His family has always been respected here. Almost all the land in this neighborhood, as far as you can see, belongs to the Rochesters. He is rather clever and knows a lot about the world. But he is slightly peculiar, I guess."

"What do you mean?"

"I can't put my finger on* it. It's nothing striking,* but you feel it when he speaks to you. You can never be sure whether he is joking or being sincere. But all in all,* he is a very good master."

After lunch, Mrs. Fairfax showed me around the mansion. There were many great rooms, all of which had furniture that looked more than a hundred years old. And the further we moved up, the older and darker the rooms felt. We were just making our way up a very narrow staircase to the attics,* when the last sound I expected to hear in such a quiet place, a laugh, struck my ear. It was a strange laugh, and it became louder and louder. Then suddenly it stopped.

"Did you hear that, Mrs. Fairfax?" I whispered.

"Of course. It was probably Grace Poole. I hear her often. She's a rather unbalanced* and unpredictable* seamstress* that we have here to help Leah with the sewing. Grace!"

"로체스터 씨는 어떤 분이신가요?" 내가 물었다. "일반적으로 호감형이신가요?"

"오, 그럼요. 그분의 가족은 이곳에서 언제나 존경받아 오셨어요. 이 동네 주변의 모든 땅은, 눈에 보이는 저 멀리까지, 로체스터 가문에 속해 있지요. 그분은 영리하시고 세상에 대해 많이 알고 계세요. 하지만 약간은 특이하세요, 제 생각에는 말이죠."

"무슨 뜻이세요?"

"딱 꼬집어 말할 수는 없어요. 두드러질 만한 것은 없지만, 그분이 선생님한테 말을 걸면 알게 되실 거예요. 그분이 농담을 하시는 것인지 진지하게 말씀하시는 것인지 확신하지 못하실 거예요. 하지만 대체로, 로체스터 씨는 아주 좋은 주인이세요."

점심 식사 후, 페어팩스 부인은 나에게 저택을 구경시켜 주었다. 많은 훌륭한 방들이 있었고, 그 모든 방들에는 100년도 더 된 것처럼 보이는 가구들이 있었다. 그리고 위로 올라갈수록 방들은 더욱 오래되고 어두컴컴한 듯한 느낌이 들었다. 우리가 막 아주 좁은 계단으로 올라가 다락방들로 향하고 있을 때, 그처럼 조용한 곳에서 들으리라고는 기대하기 힘든 웃음소리가 내 귀를 때렸다. 그것은 이상한 웃음이었으며, 점점 더 커졌다. 그런 다음 갑자기 웃음이 그쳤다.

"저 소리 들으셨어요, 페어팩스 부인?" 내가 속삭였다.

"물론이죠. 아마도 그레이스 풀일 거예요. 저는 그녀의 웃음소리를 자주 듣죠. 다소 정서가 불안정하고 예측할 수 없는 침모인데 레어의 바느질 일을 돕게 하려고 우리가 이곳에 데리고 있지요. 그레이스!"

---

put one's finger on ~을 꼬집어 말하다, 지적하다   **striking** 현저한, 두드러진   **all in all** 대체로
attic 다락방   **unbalanced** 정서 불안정에 빠진   **unpredictable** 예측할 수 없는   **seamstress**
침모, 여자 재봉사

A servant came out of one of the rooms. She was in her thirties, and had red hair and a hard, plain face.

"Less noise, Grace," said Mrs. Fairfax. "Remember directions!"

Grace curtsied* and went in silently.

하녀 한 명이 방들 중 한곳에서 나왔다. 그녀는 30대였고, 붉은 머리에 강인하고 수수한 얼굴을 하고 있었다.

"소리를 줄이도록, 그레이스." 페어팩스 부인이 말했다. "지침을 명심하도록 해!"

그레이스는 꾸벅 절을 하고 조용히 물러갔다.

---

curtsy (여성이 무릎을 구부리고 고개를 까닥여) 절하다

Chapter 12

In the next months, my life at Thornfield was pleasant and comfortable. My pupil, though she had been spoiled* all her life, proved to be exuberant* and intelligent. However, the joy of finding a comfortable and stable* job soon gave way to* boredom* and restlessness.* As any human being that is bored, I began to look for things to do.

Thornfield was big and it had many rooms, but it did not offer much to do or look at. Many of my evenings were spent pacing up and down* the top-story passageway,* collecting my thoughts.* When thus alone, I frequently heard Grace Poole's laugh. It was always the same low, slow ha! ha! which, at first, had thrilled*

제12장

손필드에서는 평화롭지만 단조로운 생활이 이어진다.
어느 날, 제인은 하녀장인 페어팩스 부인 대신
편지를 부치러 시내로 나가다가
말에서 떨어진 로체스터와 만난다.

다음 달에 손필드에서의 나의 생활은 즐겁고 편안했다. 나의 학생은, 비록 평생 응석받이로 자라 오기는 했지만, 활기가 넘치고 머리가 좋은 것이 입증되었다. 그러나 편안하고 안정적인 일자리를 발견한 기쁨은 곧 지루함과 안절부절못함에 자리를 내주었다. 지루해 하는 여느 인간들처럼 나는 할 일들을 찾기 시작했다.

손필드는 컸고, 많은 방들이 있었지만, 할 일이나 볼거리를 많이 제공하지는 않았다. 나는 많은 저녁나절을 생각을 가다듬으며 맨 꼭대기 층의 복도를 왔다 갔다 하면서 시간을 보냈다. 그래서 혼자 있을 때에는 빈번히 그레이스 풀의 웃음소리를 들었다. 그것은 언제나와 같은 낮고 느린 하! 하! 소리였으며, 그 웃음소리는

---

spoil 응석받이로 키우다, 버릇없게 키우다 **exuberant** 활기가 넘치는 **stable** 안정적인 **give way to** (~한 감정에) 무너지다, 못 이기다 **boredom** 지루함, 권태 **restlessness** 들뜸, 동요 **pace up and down** (규칙적으로) 왔다 갔다 하다 **passageway** 복도, 통로 **collect one's thoughts** 생각을 집중하다, 가다듬다 **thrill** 황홀하게 하다, 열광시키다

me. Sometimes I saw her coming out of her room with a basin,* or a plate, or a tray in her hand. Her normal,* dull* appearance* was a big contrast* to the oral* drama with which she entertained* me so frequently. I sometimes tried to start a conversation with her, but she always gave a monosyllabic* reply before walking off.

The other members of the household,* namely, John and his wife, Leah the housemaid, and Sophie the French nurse, were decent* people; but in no respect* remarkable*; with Sophie I used to talk French, and sometimes I asked her questions about her native country; but she was not of a descriptive* or narrative* turn,* and generally gave such vapid* and confused* answers as were calculated* rather to check* than encourage* inquiry.

October, November and December passed away uneventfully.* Then one afternoon in January, Mrs. Fairfax asked that I give Adèle the day off because she had a cold. I was trying to come up with* something to do when Mrs. Fairfax told me that she had a letter which she wanted posted, so I volunteered* for the job. I put on my bonnet and cloak* and set off for Hay, which is two miles from Thornfield.

I was a mile from Thornfield, in a lane* famous for wild roses in the summer, when I saw a horse approaching from afar.* A huge black and white dog was

처음에 나를 오싹하게 했다. 때때로 나는 그레이스 풀이 자기 방에서 손에 대야, 접시, 쟁반을 가지고 나오는 것을 보았다. 그레이스 풀의 평범하고 침울한 외모는 나를 그토록 자주 즐겁게 해 주는 그녀의 구두 연극과는 크게 대조적이었다. 나는 때때로 그레이스 풀과 대화를 터 보려고 했으나, 그녀는 언제나 자리를 뜨기 전에 짧고 간단한 대답을 해 줄 뿐이었다.

다른 식구들은, 즉 존과 그의 아내, 가정부 레어, 프랑스인 유모 소피는 좋은 사람들이었다. 그러나 어떠한 점에 있어서도 도드라질 만한 것이 없었다. 소피와는 프랑스어로 이야기하곤 했으며, 때로는 그녀의 고국에 관하여 질문을 하기도 했으나, 그녀는 자세히 말하거나 길게 이야기를 늘어놓는 언어를 구사하지 않았고, 일반적으로 질문을 하게끔 독려하기보다는 오히려 그만두게 하는 것으로 평가되는 참으로 김빠지고 혼란스러운 대답들을 해 주었다.

10월, 11월, 그리고 12월이 평온하게 지나갔다. 그러던 1월의 어느 오후, 페어팩스 부인은 아델이 감기에 걸렸으니 하루 쉬게 해 주라고 부탁했다. 내가 뭔가 할 일을 생각해 내려고 애쓰고 있을 때, 페어팩스 부인이 부치고 싶은 편지가 있다고 말해서 나는 자발적으로 그 일을 하겠다고 했다. 나는 모자를 쓰고 망토를 두르고 헤이를 향해 출발했는데, 그곳은 손필드에서 2마일 거리였다.

내가 손필드에서 1마일 떨어진, 여름이면 들장미들로 유명한 좁은 길에 있을 때, 멀리서 말 한 마리가 다가오는 것을 보았다. 털 색깔이 검고 흰 커다란 개가

---

basin 대야, 세면기 **normal** 정상인, 보통의 **dull** 나른한, 활기 없는 **appearance** 외관, 외양 **contrast** 대조, 차이 **oral** 구두의 **entertain** 즐겁게 하다 **monosyllabic** (퉁명스러울 정도로) 짧고 간단한 **household** 식구 **decent** 점잖은, 예절 바른 **in no respect** 어떠한 점에 있어서도 ~ 아닌 **remarkable** 주목할 만한, 놀랄 만한 **descriptive** 서술하는, 묘사하는 **narrative** 이야기체의 **turn** 말투, (특별한) 표현 **vapid** 맛없는, 김빠진 **confused** 혼란스러운, 헷갈리는 **calculate** 추정하다, 평가하다 **check** 저지하다, 억누르다 **encourage** 장려하다, 조장하다 **uneventfully** 평온하게, 변함없이 **come up with** ~을 안출하다, 제안하다 **volunteer** 자발적으로 나서다 **cloak** 망토 **lane** 좁은 길, 골목길 **from afar** 멀리서

running in front of it, and it came closer and closer, and as the path was narrow, I sat still to let it go by. First the dog passed, then the horse, a tall, handsome steed,* and its rider passed, and I went on. A sliding sound and a clattering* tumble* made me turn around.* The man and horse were both down. They had slipped on the sheet of ice which glazed* the path. I ran to the man.

"Are you hurt, sir?" I asked. "If you need help, sir, I can fetch* someone either from Thornfield Hall or from Hay."

"Thank you," answered the man. "I think I'll be all right. I have no broken bones, only a sprain.*"

The man stood up, but he involuntarily* screamed out, "Ugh!" He had hurt his foot.

"I cannot leave you, sir, at so late an hour, until I see you are fit to mount your horse," I said.

He looked at me with a hint of surprise.

"I should think you should be on your way," he said. "Like you said, it is getting very late." With great effort, he mounted his horse again. "Come on, Pilot," he said to his dog, and with that, the three vanished* down the lane.

When I returned to Thornfield later that evening, I hastened* to Mrs. Fairfax's room to let her know that I was back. There was a nice fire in her room, but no Mrs. Fairfax. Instead, all alone, sitting by the fire, I saw a great black and white dog, just like the one I had seen a

그 앞에서 달려오고 있었고, 그것은 점점 더 가까이 다가왔으며, 길이 좁아지면서 나는 그 개가 지나가도록 가만히 앉아 있었다. 먼저 개가 지나갔고, 그 다음에 키 크고 잘생긴 준마와 그 기수가 지나갔으며, 나는 계속 가던 길을 갔다. 미끄러지 는 소리와 와당탕 굴러 떨어지는 소리에 나는 몸을 돌렸다. 남자와 말이 둘 다 넘 어져 있었다. 그들은 얇게 빙판이 진 길에서 미끄러졌던 것이었다. 나는 그 남자 에게 달려갔다.

"다치셨어요, 선생님?" 내가 물었다. "도움이 필요하시면요, 선생님, 제가 손필 드 저택이나 헤이 마을에서 누군가를 데리고 올 수 있어요."

"고맙습니다." 그 남자가 대답했다. "저는 괜찮을 것 같습니다. 뼈가 부러진 것 이 아니고 접질렀을 뿐이에요."

그 남자는 일어섰으나, 부지불식간에 "아악!" 하는 소리를 질렀다. 그는 발을 다쳤던 것이었다.

"선생님, 선생님이 말에 오르기에 적합한 상태라는 것을 보기 전까지는 이런 늦은 시간에 선생님을 내버려 둘 수 없겠어요." 내가 말했다.

그는 약간 놀란 표정으로 나를 바라보았다.

"가시던 길이 있으실 텐데요." 그가 말했다. "말씀하셨듯이, 날이 저물고 있습 니다." 많은 노력을 한 끝에 그는 다시 자신의 말 위에 올랐다. "가자, 파일럿." 그 가 자신의 개에게 말했고, 그 말과 함께 셋은 오솔길 아래로 사라졌다.

그날 저녁 늦게 손필드에 돌아왔을 때, 나는 내가 돌아온 것을 알리려고 나는 페어팩스 부인의 방으로 서둘러 갔다. 부인의 방에는 근사한 난롯불이 피워져 있 었으나, 페어팩스 부인은 없었다. 그 대신, 몇 시간 전에 내가 보았던 개와 똑같이 몸집이 커다랗고 털 색깔이 검고 흰 개가 난롯가에 혼자 앉아 있는 것이 보였다.

---

steed (승마용) 말 **clattering** 떠들썩한, 달가닥달가닥하는 **tumble** 갑자기 굴러 떨어짐, 추락 **turn around** 돌아다보다, 시선을 돌리다 **glaze** 얇게 바르다 **fetch** 가서 데리고 오다 **sprain** 삠, 접질림 **involuntarily** 부지불식간에 **vanish** 사라지다 **hasten** 서두르다, 서둘러 가다

few hours before. I instinctively* went forward and said "Pilot!" and the great dog got up and came to me and snuffed* me. I caressed* him, and he wagged* his big tail. I rang the bell because I wanted a candle. Leah entered.

"Where did this dog come from?" I asked.

"Master brought him."

"Who?"

"Mr. Rochester. He arrived a couple of hours ago."

"Is Mrs. Fairfax with him?"

"Yes, and they are with Miss Adèle in the dining room. John has been sent for a surgeon. Mr. Rochester had an accident. He sprained his ankle.*"

"Because his horse fell on Hay Lane?"

"Yes, it slipped on some ice. How did you know?"

"It doesn't matter. Bring me a candle, will you please, Leah?"

Leah brought me the candle. She was followed by Mrs. Fairfax, who repeated the news to me. She added that Mr. Carter, the surgeon, had arrived, and was now with Mr. Rochester. She hurried out to prepare Mr. Rochester's tea, and I went upstairs to take off my things.

나는 본능적으로 앞으로 가서 "파일럿!"이라고 말했고 그 커다란 개는 일어나서 나에게 다가와 킁킁거리며 내 냄새를 맡았다. 나는 그 개를 어루만져 주었고, 그 개는 자신의 꼬리를 살랑살랑 흔들었다. 나는 종을 울렸는데, 양초를 원했기 때문이었다. 레어가 들어왔다.

"이 개는 어디에서 왔죠?" 내가 물었다.

"주인님이 데리고 오셨어요."

"누구요?"

"로체스터 주인님이요. 몇 시간 전에 오셨어요."

"페어팩스 부인은 로체스터 씨와 계신 거예요?"

"네, 그리고 두 분은 식당에 아델 아가씨와 함께 계세요. 존이 의사 선생님을 모셔 오러 갔고요. 로체스터 주인님께 사고가 있었어요. 발목이 접질리셨거든요."

"헤이 오솔길에서 말이 넘어져서요?"

"네, 얼음 위에서 미끄러지셨어요. 어떻게 아셨어요?"

"중요하지는 않아요. 저에게 양초 좀 가져다주세요, 그래 주시겠어요, 레어?"

레어는 내게 양초를 가져다주었다. 뒤이어 페어팩스 부인이 와서 그 소식을 나에게 되풀이해서 말해 주었다. 부인은 의사인 카터 씨가 도착했으며, 지금 로체스터 씨와 함께 있다고 덧붙였다. 부인은 로체스터 씨의 차를 준비하기 위해 서둘러 나갔으며, 나는 내가 입고 있던 것을 벗기 위해 위층으로 올라갔다.

---

instinctively 본능적으로   **snuff** 킁킁대며 냄새를 맡다   **caress** 애무하다, 어루만지다   **wag** 흔들다, 흔들어 움직이다   **ankle** 발목

Chapter 13

The following day, Mr. Rochester invited me and Adèle to the living room in the evening for tea.

"Here is Miss Eyre, sir," said Mrs. Fairfax as she led me in.

"Let Miss Eyre be seated," he said. He bowed to me in an impatient yet formal way, and gave the impression* that he did not care whether I was there or not. I sat down, feeling quite disembarrassed.*

Mr. Rochester reminded me of* a statue.* He neither spoke nor moved.

"Madam, I would like some tea," he said, suddenly turning to Mrs. Fairfax. Then he turned to me and Adèle. "Come to the fire."

제13장

응접실에서 로체스터를 만나게 된 제인은
그의 무례하고 위압적인 태도에 당혹하지만
그가 싫지만은 않다.

이튿날 로체스터 씨는 저녁에 차를 마시자며 나와 아델을 거실로 불렀다.

"에어 선생님이 오셨네요, 주인님." 페어팩스 부인이 나를 안으로 들이며 말했다.

"자리에 앉으시지요." 로체스터 씨가 말했다. 로체스터 씨는 성급하지만 예의를 차려 나에게 고개를 까닥 숙였고, 내가 그곳에 있든 없든 상관하지 않는다는 인상을 주었다. 나는 서먹함으로 아주 곤란해 하지 않고 자리에 앉았다.

로체스터 씨는 나에게 조각상을 생각나게 했다. 로체스터 씨는 말을 하지도 움직이지도 않았다.

"부인, 차를 좀 마시고 싶군요." 로체스터 씨가 갑자기 페어팩스 부인에게 몸을 돌리며 말했다. 그런 다음 로체스터 씨는 나와 아델에게 몸을 돌렸다. "난롯가로 오세요."

---

impression 인상 **disembarrassed** 곤란으로부터 해방된 **remind A of B** A에게 B를 생각나게 하다 **statue** 조각상

We obeyed. Adèle wanted to take a seat on my knee, but she was told to play with Pilot.

"You have been living in my house for three months?" he asked.

"Yes, sir," I said.

"And you came from...?"

"From Lowood Institution."

"Ah, the ladies' charity school. How long were you there?"

"Eight years."

"When we met on Hay Lane last night, I thought maybe you had bewitched* my horse. I am still not sure. Who are your parents?"

"I have none."

"You surely have some sort of kinsfolk.* Any uncles and aunts?"

"No, sir."

"Brothers and sisters?"

"No."

"How did you end up* here?"

"I advertised and Mrs. Fairfax hired* me."

"Miss Eyre has been an invaluable* companion to me," said Mrs. Fairfax. "And she's been a kind and careful teacher to Adèle."

"Don't try to put her in my favor," said Mr. Rochester. "I'll judge* for myself. After all, she did make my horse fall, and I have her thank for this sprain."

우리는 그 말에 따랐다. 아델은 내 무릎 위에 앉고 싶어 했으나, 파일럿과 함께 놀라는 말을 들었다.

"내 집에서 사신 지는 석 달째인가요?" 로체스터 씨가 물었다.

"네, 로체스터 씨." 내가 말했다.

"어디 출신이신지……?"

"로우드 출신이에요."

"아, 그 여학생 자선 학교요. 그곳에는 얼마나 오래 계셨죠?"

"8년입니다."

"우리가 헤이 오솔길에서 어젯밤에 만났을 때, 저는 선생님이 제 말에 마법을 걸었을지도 모른다고 생각했습니다. 부모님은 누구신가요?"

"안 계십니다."

"분명히 친척은 좀 있겠죠. 삼촌들이나 숙모들은요?"

"없습니다, 로체스터 씨."

"형제나 자매는요?"

"없어요."

"어쩌다 이곳에 오게 됐습니까?"

"광고를 냈고, 페어팩스 부인이 저를 고용하셨어요."

"에어 선생님은 저에게 돈으로 따질 수 없는 소중한 친구세요." 페어팩스 부인이 말했다. "그리고 아델 아가씨에게는 친절하고 신중한 선생님이시고요."

"내가 선생한테 호감을 느끼게 하려고 애쓰지 마세요." 로체스터 씨가 말했다. "나 혼자서 판단할 테니까요. 어쨌든 이분은 내 말을 넘어지게 했고, 나는 이 선생 덕분에 이렇게 접질렀거든요."

---

bewitch ~에게 마법을 걸다, 넋을 빼놓다 **kinsfolk** 친척들, 일가 **end up** 결국 ~에 처하게 되다
hire 고용하다 **invaluable** 돈으로 따질 수 없는 **judge** 판단하다, 평가하다

Mrs. Fairfax looked bewildered.

"So, Miss Eyre," he said, "did you get along well with Mr. Brocklehurst?"

"I didn't like Mr. Brocklehurst. He is a harsh and unreasonable* man."

"How old were you when you went to Lowood?"

"Ten."

"So you are now eighteen?"

I nodded.

"And what did you learn at Lowood? Can you play the piano?"

"A little."

"Of course. That is what they all say. There is a piano in the library, just there. Play us a little tune."

I did as I was told.

"Enough!" he said in a few minutes. "You play a little, for sure, like any other English schoolgirl. You play better than most, but not well."

I closed the piano and returned to the living room.

"Adèle showed me some sketches this morning," Mr. Rochester continued. "She said they were yours. I suppose a master helped you with them?"

"No, sir!" I cried.

"Ah! She's a proud one. Well, show me your portfolio,* if you can vouch* for its contents* being original. But don't try to deceive me. I can recognize copied* work."

페어팩스 부인은 당혹스러워 보였다.

"그렇다면 에어 선생," 로체스터 씨가 말했다. "브로클허스트 씨와 잘 지내셨소?"

"저는 브로클허스트 씨를 좋아하지 않았어요. 그는 가혹하고 불합리한 분이었어요."

"로우드에 갈 때 몇 살이셨소?"

"열 살이요."

"그러면 이제 열여덟 살이겠군요?"

나는 고개를 끄덕였다.

"그러면 로우드에서는 무엇을 배우셨소? 피아노는 칠 줄 아시오?"

"조금요."

"그러시겠지. 다들 그렇게 말하니까. 서재에 피아노가 있소. 우리에게 조금만 쳐 주시오."

나는 시키는 대로 했다.

"됐소!" 몇 분 후 로체스터 씨가 말했다. "다른 영국인 여학생처럼 분명히 조금은 치는군요. 대부분의 사람들보다는 잘 치지만 아주 잘 치지는 못하고요."

나는 피아노를 닫고 응접실로 돌아왔다.

"아델이 오늘 아침에 스케치를 몇 장 보여 주었소." 로체스터 씨가 말을 이었다. "선생 것이라고 하더이다. 내 생각에는 어느 거장이 선생을 거들어준 것 같소만?"

"아닙니다, 로체스터 씨." 내가 소리쳤다.

"아! 자존심이 강한 분이시로군. 그럼 말이죠, 그 내용이 독창적이라고 보증할 수 있다면 선생의 화집을 보여 주시오. 하지만 나를 속이려고 하지는 마시오. 나는 베낀 작품을 알아볼 수 있으니까."

---

unreasonable 불합리한, 상식을 벗어난 **portfolio** 작품집, 포트폴리오 **vouch** 보증하다, 보장하다 **contents** 내용물 **copied** 베낀, 복사한

"You can judge for yourself, sir."

I brought my portfolio from the library, and Mr. Rochester scrutinized* every piece of my drawing.

"When did you draw these?" he asked, laying out* three of them.

"During my vacations at Lowood."

"The drawings are, for a schoolgirl's work, peculiar. I've seen enough. Now put them away and take Adèle to bed. I wish you all goodnight, now."

He made a movement of the hand toward the door, making it clear that he was tired of our company. We curtsied to him, received a frigid* bow in return, and withdrew* from the room.

"What do you think of our master?" asked Mrs. Fairfax.

"He is rather peculiar," I replied. "He seems very fickle* and abrupt.*"

"That is his nature. We cannot change that. It's partly because he has painful memories."

"Of what?" I asked.

"Family troubles."

"I thought he doesn't have a family."

"He used to. He had always been something of a family outcast,* and when his father died, his brother inherited* Thornfield. Then nine years ago, his brother died, and he became the proprietor* of Thornfield."

"좋으실 대로 판단하시지요, 로체스터 씨."

나는 서재에서 나의 화집을 가져왔고, 로체스터 씨는 내 그림을 한 점 한 점 모두 세밀히 조사했다.

"이것들은 언제 그렸소?" 그림들 중 세 점을 펼치며 로체스터 씨가 물었다.

"로우드에 있을 때 방학 동안에요."

"그림들은 여학생의 작품치고는 특이하군. 충분히 보았소. 이제 그림을 치우고 아델을 침대로 데려다주시오. 그럼 모두들 안녕히 주무시오."

로체스터 씨는 자신이 피곤하다는 것을 우리 일행에게 분명히 전하며 문을 향해 손동작을 했다. 우리는 로체스터 씨에게 고개를 숙여 절했고, 답례로 쌀쌀맞은 절을 받았으며, 방에서 물러나왔다.

"우리 주인님을 어떻게 생각하세요?" 페어팩스 부인이 물었다.

"상당히 특이하시군요." 내가 대답했다. "아주 변덕스럽고 퉁명스러우신 것 같아요."

"그것이 주인님의 천성이세요. 우리가 그것을 바꿀 수는 없죠. 부분적으로는 고통스러운 추억 때문이지요."

"무엇에 대해서요?" 내가 물었다.

"가족 문제예요."

"저는 그분한테 가족이 없다고 생각했어요."

"전에는 있으셨죠. 주인님은 언제나 가족의 주변인 같은 존재셨어요. 부친이 돌아가셨을 때 주인님의 형님이 손필드를 물려받으셨지요. 그러다가 9년 전에 주인님의 형님이 돌아가셨고, 주인님이 손필드의 주인이 되셨어요."

---

scrutinize 세밀히 조사하다 **lay out** ~을 펼치다 **frigid** 쌀쌀한, 냉랭한 **withdraw** 물러나다, 물러나오다 **fickle** 변덕스러운 **abrupt** 퉁명스러운 **outcast** 버림받은 사람, 따돌림 받는 사람 **inherit** 상속하다, 물려받다 **proprietor** 소유자, 소유주

I wanted to ask more questions, but I could see that talking about Mr. Rochester's past was making Mrs. Fairfax uncomfortable. We said goodnight and went to bed.

나는 더 많은 질문을 하고 싶었지만, 로체스터 씨의 과거에 관해 이야기하는 것이 페어팩스 부인을 불편하게 만들고 있다는 것을 알 수 있었다. 우리는 잘 자라고 인사했고 잠자리에 들었다.

Chapter 14

For the next few days, I saw little of Mr. Rochester. Then one night, after his dinner guests left, he sent for me and Adèle to join him in the dining room. As soon as we entered, he pointed to a box on the table. It was a doll for Adèle, and judging by her ecstatic reaction,* she had obviously* been waiting for it for a long time.

"Miss Eyre, come and sit!" he said, drawing a chair near his own.

Mr. Rochester looked different that night. He was less stern* and gloomy. I do not know whether it was the wine, but there was a smile on his lips, and his eyes sparkled.* He still looked grim, leaning his massive* head against the swelling* back of his chair. I realized for the

제14장

손필드에서 적절한 대화 상대를 찾지 못했던 제인은
서서히 괴팍하기까지 한 로체스터와 말벗이 된다.
신분에 얽매이지 않는 개방적인 로체스터의 태도에
제인은 점점 더 그에게 호감을 느낀다.

다음 며칠 동안 나는 로체스터 씨를 거의 보지 못했다. 그러던 어느 날 밤, 저녁
식사를 하러 왔던 손님들이 떠난 후, 로체스터 씨는 나와 아델에게 사람을 보내어
식당에서 자신과 함께 있자고 했다. 우리가 들어가자마자 로체스터 씨는 탁자 위
의 상자를 가리켰다. 그것은 아델을 위한 인형이었고, 아델의 흥분한 반응으로 판
단컨대, 그녀는 명백히 그것을 오랫동안 기다려 왔던 것 같았다.

"에어 선생, 와서 앉으시오!" 로체스터 씨가 자기 의자 근처의 의자 하나를 끌
어당기며 말했다.

로체스터 씨는 그날 밤에는 달라 보였다. 로체스터 씨는 덜 엄격하고 덜 우울
해 보였다. 그것이 포도주 때문인지는 모르겠지만, 로체스터 씨의 입가에는 미소
가 있었고, 그의 눈은 반짝였다. 로체스터 씨는 여전히 음울해 보였고, 커다란 머
리를 의자의 푹신하게 부풀린 등받이에 기대고 있었다. 나는 로체스터 씨의 눈이

---

reaction 반응 **obviously** 명백하게, 분명히 **stern** 엄격한, 단호한 **sparkle** 반짝이다, 생기 넘치다
massive 대규모의, 엄청나게 큰 **swelling** 부풀어 오른

first time that he had very fine, dark eyes.

"You are staring at me, Miss Eyre," he said. "Do you think I'm handsome?"

"No, sir," I replied, without thinking.

"Ah! What is wrong with my features*?"

"Sir, I beg your pardon. I answered without thinking. I should have said that beauty is of little consequence.*"

"Don't try to breeze through* the subject now, Miss Eyre. Criticize* me. Is there something wrong with my forehead?"

He lifted up the waves of hair which lay horizontally* over his brow.*

"No, sir."

"I am feeling very talkative tonight, and that is why I sent for you," he said. "Pilot was not sufficient company for me. So speak."

I smiled.

"Speak," he said again.

"About what, sir?"

"Whatever you like."

"I am willing to amuse you, if I can, sir. But I don't know what will interest you, sir. You can ask me questions, and I will do my best to answer them."

아주 아름답고 까맣다는 처음으로 알아차렸다.

"나를 쳐다보고 있군, 에어 선생." 로체스터 씨가 말했다. "내가 잘생겼다고 생각하시오?"

"아니요, 로체스터 씨." 나는 생각도 안 하고 대답했다.

"아! 내 이목구비에 잘못된 곳이라도 있는 거요?"

"로체스터 씨, 용서하세요. 제가 생각 없이 대답했어요. 저는 미모는 별로 중요하지 않다고 말씀드렸어야 했어요."

"지금 주제를 어물쩍 넘기려고 하지 마시오, 에어 선생. 내 생김새를 비판해 보시오. 내 이마는 무엇이 잘못된 거요?"

로체스터 씨는 자신의 눈썹 위쪽에 일자로 내려져 있던 머리카락의 물결을 쓸어 올렸다.

"없어요, 로체스터 씨."

"나는 오늘 밤 몹시 떠들고 싶어요. 그래서 선생을 불러온 것이오." 로체스터 씨가 말했다. "파일럿은 나에게 충분한 친구는 아니라오. 그러니 말을 좀 해 보시오."

나는 미소를 지었다.

"말 좀 해 보시오." 로체스터 씨가 다시 말했다.

"무엇에 관해서요, 로체스터 씨?"

"무엇이든 하고 싶은 말을 하시오."

"제가 할 수 있다면 기꺼이 로체스터 씨를 즐겁게 해 드리겠어요. 하지만 무엇에 흥미를 느끼실지 모르겠군요, 로체스터 씨. 저에게 질문하셔도 됩니다. 그러면 최선을 다해서 그 질문들에 대답해 드리죠."

---

feature 얼굴 생김새, 이목구비 **of little consequence** 거의 중요하지 않은 **breeze through** ~을 수월하게 해내다 **criticize** 비난하다, 혹평하다 **horizontally** 수평으로, 가로로 **brow** 눈썹

"Then, firstly, do you agree with me that I have a right to be a little masterful,* abrupt, and perhaps exacting* on the grounds* I am old enough to be your father?"

"You can do as you please, sir."

"That is a very evasive* and irritating* answer. Answer me clearly."

"I don't think, sir, you have a right to command* me just because you are older than me."

"I still want you to receive my orders now and then, without being hurt by the tone of command. Will you?"

I smiled. It seemed he had forgotten that he pays me £30 per annum for receiving his orders.

"Don't just smile. Speak," he said.

"I was thinking, sir, that very few masters would trouble themselves to* ask whether or not their paid subordinates* were hurt by their orders."

"Paid subordinates!" he exclaimed. "What! You are my paid subordinate, are you? I hope to think your relationship to me is not simply one of servitude.*"

I suspected* that Mr. Rochester was drunk. This suspicion* was confirmed* over the next hour, during which he was unusually voluble* on various subjects. The clock had just struck nine when Adèle came tiptoeing* across the room. She had changed into a dress of rose-colored satin. A wreath* of rosebuds* circled her

"그러면 우선, 내가 선생의 아버지뻘은 될 만큼 나이가 들었다는 이유로 내가 다소 권위적이고, 변덕스럽고, 어쩌면 까다롭게 굴어도 될 권리가 있다는 데 내 의견에 동의하시오?"

"마음대로 하세요, 로체스터 씨."

"그것은 아주 애매하고 짜증 나는 대답이군. 분명하게 대답하시오."

"로체스터 씨, 단지 저보다 나이가 더 많다는 이유로 로체스터 씨가 저에게 명령하실 권리는 없다고 생각합니다."

"나는 여전히 선생이 이따금 내 명령조의 말투에 마음 상하지 말고 내 명령을 받아 주기를 바라오. 그래 주시겠소?"

나는 미소를 지었다. 자신의 명령을 받아 주는 대가로 그가 나에게 1년에 30파운드를 지불한다는 것을 그는 잊은 듯했다.

"미소만 짓지 마시오. 말을 하시오." 로체스터 씨가 말했다.

"저는 급료를 받는 하급자가 자신의 명령에 마음이 상할지 아닐지 수고스럽게 물어볼 주인들은 거의 없을 것이라고 생각하고 있었어요, 로체스터 씨."

"급료를 받는 하급자라니!" 로체스터 씨가 소리쳤다. "뭐요! 당신이 내 하급자다, 이거요? 나와 선생의 관계가 단지 노사 관계 중 하나라고 생각하지 않기를 바라오."

나는 로체스터 씨가 술이 취한 것은 아닌지 의심했다. 이러한 의심은 다음 한 시간 동안 굳어졌는데, 그동안 로체스터 씨는 다양한 주제에 대해 이상할 정도로 달변이었다. 시계가 9시를 막 쳤을 때, 아델이 발끝으로 방을 조심조심 가로질러 왔다. 아델은 장미색 공단 옷으로 갈아입고 있었다. 아델의 이마에는 장미꽃 봉

---

masterful 능수능란한 **exacting** 힘든, 까다로운 **on the grounds** ~이라는 이유로, ~을 구실로 **evasive** 얼버무리는 **irritating** 비위에 거슬리는, 짜증나는 **command** 명령하다 **trouble oneself to** 일부러 ~하다 **subordinate** 부하, 하급자 **servitude** 예속, 노예 상태 **suspect** ~이 아닌가 하고 생각하다, 의심하다 **suspicion** 의심, 느낌 **confirm** 확인해 주다, 사실임을 보여주다 **voluble** 말이 유창한, 혀가 잘 돌아가는 **tiptoe** 발끝으로 살금살금 걷다 **wreath** 화관, 화환 **rosebud** 장미꽃 봉오리

forehead, and her feet were dressed in silk stockings and small white satin sandals. She circled lightly around Mr. Rochester a few times and dropped on one knee at his feet.

"Am I as pretty as my mother?" she asked in French.

"Yes!" answered Mr. Rochester.

I had not heard much about Adèle's mother, so I was intrigued.*

"I was once young, too, Miss Eyre," said Mr. Rochester, noticing my interest. "But now my Spring is gone. It did, however, leave me that French floweret* on my hands. I am becoming more and more fond of her, although very slowly. On days like this, when she reminds me of her mother, I even feel that I like her. I am keeping her and raising her on the Roman Catholic principle* of expiating* numerous* sins,* great or small, by one good work. I'll explain everything on another day. Goodnight."

오리 화관이 씌워져 있었고, 그녀의 발에는 비단 스타킹과 작은 흰색 공단 샌들이 신겨져 있었다. 아델은 몇 차례 로체스터 씨 주변을 가볍게 맴돌고 그의 발치에 한쪽 무릎을 꿇고 앉았다.

"제가 우리 엄마만큼 예뻐요?" 아델이 프랑스어로 물었다.

"그래!" 로체스터 씨가 대답했다.

나는 아델의 어머니에 관해서는 많이 듣지 못했으므로 호기심이 발동했다.

"나도 한때는 젊었었소, 에어 선생." 로체스터 씨가 내가 흥미를 보이는 것을 알아채고 말했다. "하지만 나의 좋았던 시절은 가 버렸소. 하지만 그 시절은 저 작은 프랑스 꽃을 내 손에 남겼지. 비록 아주 더디기는 하지만 나는 점점 더 이 아이에게 호감이 생긴다오. 아델이 그녀의 어머니를 생각나게 하는 이러한 날이면, 심지어 내가 이 아이를 좋아한다는 생각이 들어요. 나는 한 가지의 선행으로 수많은 죄를 속죄하는 로마 가톨릭의 교리에 따라 이 아이를 데리고 있으며 양육하고 있소. 다른 날에 모두 설명해 드리겠소. 안녕히 주무시오."

---

intrigued 아주 흥미로워 하는, 아주 궁금해 하는 **floweret** 작은 꽃 **principle** 원리, 원칙
expiate 속죄하다 **numerous** 다수의, 수많은 **sin** 죄, 죄악

Chapter 15

A few days later, Mr. Rochester fulfilled* his promise to tell me more about his and Adèle's pasts. He explained that he had loved Adèle's mother, a French singer and dancer named Celine Varens. When he discovered that Celine was engaged to* another man, he ended the relationship. Later, Celine came to him and claimed* that Adèle was his child. He long denied Celine's claim, noting that the child looks nothing like him. Even so, when Celine abandoned* her daughter, he brought Adèle to England with him so that she would be properly* cared for.

제15장

어느 날 밤, 제인은 괴기한 웃음소리에 잠에서 깨고
연기에 질식할 뻔한 로체스터를 구한다.
로체스터는 제인에게 감사하고
서서히 그녀에게 자신의 속마음을 보여 준다.

며칠 뒤, 로체스터 씨는 자신과 아델의 과거에 대해 더 말해 주겠다는 자신의 약속을 이행했다. 로체스터 씨는 자신이 셀린느 바랭이라는 이름의 프랑스 가수이자 무용수인 아델의 어머니를 사랑했었다고 설명했다. 셀린느가 다른 남자와 약혼했다는 것을 발견했을 때, 로체스터 씨는 그 관계를 끝냈다. 나중에 셀린느는 로체스터 씨에게 와서 아델이 그의 아이라고 주장했다. 아델이 자신과 닮은 구석이 하나도 없다는 것에 주목하고 로체스터 씨는 셀린느의 주장을 부정해 왔다. 비록 그렇다 하더라도 셀린느가 자기 딸을 버렸을 때, 로체스터 씨는 아델이 적절한 보살핌을 받게 하려고 그녀를 영국으로 데려왔다.

---

fulfill 이행하다, 수행하다　**be engaged to** ~와 약혼한 상태이다　**claim** 주장하다　**abandon** 버리다, 유기하다　**properly** 적당히, 알맞게

The ease with which he talked to me freed me from painful restraint.* He was friendly, frank, as well as correct* and cordial,* and I was drawn to him. In fact, the way in which he had treated me since the conversation in the dining room made me feel as if he were my relation rather than my master. Still, he was sometimes imperious,* but I did not mind that. It was his way.

That night, I was lying awake in bed and pondering* what Mr. Rochester had told me that day when I heard a murmur.* I rose and sat up in bed, listening. All of a sudden, there was a demoniac* laugh.

"Was that Grace Poole? Is she possessed by the devil*?" I thought.

I was scared, and I could no longer be by myself. I decided to go to Mrs. Fairfax. I threw on a shawl and opened the door with a trembling* hand. To my surprise, the air was filled with smoke. I followed the smoke to Mr. Rochester's door, which was ajar.* I ran in to find Mr. Rochester asleep on his bed, and the curtain of his bed on fire.

"Wake up! Wake up!" I cried. I shook him, but he did not wake. The smoke had numbed* him. I rushed and fetched his basin of water, and managed to extinguish the flames.*

The shower of water woke Mr. Rochester.

　로체스터 씨가 나에게 홀가분하게 말한 내용은 나를 고통스러운 속박에서 해방시켜 주었다. 로체스터 씨는 태도가 올바르고 다정했음은 물론 친근하고 솔직했다. 그리고 나는 그에게 끌렸다. 사실, 식당에서의 대화 이래로 로체스터 씨가 나를 대하는 방식은 마치 그가 나의 주인이라기보다는 나의 친척인 것처럼 느끼게 해 주었다. 그럼에도 로체스터 씨는 때로는 고압적이었지만, 나는 상관하지 않았다. 그것은 로체스터 씨의 방식이었다.

　그날 밤, 내가 깨어 있는 상태로 침대에 누워서 로체스터 씨가 그날 나에게 해 준 말을 곰곰이 생각하고 있을 때, 나는 낮게 중얼거리는 목소리를 들었다. 나는 귀를 기울이며 침대에서 일어나 앉았다. 갑자기 마귀 들린 듯한 웃음소리가 났다. "그레이스 풀이었나? 그녀는 악마에 홀린 건가?" 내가 생각했다.

　나는 무서웠다. 그래서 더 이상 혼자 있을 수가 없었다. 나는 페어팩스 부인에게 가기로 결정했다. 나는 숄을 뒤집어쓰고 떨리는 손으로 문을 열었다. 놀랍게도, 집 안 공기에 연기가 가득했다. 나는 연기를 따라 로체스터 씨의 방문으로 다가갔는데, 그 문은 조금 열려 있었다. 나는 뛰어 들어가서 로체스터 씨가 침대 위에 잠들어 있고, 그의 침대의 커튼에 불이 붙어 있는 것을 발견했다.

　"일어나세요! 일어나세요!" 내가 소리쳤다. 나는 로체스터 씨를 흔들었으나, 그는 깨어나지 않았다. 연기가 로체스터 씨를 마비시켰던 것이었다. 나는 달려가서 로체스터 씨의 대야에 물을 담아 가지고 와서 가까스로 불을 껐다.

　물세례가 로체스터 씨를 깨웠다.

---

restraint 구속, 속박　**correct** (태도가) 올바른　**cordial** 화기애애한, 다정한　**imperious** 고압적인 **ponder** 곰곰이 생각하다　**murmur** 낮은 목소리, 속삭임　**demoniac** 귀신의, 마귀 들린　**be possessed by devil** 악마에 홀리다　**trembling** 떨리는, 전율하는　**ajar** (문이) 조금 열려 있는 **numb** 감각이 없게 만들다　**flame** 불길, 화염

"Jane Eyre?" he said. "What on earth is going on? What have you done to me, you sorceress*? Are you trying to drown* me?"

I explained to him what had just happened.

"Shall I go and get Mrs. Fairfax?" I asked.

"No. What would that achieve*? Let her sleep."

"Then I will go and get Leah, and wake John and his wife."

"No, just stay here. I'll be back in a minute. Don't move or call anyone."

He left the room. I heard him walk down the corridor then up the stairs to the third floor of the house. After a minute or two, he returned, pale and gloomy.

"I've figured it all out,*" he said. "It is just as I had predicted.*"

"Was it Grace Poole, sir?" I asked.

"That's right. She is a very strange woman indeed. I'll think of what to do with her. In the meantime,* I don't want you to tell anyone what happened tonight. It will only worry them. Now go back to your room and get some sleep. I will sleep on the library sofa tonight."

"Goodnight, then, sir," I said.

He held out his hand, and I gave him mine. He held mine with both his hands.

"Jane, you have saved my life. I would have hated to owe such a debt* to anyone else. But with you, it is different."

"제인 에어?" 로체스터 씨가 말했다. "도대체 무슨 일이 벌어지고 있는 거요? 나에게 무슨 짓을 한 거요, 이 마녀 아가씨야? 나를 익사시킬 셈이오?"

나는 방금 일어난 일을 로체스터 씨에게 설명해 주었다.

"가서 페어팩스 부인을 데려올까요?" 내가 물었다.

"아니요. 그렇게 해서 얻을 게 뭐 있겠소? 자게 두시오."

"그러면 가서 레어를 데려오고, 또 존과 그의 아내를 깨울게요."

"아니, 그냥 여기 있으시오. 곧 돌아오겠소. 움직이지도 누구를 부르지도 마시오."

로체스터 씨는 방을 나갔다. 나는 로체스터 씨가 복도 아래로 가서 3층으로 향하는 계단을 올라가는 소리를 들었다. 1~2분 후 그가 창백하고 음울한 얼굴로 돌아왔다.

"내가 모든 것을 다 알아냈소." 로체스터 씨가 말했다. "내가 예상했던 그대로요."

"그레이스 풀이었나요?" 내가 물었다.

"그렇소. 그레이스 풀은 정말로 아주 이상한 여자요. 그녀를 어찌해야 할지 생각해 봐야겠소. 그런데 나는 선생이 오늘 밤에 무슨 일이 일어났는지 아무에게도 말하지 말기를 바라오. 사람들을 걱정시킬 뿐일 테니까. 이제 선생 방으로 돌아가서 잠을 좀 주무시오. 나는 오늘 밤에 서재 소파에서 자겠소."

"안녕히 주무세요, 로체스터 씨." 내가 말했다.

로체스터 씨는 그의 손을 내밀었고, 나는 내 손을 내밀었다. 로체스터 씨는 두 손으로 내 손을 잡았다.

"제인, 선생이 내 목숨을 구했소. 다른 누구에게 그러한 빚을 지게 되었다면 나는 아주 싫어했을 거요. 하지만 선생에게라면 상황이 다르지."

---

sorceress 마녀, 여자 마법사 **drown** 익사시키다 **achieve** 얻다 **figure out** 이해하다 **predict** 예언하다, 예측하다 **in the meantime** 한편 **debt** 빚, 부채

He paused and gazed at me.

"Again, good night, sir. And please don't feel you're obliged to me in any way."

"I knew you would do me good in some way one day," he said. "I saw it in your eyes when I first met you. My dear heroine,* good night!"

There was strange energy in his voice and fire in his look.

"I am glad I happened to be awake," I said, turning to the door.

"What! You're leaving me now? So soon?"

"I am cold, sir," I said.

"Cold? Of course! You've been standing in the pool of water! Go, then, Jane. Go!" But he still did not let go of my hand, and I could not free it. I had to come up with an excuse.

"I think I just heard Mrs. Fairfax move, sir," I said.

"Well go, then."

He loosened* his grip,* and I was gone.

I went back to bed, but I could not sleep. I tossed and turned* until the morning, floating* on an emotional* ocean where billows* of trouble rolled under surges* of joy. Too feverish* to rest, I rose as soon as I saw the first rays of sunlight through the window.

로체스터 씨가 잠시 말을 멈추고 나를 바라보았다.

"그럼 안녕히 주무세요, 로체스터 씨. 그리고 제발 어떤 식으로든 저에게 의무 감을 느끼게 하지 마세요."

"언젠가는 선생이 어떤 식으로든 나에게 도움이 될 것임을 나는 알고 있었소." 로체스터 씨가 말했다. "선생을 처음 만났을 때, 내가 선생 눈에서 그것을 알아보 았지. 나의 여장부여, 안녕히 주무시오!"

로체스터 씨의 목소리에는 이상한 기운이 있었고 그의 표정에는 불길이 일었 다.

"제가 우연히 깨어 있게 되어서 다행이에요." 내가 문 쪽으로 몸을 돌리며 말했 다.

"뭐요! 지금 가려는 거요? 그렇게 빨리?"

"저는 추워요, 로체스터 씨." 내가 말했다.

"춥다고? 물론 그렇겠지! 선생은 물웅덩이에 서 있었으니까! 그렇다면 가시오, 제인, 가요!" 하지만 로체스터 씨가 여전히 내 손을 놓아주려고 하지 않았고, 나는 그것을 뿌리칠 수 없었다. 나는 핑곗거리를 생각해 냈다.

"페어팩스 부인이 움직이는 소리를 방금 들은 것 같아요, 로체스터 씨." 내가 말했다.

"그러면 잘 가시오."

로체스터 씨가 자신의 아귀힘을 풀었고, 나는 떠났다.

나는 침대로 돌아왔으나, 잠을 이룰 수가 없었다. 나는 몰려오는 환희라는 큰 파도 아래에서 근심이라는 큰 물결이 너울지는 감정의 바다 위를 떠다니며 아침 까지 엎치락뒤치락했다. 쉬기에는 너무 달아올라 있어서 나는 창문을 통해 첫 번 째 햇살을 보자마자 일어났다.

---

heroine 여걸, 여장부 **loosen** 풀다, 늦추다 **grip** 쥠, 움켜쥠 **toss and turn** 뒤척이다, 엎치락뒤치락하다 **float** 떠돌다 **emotional** 감정적인 **billow** 물결 **surge** 밀려듦, 솟아오름 **feverish** 열이 있는, 열띤

Chapter 16

I both wished and feared to see Mr. Rochester the day after the fire in his room. I longed to* hear his voice again, yet feared to meet his eye.

To my surprise, the morning passed just as usual. Nothing happened to interrupt* the quiet course of Adèle's lessons. I did, however, hear some bustle* near Mr. Rochester's room. It was Mrs. Fairfax's voice, and Leah's, and the cook's—that is, John's wife—and John's gruff* tones.

"Master was lucky he wasn't burnt to death!" exclaimed Mrs. Fairfax.

"It is dangerous to keep a candle lit at night," said Leah.

Later on in the day, as I walked past the open door of

제16장

제인은 페어팩스 부인에게서
로체스터와 블랑슈 잉그램이 결혼할지도 모른다고 듣는다.
자신의 처지는 알고 있지만
로체스터에 대한 마음으로 제인은 괴롭기만 하다.

로체스터 씨의 방에서 화재가 있고 나서 그날 나는 그를 보는 것을 바라기도 하고 동시에 두려워하기도 했다. 나는 로체스터 씨의 목소리를 다시 듣기를 갈망했지만, 여전히 그의 눈과 마주치는 것은 두려웠다.

놀랍게도 아침은 평소와 꼭 마찬가지로 지나갔다. 조용한 아델의 수업 과정을 방해하는 일은 아무것도 일어나지 않았다. 그러나 나는 로체스터 씨의 방 근처에서 약간 소란스러운 소리를 들었다. 그것은 페어팩스 부인의, 레어의, 그리고 요리사의, 즉 존의 아내의 목소리……, 그리고 존의 걸걸한 목소리였다.

"주인님이 타 죽지 않으셔서 다행이야!" 페어팩스 부인이 소리쳤다.

"밤에 촛불을 켜 두는 것은 위험해요." 레어가 말했다.

그날 늦게 로체스터 씨의 열린 방문을 지나가고 있을 때, 나는 침대 옆 의자에

---

long to ~을 애타게 바라다, ~하고 싶은 생각이 간절하다　**interrupt** 가로막다, 저지하다　**bustle** 야단법석, 소란　**gruff** (목소리가) 걸걸한

Mr. Rochester's room, I saw a woman sitting on a chair by the bedside, sewing rings to new curtains. To my surprise, that woman was no other than Grace Poole.

I spent the whole day wondering where Mr. Rochester was, and whether he was all right.

"Was Mr. Rochester hurt last night?" I asked Mrs. Fairfax over dinner.

"He looked fine when he set off on his journey this morning."

"Journey? Has Mr. Rochester gone somewhere? I didn't even know he was out."

"He's gone to a party at the Leas, Mr. Eshton's place, ten miles on the other side of Millcote."

"Will he be back tonight?"

"No. He'll probably stay there for more than a week."

"Will there be ladies at the party?"

"Mr. Eshton has three daughters, who are very elegant young ladies. Blanche and Mary Ingram will also be there. They're the most beautiful women. I saw Blanche at a Christmas ball and party Mr. Rochester gave a few years ago. You should have seen the dining room that day. It was so richly* decorated! There were more than twenty fine ladies here, and Miss Ingram was considered the belle* of the evening." Mrs. Fairfax spent the rest of the meal describing,* in detail,* the physical* beauty of Blanche Ingram.

When I was alone that evening, I could not help but

앉아서 새 커튼에 고리를 꿰어 달고 있는 한 여자를 보았다. 놀랍게도 그 여자는 다름 아닌 그레이스 풀이었다.

나는 로체스터 씨가 어디에 있는지, 그리고 그가 괜찮은지 알고 싶어 하면서 온종일을 보냈다.

"로체스터 씨가 간밤에 편찮으셨나요?" 나는 저녁 식사 동안 페어팩스 부인에게 물었다.

"오늘 아침에 여행을 떠나실 때는 괜찮아 보이시던걸요."

"여행이요? 로체스터 씨가 어딘가로 떠나셨어요? 저는 외출하신 것조차 몰랐군요."

"주인님은 밀코트의 반대쪽으로 10마일 거리인 애쉬톤 씨의 댁, 즉 리어 저택의 파티에 가셨어요.

"오늘 밤에 돌아오실까요?"

"아니요. 아마도 일주일 이상 머무르실 거예요."

"그 파티에 여성분들도 있을까요?"

"애쉬톤 씨에게는 세 명의 따님들이 있는데, 아주 우아하고 젊은 아가씨들이지요. 블랑슈 잉그램과 메리 잉그램 아가씨 역시 그곳에 계실 거예요. 그분들은 아주아주 아름다운 아가씨들이죠. 저는 몇 년 전에 로체스터 주인님이 주최하셨던 크리스마스 무도회와 파티에서 블랑슈 아가씨를 보았어요. 선생님이 그날 식당을 보셨어야 해요. 아주 호화롭게 장식되어 있었어요! 이곳에 스무 명도 넘는 아름다운 아가씨들이 있었고, 잉그램 아가씨가 그날 저녁 가장 아름다운 아가씨라고 생각되었지요." 페어팩스 부인은 블랑슈 잉그램의 신체적인 아름다움을 상세하게 설명하며 나머지 식사 시간을 보냈다.

그날 저녁 혼자 있을 때, 나는 로체스터 씨와 블랑슈 잉그램 양의 결혼 가능성

---

richly 호화롭게, 풍요롭게 **belle** 가장 아름다운 여성 **describe** 묘사하다, 말로 설명하다 **in detail** 상세히, 세부에 걸쳐 **physical** 육체의, 신체의

obsess over* the probable* union* of Mr. Rochester and Blanche Ingram. Neither could I ignore* the hopes, wishes, sentiments* I had been cherishing* since the night before, nor the general feelings of affection I had for Mr. Rochester. I realized that I had begun to have feelings for Mr. Rochester, and that I was disappointed at his absence* and the possibility of him finding a female companion.

My flights* of fancy* soon gave way to a harsh reality.* After all, I was, despite Mr. Rochester's drunken objection* to the matter, his paid subordinate. I was a poor girl with no family, and I had been told all my life that I was nothing special to look at. Blanche Ingram was a beautiful lady, sought by many, from a wealthy and respected* family. Yet I still wanted to believe, deep inside, that Mr. Rochester could, one day, see me as more than just Adèle's governess. I scolded myself for thinking so, and I decided to retrain* my imaginative* thoughts by drawing and comparing* portraits* of myself and Blanche Ingram.

I drew my own portrait from my reflection* in the mirror, and hers from the detailed description* Mrs. Fairfax had given. The results showed a clear contrast. The face of Blanche Ingram was a lovely one, the beauty of which became more pronounced* when it was put next to the plain face in my own portrait. The stark* contrast was more than my self-control* could ever have wished for.

에 대해서 강박적으로 생각하지 않을 수 없었다. 나는 전날 밤 이래로 내가 소중히 간직하고 있는 바람, 소망, 감상도, 또한 로체스터 씨에 대해 내가 갖고 있는 애정이라는 전체적인 감정도 무시할 수 없었다. 나는 내가 로체스터 씨에 대해 감정을 갖기 시작했으며, 내가 그의 부재와 그가 여자 친구를 찾고 있을 가능성에 대해 실망하고 있다는 것을 깨달았다.

나의 공상 여행은 곧 가혹한 현실에 자리를 내주었다. 결국 나는 그 문제에 관해서는 술 취한 로체스터 씨의 반박에도 불구하고, 그의 급료를 받는 하급자였다. 나는 가족이 없는 가엾은 여자였으며, 나는 특별히 볼 만한 것이 아무것도 없다는 말을 평생 들어온 터였다. 블랑슈 잉그램은 부유하고 존경받는 집안 출신의 많은 이들이 찾는 아름다운 아가씨였다. 하지만 나는 여전히 마음 깊은 곳에서 로체스터 씨가 언젠가는 나를 단지 아델의 가정 교사가 아닌 그 이상으로 봐 줄 수 있을 것이라고 믿고 싶었다. 나는 그렇게 생각하는 내 자신을 책망했으며, 내 자신과 블랑슈 잉그램의 초상화를 그려서 비교함으로써 나의 상상력을 재교육하기로 결심했다.

나는 거울에 비친 내 모습에서 내 자신의 초상화를, 그리고 페어팩스 부인이 말해 준 상세한 설명을 통해 블랑슈의 초상화를 그렸다. 그 결과는 분명한 대조를 보여 주었다. 블랑슈 잉그램의 얼굴은 아름다운 얼굴이었고, 그 미모는 내 자신의 초상화 속의 수수한 얼굴 옆에 놓여지자 더욱 확연해졌다. 그 극명한 대조는 나의 자제심이 바랄 수 있는 것 이상이었다.

---

obsess over ~에 대해 강박감을 갖다 **probable** 있을 법한 **union** 결혼, 결합 **ignore** 무시하다, 모르는 체하다 **sentiment** 감정적인 생각, 감상 **cherish** 소중히 하다 **absence** 부재 **flight** 비행, 비행기 여행 **fancy** 공상, 몽상 **reality** 현실 **objection** 반대, 이의 **respected** 훌륭한, 소문난 **retrain** 재교육하다, 재교육을 받다 **imaginative** 상상의, 가공의 **compare** 비교하다, 견주다 **portrait** 초상화 **reflection** 반영 **description** 설명, 묘사 **pronounced** 확연한, 단호한 **stark** (차이가) 극명한 **self-control** 자제심

Chapter 17

A week passed, and we heard nothing from Mr. Rochester. I was dismayed* when Mrs. Fairfax told me that he might go straight from the Leas to London, and thence* to Europe, not to return for a whole year. A week later, however, my spirits were lifted again.

"Mr. Rochester's coming back," said Mrs. Fairfax after Adèle's morning lessons. "He will be here in three days. He won't be coming alone. I don't know exactly how many people are coming, but he has told me to prepare the house for a large group of guests."

The day before the arrival of Mr. Rochester and his guests, I overheard part of a conversation between Leah and one of the housekeepers. They were talking about

제17장

로체스터의 결혼 상대로 알려진 블랑슈 잉그램을 포함,
다수의 손님들이 손필드를 방문한다.
로체스터는 제인의 속마음을 떠보면서
제인의 마음을 자꾸만 뒤흔들어 놓는다.

일주일이 지났고, 우리는 로체스터 씨로부터 아무 소식도 듣지 못했다. 페어팩스
부인이 로체스터 씨가 리어에서 런던으로, 그리고 그곳에서 유럽으로 곧장 갔으
며, 1년 동안 돌아오지 않을지도 모른다고 내게 말했을 때, 나는 크게 실망했다.
그러나 일주일 후 나의 마음은 다시 들떴다.

"로체스터 주인님이 돌아오실 거예요." 아델의 오전 수업 후에 페어팩스 부인
이 말했다. "사흘 후면 이곳에 도착하실 거예요. 혼자 오시지는 않을 거예요. 몇
분이나 오고 계시는지는 정확히 모르겠지만, 많은 손님들을 위해 집 안을 정리해
두라고 제게 말씀하셨어요."

로체스터 씨와 그의 손님들이 도착하기 전날, 나는 레어와 가정부들 중 한 명
사이의 대화를 일부분 우연히 엿들었다. 그들은 그레이스 풀에 관해 이야기하고
있었다.

---

dismay 경악하게 만들다, 크게 실망시키다   **thence** 그곳에서부터, 거기서

Grace Poole.

"She gets good wages,* doesn't she?" asked the housekeeper.

"Yes," said Leah. "Mrs. Poole receives five times what I make."

"She must be very good at what she does."

"She does her job better than anybody. Not everyone can do what she does, even for all the money."

"I wonder whether the master...."

Just then, Leah turned and saw me, and she instantly gave her friend a nudge.*

"Doesn't she know?" whispered the housekeeper.

Leah shook her head, and the conversation stopped immediately. All I could gather* from it was that there was a mystery at Thornfield that I did not know of, and that it was intentionally* kept from me.

Thursday came, and the house was prepared perfectly. Just before six in the evening, we heard Mr. Rochester and his guests approaching the house. Four people were riding on horseback, and after them came two open carriages. Fluttering* veils and waving plumes* filled the carriages. The whole party looked elegant and aristocratic.* Two of the riders were young, handsome gentlemen; the third was Mr. Rochester, on his black horse; at his side rode a lady, and he and she were at the head of the party.

"풀 부인은 많은 임금을 받지요, 그렇지 않나요?" 가정부가 말했다.

"네." 레어가 말했다. "풀 부인은 내가 버는 돈의 다섯 배를 받아요."

"그 부인은 일하는 것이 매우 뛰어난 것이 분명해요."

"누구보다도 잘하고 있지요. 풀 부인이 하는 일을 누구나 다 할 수 있는 것은 아니에요. 설령 그 돈을 다 받는다고 하더라도 말이죠."

"나는 궁금해요. 주인님이 과연……."

바로 그때 레어가 몸을 돌려 나를 보았고, 즉시 자기 친구를 팔꿈치로 슬쩍 찔렀다.

"저 선생은 모르나요?" 가정부가 속삭였다.

레어는 고개를 저었고, 대화는 즉시 중단되었다. 내가 그 대화에서 모을 수 있었던 정보는 손필드에 내가 모르는 수수께끼가 있으며, 그것이 계획적으로 나에게 지켜지고 있다는 것이었다.

목요일이 되었고, 집 안은 완벽하게 준비되었다. 저녁 6시가 되기 바로 직전에, 우리는 로체스터 씨와 그의 손님들이 집으로 다가오는 소리를 들었다. 네 명의 사람들이 말 위에 타고 있었고, 그들 뒤로 두 대의 지붕 없는 마차가 오고 있었다. 펄럭이는 베일과 흔들거리는 깃털 장식들이 마차를 채웠다. 일행 전체는 우아하고 고상하게 보였다. 말을 탄 사람들 중 두 명은 젊고 잘생긴 신사들이었고, 세 번째는 자신의 검은 말을 타고 있는 로체스터 씨였으며, 그의 옆에는 아가씨 한 명이 말을 타고 있었는데, 로체스터 씨와 그 아가씨가 일행의 선두에 있었다.

---

wage 임금, 노임   **nudge** (팔꿈치로) 슬쩍 찌르다   **gather** 모으다, 수집하다   **intentionally** 계획적으로, 고의로   **fluttering** 펄럭이는, 나부끼는   **plume** 깃털 장식   **aristocratic** 귀족의, 귀족적인

"That beautiful lady there is Miss Ingram," said Mrs. Fairfax.

The guests were swiftly shown to their respective* rooms. After about twenty minutes, I could hear a joyful stir* in the hall. Gentlemen's deep tones and ladies' silvery* accents blended* harmoniously* together. The most distinguishable,* though not loud, was the voice of Mr. Rochester, welcoming his fair and gallant* guests to Thornfield Hall. He then led the guests into the dining room, and the doors were closed.

Early the next day, Mr. Rochester and his guests left on an excursion* to some site in the neighborhood. Some went on horseback; the rest in carriages. I saw both the departure and the return. Miss Ingram was again the only lady on horseback. As before, Mr. Rochester galloped* at her side, and the two rode a little apart from the rest.

"It seems clear that Mr. Rochester prefers Miss Ingram to the other ladies," I said to Mrs. Fairfax, who was standing at the window next to me.

"Yes. He clearly admires* her."

"And she seems fond of him also," I added.

That evening, Mr. Rochester ordered me and Adèle to join him and the guests in the drawing room after dinner. As expected, Adèle was excited to join the distinguished* guests, but I was rather nervous.* I walked

"저기 있는 아름다운 숙녀가 잉그램 아가씨예요." 페어팩스 부인이 말했다.

손님들은 신속하게 각자의 방으로 안내받았다. 20분쯤 후, 나는 홀에서 즐겁게 왁자지껄하는 소리를 들을 수 있었다. 신사들의 저음과 아가씨들의 낭랑한 말투가 조화롭게 뒤섞였다. 크지는 않았지만 가장 구분이 잘 가는 것은 아름답고 화려한 손님들을 손필드 홀로 맞이하는 로체스터 씨의 목소리였다. 그런 다음 로체스터 씨는 손님들을 식당으로 안내했고, 문이 닫혔다.

다음 날 일찍, 로체스터 씨와 그의 손님들은 마을의 어떤 장소로 소풍을 떠났다. 몇 명은 말을 탔고, 나머지는 마차를 탔다. 나는 출발하는 것과 돌아오는 것을 둘 다 보았다. 잉그램 양은 또 다시 말을 탄 유일한 여자였다. 전처럼 로체스터 씨는 잉그램 양 옆에서 말을 달렸고, 두 사람은 나머지 일행과 약간 떨어져서 말을 탔다.

"로체스터 주인님이 다른 아가씨들보다 잉그램 양을 좋아하시는 것이 분명한 것 같군요." 나는 창가에서 내 옆에 서 있는 페어팩스 부인에게 말했다.

"그래요. 주인님은 분명히 잉그램 양을 사모하세요."

"그리고 잉그램 양도 역시 로체스터 씨를 좋아하는 것 같아요." 내가 덧붙였다.

그날 저녁, 로체스터 씨는 나와 아델에게 저녁 식사 후에 응접실에서 자기와 손님들과 합류하라고 명령했다. 예상했던 대로, 아델은 그 기품 있는 손님들과 합류하는 것에 신이 났으나, 나는 상당히 긴장했다. 나는 아델의 손을 잡고 들어갔

---

respective 저마다의, 각자의　**stir** 동요, 야단법석　**silvery** 은쟁반에 옥구슬 굴러가는 듯한, 낭랑한　**blend** 섞다, 혼합하다　**harmoniously** 조화롭게　**distinguishable** 구별할 수 있는, 분간할 수 있는　**gallant** 훌륭한, 화려한　**excursion** 짧은 여행, 유람　**gallop** 질주하다　**admire** 동경하다, 사모하다　**distinguished** 기품 있는, 품위 있는　**nervous** 신경질의, 신경과민의

in, holding Adèle's hand. From a quick glance, I could see that there were eight ladies in total. I curtsied and went to a window seat, while Adèle ran to Mr. Rochester and sat on his lap. As the group talked, discussing diverse* topics ranging from botany* to religion,* I observed* each and every one of them.

First, there was Mrs. Eshton and her two daughters, Amy and Louisa. She had evidently been a handsome woman when she was younger and was still well-preserved.* Then there was Lady Lynn, a large and stout* woman of about forty. She looked very haughty,* richly dressed in a satin robe and countless* gems.* Mrs. Colonel* Dent was less showy,* but more lady-like.

The three most majestic* of the group were the Dowager* Lady Ingram and her daughters, Blanche and Mary. The Dowager looked to be in her forties, but her shape was still fine. She had haughty features and a double chin, and fierce,* penetrating eyes. She reminded me a little of Mrs. Reed.

Blanche and Mary were both tall and slim, though Mary was too slim for her height. I watched Blanche, of course, with special interest. Her face was similar to her mother's. She had the same low brow, the same high features, and the same pride. Her pride was, however, much less saturnine.*

다. 얼핏 보는 것으로 나는 모두 여덟 명의 여성이 있는 것을 볼 수 있었다. 나는 고개 숙여 절하고 창가의 자리로 간 반면에 아델은 로체스터 씨에게 달려가 그의 무릎에 앉았다. 사람들이 식물학에서부터 종교에 이르는 다양한 주제를 놓고 토론할 때, 나는 그들 각자를 모두 관찰했다.

먼저, 애쉬톤 부인과 그녀의 두 딸 에이미와 루이자가 있었다. 부인은 젊었을 때 분명히 아름다운 여인이었을 터였고, 나이치고는 여전히 젊어 보였다. 그런 다음 마흔 살 정도 되어 보이는 몸집이 크고 뚱뚱한 린 부인이 있었다. 린 부인은 몹시 거만해 보였고, 공단 드레스와 무수한 보석으로 호화롭게 차려입고 있었다. 덴트 대령 부인은 겉보기에는 덜 화려했으나 더 여성다웠다.

그 무리들 중 가장 당당한 세 명은 미망인인 잉그램 부인과 그녀의 딸들인 블랑슈와 메리였다. 미망인은 40대로 보였으나, 그녀의 몸매는 여전히 아름다웠다. 미망인은 또렷한 이목구비에 이중 턱, 그리고 사납고 꿰뚫어 보는 듯한 눈을 가지고 있었다. 미망인은 나에게 리드 외숙모를 약간 떠오르게 했다.

블랑슈와 메리는 둘 다 키가 크고 호리호리했으나, 메리는 키에 비해 너무 호리호리해 보였다. 나는 물론 특별한 관심을 가지고 블랑슈를 지켜보았다. 블랑슈의 얼굴은 그녀의 어머니의 얼굴과 비슷했다. 블랑슈는 똑같이 좁은 이마, 똑같이 길쭉한 이목구비, 그리고 똑같이 자부심을 지니고 있었다. 그러나 블랑슈의 자부심은 훨씬 덜 음울했다.

---

diverse 다양한 **botany** 식물학 **religion** 종교 **observe** 관찰하다 **well-preserved** 나이치고는 젊게 보이는 **stout** 뚱뚱한, 살찐 **haughty** 오만한, 거만한 **countless** 셀 수 없는, 무수한 **gem** 보석, 귀중품 **colonel** 대령 **showy** (부정적인 의미로) 현란한 **majestic** 위엄 있는, 당당한 **dowager** (귀족) 미망인, 노부인 **fierce** 사나운 **saturnine** 무뚝뚝한, 음울한

But despite the visual feast* laid out in front of me, my eyes were, for the more part of the evening, fixed on my master. It is said that "beauty is in the eye of the beholder.*" My master's colorless, square face—with its massive brow, broad and jetty* eyebrows, deep eyes, strong features, and a firm, grim mouth—was not beautiful in the conventional* sense of the word. To me, however, it was more than beautiful. Despite my best efforts to the contrary,* I had fallen in love.

"Mr. Rochester, why didn't you send Adèle to school?" asked Mrs. Eshton.

"Why send her to school when we have a fine governess here?" he replied, turning to me.

"You men never consider economy and common sense," said Blanche Ingram, casting a short, careless glance my way. "You should hear what mama has to say about governesses. Mary and I have had at least a dozen governesses. Half of them were detestable,* and the rest were ridiculous.*"

"Don't even mention governesses in my presence," said the Dowager. "The very word makes me sick. If you can deal with governesses' incompetency* and caprice,* Mr. Rochester, then by all means,* keep them. I'm just glad I don't have to deal with them anymore!"

"Let us change the subject," said Blanche Ingram. "It is making me depressed. Who will sing for me?"

그러나 내 앞에 펼쳐진 시각적 눈요기에도 불구하고, 내 눈은 그날 저녁 대부분의 시간 동안 나의 주인에게 고정되어 있었다. '아름다움은 보는 사람의 눈에 있다.'고 한다. 나의 주인의 핏기 없는 사각형 얼굴, 즉 넓은 이마, 칠흑 같은 넓은 눈썹, 깊은 눈매, 강인한 이목구비, 그리고 단호하고 음울한 입매를 지닌 그의 얼굴은 통념상으로는 아름답지 않았다. 그러나 나에게 그것은 아름다움 이상이었다. 그렇게 되지 않으려는 나의 최선의 노력에도 불구하고, 나는 사랑에 빠지고 말았다.

"로체스터 씨, 왜 아델을 학교에 보내지 않으시나요?" 애쉬톤 부인이 물었다.

"훌륭한 가정 교사가 여기에 있는데 왜 아델을 학교에 보내야 하지요?" 로체스터 씨가 나를 돌아보며 대답했다.

"당신네 남자들이란 경제와 상식을 절대로 고려하지 않는다니까요." 블랑슈 잉그램이 내 쪽으로 짧고 부주의한 눈길을 던지며 말했다. "당신은 가정 교사에 대해 엄마가 하시는 말씀을 들으셔야 해요. 메리와 저한테는 적어도 열두 명의 가정 교사가 있었지요. 그들 중 절반은 혐오할 만했고 나머지는 우스꽝스러웠다고요."

"내 앞에서 가정 교사 이야기는 하지도 마라." 미망인이 말했다. "말만 들어도 속이 울렁거리는구나. 당신이 가정 교사의 무능력과 변덕을 다룰 수 있다고 한다면요, 로체스터 씨, 무슨 수를 쓰더라도 그것들을 막으세요. 저는 더 이상 그들을 상대할 필요가 없어서 아주 기쁩답니다."

"주제를 바꾸지요." 블랑슈 잉그램이 말했다. "그 주제가 저를 우울하게 만들고 있거든요. 누가 저를 위해 노래를 해 주실래요?"

---

feast 눈요기　**beholder** 보는 사람, 구경꾼　**jetty** 칠흑의　**conventional** 전통적인　**to the contrary** 그와 반대로(의)　**detestable** 혐오할 만한, 몹시 싫은　**ridiculous** 우스꽝스러운　**incompetency** 무능력, 부적격　**caprice** 변덕　**by all means** 반드시, 꼭

She got up, opened the piano, which had been moved to the drawing room, and started playing a brilliant* prelude.* She talked at the same time, and seemed bent on exciting not only the admiration,* but also the amazement* of her audience.*

I took this opportunity* to slip away. I stood quietly from my sheltered* corner and made my exit through the side door, which was fortunately near the window seat. While I was crossing the narrow passage into the hall, I noticed that my sandal was loose. I knelt down to tie it when I heard the living room door open. A gentleman came out and I rose hastily. It was Mr. Rochester.

"How are you?" he asked.

"I am very well, sir."

"Why did you not come and speak to me in the drawing room?"

"I did not want to disturb you, as you seemed busy, sir."

"What have you been doing while I was gone?"

"Teaching Adèle, as usual."

"You look a lot paler than when I first met you. Is there something wrong? Did you catch a cold after standing in the pool of water the night you saved my life?"

"No, sir, I'm fine."

블랑슈는 일어나서 응접실로 옮겨져 있었던 피아노를 열었고, 멋진 전주곡을 치기 시작했다. 블랑슈는 동시에 이야기를 했고, 청중들의 감탄뿐만 아니라 경탄을 자아내고 있는 것 같았다.

나는 빠져나갈 수 있는 이 기회를 잡았다. 나는 남들의 시선을 피할 수 있는 구석에 가만히 서 있었고, 옆문을 통해 빠져나왔다. 다행히도 문은 창가 자리 근처에 있었다. 홀의 좁은 통로를 가로지르는 동안 나는 내 샌들의 끈이 풀려 있는 것을 보았다. 내가 그것을 묶으려고 무릎을 구부렸을 때, 거실 문이 열리는 소리를 들었다. 한 신사가 나왔고 나는 급히 일어났다. 그것은 로체스터 씨였다.

"잘 지내는 거요?" 로체스터 씨가 물었다.

"아주 잘 지냅니다, 로체스터 씨."

"응접실에서 왜 나에게 말을 걸러 오지 않았소?"

"바쁘신 것 같아서 방해하기 싫었어요, 로체스터 씨."

"내가 집을 비운 사이 어떻게 지냈소?"

"평소처럼 아델을 가르치고 있었지요."

"내가 선생을 처음 보았을 때보다 안색이 훨씬 더 창백해 보이는군. 아픈 데라도 있는 거요? 내 목숨을 구해 준 날 밤에 물웅덩이 속에 서 있고 나서 감기에 걸렸소?"

"아니요, 로체스터 씨, 저는 괜찮아요."

---

brilliant 훌륭한, 멋진 **prelude** 전주곡, 서곡 **admiration** 감탄, 찬양 **amazement** 놀람, 경탄 **audience** 청중, 관중 **opportunity** 기회 **sheltered** 보호를 받는

"Come back to the drawing room. You're leaving too early."

"I am tired, sir."

He stared into my eyes.

"And a little depressed," he said. "What's troubling you? Tell me."

"Nothing, sir. I am not depressed."

"You clearly are. In fact, I think a few more words would bring tears to your eyes. There, I can see them now, shining. If I had time, and were not worried about a servant with a loose tongue* overhearing us, I would have you tell me what is going on. But tonight, I'll excuse you. Just remember this: you are to come to the drawing room every evening during my guests' stay. Now go, and tell Sophie to come and take Adèle. Goodnight, my…." He stopped, bit his lip, and abruptly returned to the drawing room.

"응접실로 돌아가시오. 선생은 너무 일찍 자리를 떴소."

"저는 피곤해요, 로체스터 씨."

로체스터 씨가 내 눈을 쳐다보았다.

"그리고 약간 우울하군." 로체스터 씨가 말했다. "무엇이 선생을 괴롭히는 것이오? 말해 보시오."

"아무것도요, 로체스터 씨. 저는 우울하지 않아요."

"선생은 분명히 우울해요. 사실 내가 몇 마디 더 하면 선생의 눈에 눈물이 나오게 할 것 같소. 그렇지, 이제 눈물이 반짝거리는 것이 보이는군. 시간이 있다면, 그리고 입이 가벼운 하인이 우리 말을 엿듣는 것이 걱정되지 않는다면, 무슨 일이 벌어지고 있는 것인지 선생에게 말하게 할 것이오. 하지만 오늘 밤은 선생이 실례하는 것을 참아 주겠소. 그냥 이것만 명심해 두시오. 내 손님들이 머무는 동안 선생은 매일 저녁 응접실로 와야 하오. 이제 가 보시오. 그리고 소피에게 와서 아델을 데려가라고 하시오. 잘 자요, 나의……." 로체스터 씨가 입술을 깨물며 말을 중단하더니 돌연 응접실로 돌아가 버렸다.

---

with a loose tongue 입이 가벼운

Chapter 18

Merry were the days with the guests. They were very different from the first three months of stillness,* monotony,* and solitude* I had passed beneath the roof of Thornfield Hall. All sad and gloomy feelings seemed now driven from the house. There was life everywhere, movements and sounds all day long.

On the third evening, I watched, with Adèle on my lap, Mr. Rochester and his guests play charades.* He had asked me to play as well, but I had refused.

Throughout the evening, I watched Mr. Rochester and Blanche Ingram, who played as a team. As the evening went on, it became more and more clear to me that he was going to marry her. They were not going

제18장

손님들은 손필드에서 즐거운 시간을 보낸다.
어느 날, 로체스터가 자리를 비운 사이
자신을 로체스터의 오랜 지기라고 소개하는
수상쩍은 남자가 찾아온다.

손님들과 함께 보낸 날들은 즐거웠다. 그 날들은 내가 손필드 저택의 지붕 아래에서 보낸 고요함, 지루함, 그리고 고독했던 처음 석 달과는 아주 달랐다. 모든 슬프고 우울한 감정들이 그 집에서 추방된 듯했다. 온종일 도처에 생기, 활동, 그리고 소리가 있었다.

셋째 날 저녁, 나는 아델을 무릎 위에 앉힌 채, 로체스터 씨와 그의 손님들이 제스처 게임을 하는 것을 지켜보았다. 로체스터 씨가 나에게도 게임을 하라고 청했었으나, 내가 거절한 터였다.

저녁 내내 나는 한 팀을 이루어 게임을 하는 로체스터 씨와 블랑슈 잉그램 양을 지켜보았다. 저녁 시간이 흘러가는 동안, 나는 로체스터 씨가 블랑슈 양과 결혼할 것이라고 점점 더 확신하게 되었다. 그들은 사랑 때문에 결혼하려는 것이 아

---

stillness 고요, 평온 **monotony** 단조로움, 지루함 **solitude** 고독, 외로움 **charade** 제스처 게임

to marry for love—she was going to marry him for his wealth, while he was going to marry her for her beauty, and probably political* reasons, because her rank* and connections* suited* him. I could feel that he had not given her his love. She could not charm* him, and that was what made it more unbearable* for me.

The next day, Mr. Rochester left his guests and rode out on his own to attend* to some business in town. When the doorbell rang a few hours later, Mrs. Fairfax and I went to answer the door, expecting to see Mr. Rochester. However, the person standing in front of us when we opened the door was a tall, fashionable-looking man in traveling clothes.

"Is Mr. Rochester here?" he asked.

"No, sir, I'm afraid he's gone to town," answered Mrs. Fairfax.

"It seems I have come at a bad time when my friend, Mr. Rochester, is not home," he said. "But I have just had a very long journey, and I don't think my old friend would mind me waiting here until he returns."

He was polite. His accent, however, did strike me as somewhat unusual. It was not exactly foreign, but still not altogether* English. He looked to be around the same age as Mr. Rochester—between thirty and forty. His features were ordinary,* but too relaxed.* His eyes were large, but the life looking out of them was a tame,* vacant* life. His movements and his speech were also

니었다. 즉 블랑슈 양은 로체스터 씨의 재산 때문에 결혼하려고 했고, 반면에 로체스터 씨는 블랑슈 양의 미모와 아마도 정치적인 이유들 때문에 결혼하려고 했는데, 그녀의 지위와 연줄이 자신에게 걸맞기 때문이었다. 나는 로체스터 씨가 블랑슈 양에게 사랑을 주지 않았다는 것을 느낄 수 있었다. 블랑슈 양은 로체스터 씨를 매료시킬 수 없었고, 그것이 나를 더욱 견딜 수 없게 만들던 것이었다.

다음 날 로체스터 씨는 손님들을 떠나 마을의 어떤 일에 참석하기 위해 혼자서 말을 타고 나갔다. 몇 시간 후 초인종이 울렸을 때, 페어팩스 부인과 나는 로체스터 씨를 볼 것을 기대하며 초인종에 답하러 갔다. 그러나 우리가 문을 열었을 때 우리 앞에 서 있는 사람은 여행복을 입은 키가 크고 상류 사회 사람처럼 생긴 남자였다.

"로체스터 씨가 여기 계십니까?" 그가 물었다.

"아니요, 선생님. 마을에 가셨습니다만." 페어팩스 부인이 대답했다.

"제가 시간적으로 안 좋은 때에 온 것 같군요. 내 친구 로체스터가 집에 없을 때 말입니다." 그가 말했다. "하지만 저는 방금 아주 긴 여행을 했고, 내 오랜 친구가 자신이 돌아올 때까지 내가 여기서 기다리는 것을 꺼릴 것 같지는 않군요."

그는 정중했다. 그러나 그의 말투는 나에게는 다소 이상하게 들렸다. 그것은 정확히 외국인의 말투는 아니었으나 완전히 영국식도 아니었다. 그는 로체스터 씨와 얼추 같은 나이, 즉 서른 살과 마흔 살의 중간쯤으로 보였다. 그의 이목구비는 평범했으나, 너무 생기 없이 풀어져 있는 것 같았다. 그의 눈은 컸지만, 거기서 나오는 활기는 맥빠지고 공허한 활기였다. 그의 동작과 그의 이야기 역시 이상하

---

political 정치적인　**rank** 지위, 신분　**connections** 연고, 연줄　**suit** 어울리다, ~에 알맞다
charm 매혹하다, ~의 마음을 빼앗다　**unbearable** 견딜 수 없는, 참기 어려운　**attend** 참석하다
altogether 전적으로, 완전히　**ordinary** 범상한, 평범한　**relaxed** 편안한, 느긋한　**tame** 맥빠진,
생기 없는　**vacant** 빈, 공허한

unusually slow. I did not like him.

The man was shown into the drawing room, where he was introduced to Mr. Rochester's guests. I went near the drawing room door to listen, and was able to gather that the newcomer was called Mr. Mason. Then I heard that he was from the West Indies and that, to my surprise, he had met and befriended Mr. Rochester there.

That evening, an unexpected incident* took place.* Colonel Dent found out that there was a gypsy* woman who had been hired to help out in the servants' hall during the guests' stay, and Mrs. Lynn and Mrs. Eshton suggested that they ask her to tell their fortunes.

The old gypsy woman agreed, but under one condition: that she would only tell the fortunes of young and single ladies. The group agreed. The woman was taken into the library, and the ladies were asked to go in one by one.

"I'll go first," said Blanche Ingram, rising solemnly.* Colonel Dent opened the door for her, and she entered.

After about fifteen minutes, the library door opened again. Blanche Ingram returned to us through the arch.*

All eyes met her with a glance of curiosity, and she met all eyes with a look of rebuff* and coldness. She walked stiffly* and silently to her seat.

"Well, Blanche?" asked Lord Ingram.

게 느꼈다. 나는 정말로 그가 마음에 들지 않았다.

그 남자는 응접실로 안내받았고, 그곳에서 로체스터 씨의 손님들에게 소개되었다. 나는 귀 기울여 들으려고 응접실 문으로 다가갔으며, 그 새로 온 사람이 메이슨 씨로 불린다는 정보를 수집할 수 있었다. 그런 다음 그가 서인도에서 왔으며, 놀랍게도 그곳에서 로체스터 씨를 만나 친구가 되었다는 말을 들었다.

그날 저녁, 예상 밖의 사건이 일어났다. 덴트 대령이 손님들이 머무는 동안 하인들의 홀에서 일을 돕기 위해 고용된 집시 여인이 한 명 있다는 것을 알아냈으며, 린 부인과 애쉬톤 부인은 그녀에게 점을 쳐 달라고 요청하자고 제안했다.

그 늙은 집시 여인은 동의했으나, 한 가지 조건 하에서였다. 즉, 젊고 독신인 아가씨들의 운수를 봐 주겠다는 것이었다. 사람들은 동의했다. 그 집시 여인은 서재로 안내되었고, 아가씨들은 한 사람씩 차례로 들어가도록 요청받았다.

"제가 먼저 들어가겠어요." 블랑슈 잉그램 양이 점잔 빼며 일어서면서 말했다. 덴트 대령은 블랑슈 양을 위해 문을 열어 주었고, 그녀는 들어갔다.

약 15분 후에 서재 문이 다시 열렸다. 블랑슈 잉그램은 아치를 통과해 우리에게 돌아왔다.

모든 눈들이 호기심 어린 시선으로 블랑슈를 맞았고, 그녀는 좌절과 냉담한 표정으로 모든 시선을 맞았다. 블랑슈 양은 자기 자리로 무뚝뚝하고 조용하게 걸어갔다.

"어떠니, 블랑슈?" 잉그램 경이 물었다.

---

incident 사고, 사건   **take place** 일어나다, 발생하다   **gypsy** 집시   **solemnly** 점잔 빼며, 위엄을 부리며   **arch** 아치   **rebuff** 좌절, 퇴짜   **stiffly** 딱딱하게, 완고하게

"What did she say, sister?" asked Mary.

"Is she really a fortuneteller*?" asked Mrs. Eshton.

"Stop with the questions," she replied. "She is just like all the other palm* readers and fortunetellers. She told me what such people usually tell. It was fun, but she told me nothing of importance."

Miss Ingram took a book and leaned back in her chair.

Mary Ingram, Amy and Louisa Eshton were too afraid to go alone, so they all went in together. Their visit was not as quiet as Blanche Ingram's had been. We heard hysterical* giggles* and little shrieks* coming from the library. After about twenty minutes, they burst open the door and came running across the hall, looking like they had just seen the devil.

"She knew everything about us!" they screamed together. They sat down in their seats, breathless,* and professed* that the gypsy woman had guessed everything about them, from things they did in their childhood to what they had recently wished for.

The older ladies, meantime, offered glasses of water and wielded* fans. The elder gentlemen laughed, and the younger offered words of comfort* to the agitated* ladies.

In the midst of the commotion,* and while my eyes and ears were fully engaged in the scene before me, I felt a tap on my shoulder. It was Colonel Dent.

"집시 여자가 뭐라고 그랬어, 언니?" 메리가 물었다.

"그 여자가 정말로 점쟁이 맞니?" 애쉬톤 부인이 물었다.

"질문은 그만하세요." 블랑슈 양이 대답했다. "그 여자는 다른 모든 손금쟁이들, 점쟁이들과 똑같아요. 그 여자는 저에게 그런 사람들이 대체적으로 해 주는 말을 해 주었어요. 재미는 있었지만 중요한 말은 하나도 안 했다고요."

잉그램 양은 책을 한 권 집어 들고 의자에 등을 기대었다.

메리 잉그램, 에이미 애쉬톤과 루이자 애쉬톤은 혼자 가는 것이 너무 두려워서 모두 함께 들어갔다. 그들의 방문은 블랑슈 잉그램의 방문만큼 조용하지는 않았다. 우리는 서재에서 나오는 발작성의 낄낄거리는 웃음소리와 작은 비명들을 들었다. 약 20분쯤 후, 그들은 문을 벌컥 열고 마치 악마라도 본 듯한 표정으로 홀을 가로질러 달려 나왔다.

"그 여자는 우리에 관한 모든 것을 알고 있어요!" 그들이 다 함께 소리쳤다. 그들은 숨도 쉬지 않고 자기 자리에 앉아서 그 집시 여인이 자신들이 어린 시절에 했던 일에서부터 최근에 바랐던 것까지 자신들에 관한 모든 것을 맞혔다고 고백했다.

그러는 동안 노부인들은 물잔을 주고 부채질을 해 주었다. 노신사들은 웃었고, 젊은 신사들은 흥분한 아가씨들에게 위로의 말을 건넸다.

이러한 소동 가운데에, 그리고 내 눈과 귀가 완전히 내 앞의 광경에 정신이 팔려 있는 동안, 나는 내 어깨가 톡톡 두드려지는 것을 느꼈다. 그것은 덴트 대령이었다.

---

fortuneteller 점쟁이, 사주쟁이 **palm** 손바닥 **hysterical** 이성을 잃은, 히스테리성의 **giggle** 낄낄 웃음 **shriek** 비명, 새된 목소리 **breathless** 숨 가쁜, 숨이 찬 **profess** 고백하다, 시인하다 **wield** 휘두르다, 행사하다 **comfort** 위로, 위안 **agitated** 흥분한, 동요한 **commotion** 소동, 야단법석

"If you please, Miss Eyre," he said, "the gypsy declares*
that there is another young single lady in the room who
has not been to her yet. She swears* she will not leave
until she has seen all the young single ladies. She must
be talking about you. What do you want me to tell her?"

"Oh, I will go, by all means," I said. I was glad of the
unexpected opportunity to gratify* my excited curiosity.
I slipped out of the room, unobserved* by the others.
Fortunately, they were all gathered in one mass around
the trembling trio* that had just returned. I closed the
door quietly behind me.

"괜찮다면요, 에어 양." 덴트 대령이 말했다. "아직 자신에게 왔다 가지 않은 젊은 아가씨 한 명이 방 안에 있다고 집시 여인이 단언하는군요. 젊은 아가씨들을 모두 만나 보기 전까지는 가지 않겠다고 선서하는군요. 집시 여인이 당신에 대해 말하고 있는 것이 분명해요. 그 여자에게 내가 뭐라고 말했으면 하십니까?"

"오, 제가 갈게요. 꼭이요." 내가 말했다. 나는 나의 신나는 호기심을 만족시켜 줄 뜻밖의 기회에 기뻐했다. 나는 남들에게 들키지 않고 방을 빠져나왔다. 다행히도 그들은 모두 방금 돌아와서 벌벌 떨고 있는 3인조 주변에 한데 모여 있었다. 나는 내 뒤로 조용히 문을 닫았다.

---

declare 선언하다, 단언하다   **swear** 맹세하다, 선서하다   **gratify** 흐뭇하게 하다, 만족시키다
unobserved 남의 눈에 띄지 않는   **trio** 3인조

Chapter 19

"Well, you want your fortune told?" asked the gypsy woman, in a voice as decided as her glance, as harsh as her features.

"You can do as you please," I answered, "but I should warn you, I am skeptical.*"

"We'll see about that. If you wish me to speak more plainly,* show me your palm."

"And it's going to cost me, I suppose?"

"Certainly."

I gave her a shilling. She told me to hold out my hand. She put her face to the palm, and looked at it without touching it.

제19장

로체스터는 점쟁이 집시 여인인 척하며
사람들을 속이고 즐거워한다.
그러나 메이슨이 찾아왔다는 소리를 듣고 당혹한다.

"음, 아가씨의 운명을 점쳐 보고 싶다고?" 집시 여인이 자신의 시선만큼이나 단호하고 자신의 이목구비만큼이나 세상살이에 시달린 목소리로 물었다.

"좋으실 대로 하셔도 돼요." 내가 대답했다. "하지만 경고해 드려야겠어요. 저는 회의적이에요."

"두고 보자고. 내가 아가씨에게 더 솔직하게 말해 주기를 바란다면, 아가씨의 손바닥을 보여 줘."

"그러면 그것에는 비용이 들겠지요, 아마도요?"

"물론이지."

나는 집시 여인에게 1실링을 주었다. 집시 여인은 나에게 손을 내밀라고 말했다. 집시 여인은 손바닥에 자기 얼굴을 들이밀었고, 만지지는 않고 보기만 했다.

---

skeptical 의심 많은, 회의적인   **plainly** 솔직히, 꾸밈없이

"The hand is too fine," said she. "I can't tell anything from a hand like that. There are almost no lines. Come closer. I need to read your face. Kneel, and lift up your head."

I knelt down on my knees within half a yard of her.

"Where is your master tonight?" she asked, examining* my face.

"He's away on business."

"How is he?"

"I think he's going to marry soon."

"Ah, yes. To the beautiful Miss Ingram."

"Is it going to happen soon? Can you tell?"

"It may seem that way. And sure, they will certainly look good together. He should love such a beautiful, noble, witty, accomplished* lady. She probably loves him, if not, at least his purse.* I know she considers the Rochester estate* to be huge. But I told her today that Mr. Rochester is not as wealthy as he seems, and that put a rather grave* expression on her face. Maybe someone should tell your master to watch out. If a gentleman with deeper pockets were to suddenly come along...."

"I'm not here to hear Mr. Rochester's fortune. I came to hear my own, but you have told me nothing."

"Your fortune is not yet clear. However, I can see that you are very close to happiness."

"손이 너무 훌륭하군." 집시 여인이 말했다. "그런 손을 보고는 아무것도 말해 줄 수가 없어. 거의 손금이 없잖아. 가까이 좀 와 봐요. 아가씨의 관상을 좀 읽어야겠어. 무릎을 꿇고 고개를 들어요."

나는 집시 여인으로부터 반 야드 떨어진 거리에서 무릎을 꿇었다.

"아가씨의 주인은 오늘 밤 어디에 계시지?" 집시 여인이 내 얼굴을 살피며 물었다.

"용무 차 외출하셨어요."

"그분은 어때?"

"곧 결혼하실 것 같아요."

"아, 그렇지. 아름다운 잉그램 아가씨와."

"결혼은 곧 이루어지겠지요? 말해 주실 수 있나요?"

"그렇게 보일 수도 있어. 그리고 분명히, 그들은 확실히 잘 어울릴 거야. 그분이 그처럼 아름답고 귀족 자제에다 재치 있고 재주가 많은 아가씨를 사랑하는 것도 당연하지. 잉그램 아가씨는 아마도 그분을 사랑할 거야. 그게 아니더라도 적어도 그분의 재산을 말이야. 잉그램 아가씨가 로체스터 씨의 재산이 아주 막대하다고 생각하고 있는 것을 알아. 하지만 나는 오늘 잉그램 아가씨에게 로체스터 씨가 보이는 것만큼 부자가 아니라고 말해 주었고, 그 말은 그 아가씨의 얼굴에 상당히 우울한 표정을 드리웠지. 어쩌면 누군가가 당신 주인에게 조심하라고 말해 주어야 할 거야. 만약 더 두둑한 재산이 있는 남자가 갑자기 나타나기라도 한다면……."

"저는 로체스터 씨의 점괘를 들으러 온 것이 아니에요. 제 점괘를 들으러 왔지만, 저에게는 아무 말씀도 안 해 주시네요."

"아가씨의 운은 아직 분명하지 않아. 하지만 아가씨가 행복에 아주 가까이 있다는 것은 알 수 있지."

---

examine 조사하다   **accomplished** 재주가 많은, 기량이 뛰어난   **purse** 주머니 사정, 재산
estate 사유지, 소유지   **grave** 심각한

Over the next few minutes, the gypsy woman continued to tell my fortune, but as the time went on, her voice became deeper and deeper. Then, she seemed to realize that I had noticed this, and she stopped abruptly.

"Rise, Miss Eyre," she said suddenly. It was a familiar voice. "Leave me. My performance* is over." And Mr. Rochester stepped out of his disguise.

"Sir!" I cried out. "What is going on?"

"Well, how was my acting?"

"I'm sure the ladies were completely fooled.*"

"But not you?"

"Well, you did not act the character of a gypsy with me. And what a fool I must have looked!"

"Oh, you were very careful, very sensible.*"

I reflected* on the situation, and smiled.

"Well, what are you musing* about?" he said. "What is making you smile?"

"Wonder and relief, sir. Do I have your permission* to retire* now?"

"No. Stay a moment and tell me what the people in the drawing room are doing."

"They're discussing the gypsy, of course."

"Tell me what they said about me."

"I shouldn't stay long, sir. It's nearly eleven o'clock. Oh, did you know that a stranger has arrived here since you left this morning?"

다음 몇 분 동안 집시 여인은 계속 나의 점괘를 말해 주었으나, 시간이 지나면서 그녀의 목소리는 점점 더 굵어졌다. 그리고 나서 집시 여인은 내가 이를 눈치 챘다는 것을 깨달은 듯했으며, 갑자기 말을 중단했다.

"일어나요, 제인 에어." 갑자기 집시 여인이 말했다. 그것은 친숙한 목소리였다. "가 보시오. 내 공연은 끝났소." 그리고 로체스터 씨가 변장한 것을 벗어 버렸다.

"로체스터 씨!" 내가 소리쳤다. "어떻게 된 일이에요?"

"자, 내 연기가 어땠소?"

"아가씨들은 분명히 완전히 속았겠군요."

"하지만 선생은 아니었소?"

"글쎄요, 저에게는 집시의 역할을 연기하지 않으셨잖아요. 그런데 제가 얼마나 바보같이 보였을까요!"

"오, 선생은 아주 조심스럽고, 아주 분별력이 있었소."

나는 그 상황을 되짚어 보고 미소를 지었다.

"자, 무슨 생각을 그렇게 골똘히 하고 있는 거요?" 로체스터 씨가 말했다. "무엇이 선생을 미소 짓게 만드는 것이오?"

"놀람과 안도감이에요, 로체스터 씨. 이제 제 방으로 가도록 허락해 주시겠어요?"

"안 되오. 잠시 머물면서 응접실에 있는 사람들이 무엇을 하고 있는지 말해 주시오."

"물론 집시 여인에 관해 토론하고 있죠."

"나에 관해서 뭐라고 했는지 말해 주시오."

"오래 있을 수는 없어요, 로체스터 씨. 거의 11시가 다 되었는걸요. 오, 로체스터 씨가 오늘 아침에 외출하신 이후 낯선 분이 한 분 도착하신 것을 아세요?"

---

performance 연기 **fool** 속이다 **sensible** 분별 있는 **reflect** 곰곰이 생각하다 **muse** 골똘히 생각하다, 생각에 잠기다 **permission** 허가, 허락 **retire** 자리를 뜨다, 물러나다

"A stranger? Who?"

"He said his name is Mason, from the West Indies."

A troubled look immediately covered Mr. Rochester's face.

"Go back to the drawing room, Jane," he said. "Approach Mr. Mason discreetly* and whisper in his ear that Mr. Rochester is back and wishes to see him. Show him in here and then leave us."

"Yes, sir."

I did as I was asked. The guests all stared at me as I passed straight among them. I found Mr. Mason, delivered the message, and led him from the room. I showed him into the library, and then I went upstairs.

Later that night, after I had been in bed some time, I heard the visitors returning to their bedrooms. I could hear Mr. Rochester's voice.

"This way, Mason," he said. "This is your room."

His voice sounded cheerful, which set my heart at ease. I soon fell back asleep.

"낯선 분이라니? 누구?"

"그분은 자기 이름이 메이슨이라고 했고, 서인도에서 왔다고 했어요."

괴로운 표정이 즉시 로체스터 씨의 얼굴에 떠올랐다.

"응접실로 돌아가요, 제인." 로체스터 씨가 말했다. "메이슨 씨에게 조심스럽게 다가가서 그의 귀에 로체스터 씨가 돌아와서 만나기를 바란다고 귀엣말로 전해 주시오. 그 사람을 이리로 안내해 주고 그런 다음 우리끼리 두면 되오."

"네, 로체스터 씨."

나는 부탁받은 대로 했다. 내가 그들 사이로 곧장 지나갈 때 손님들은 모두 나를 응시했다. 나는 메이슨 씨를 찾아 메시지를 전달했으며, 방에서 그를 데리고 나갔다. 나는 메이슨 씨를 서재로 안내했고, 그런 다음 위층으로 올라갔다.

그날 밤 늦게, 침대에 한동안 누워 있고 나서야 나는 방문객들이 침실로 돌아가는 소리를 들었다. 나는 로체스터 씨의 목소리를 들을 수 있었다.

"이쪽이네, 메이슨." 로체스터 씨가 말했다. "여기가 자네 방일세."

로체스터 씨의 목소리는 명랑하게 들렸고, 이는 내 마음을 안심시켰다. 나는 곧 다시 잠이 들었다.

---

discreetly 신중하게, 조심스럽게

Chapter 20

The same night, a savage* and sharp shriek broke the silence of Thornfield Hall. It came from the third floor.

"Help! Help! Help!" the voice cried. "Will no one come? Rochester! Rochester! For God's sake, come!"

I rushed into the hallway,* and was soon accompanied by* all the guests and servants of the house.

"Where is Rochester?" cried Colonel Dent. "He's not in his bed."

"Here!" said Mr. Rochester. "Calm down, all of you. I'm coming."

"What on earth is going on?" asked Blanche Ingram.

제20장

한밤중에 메이슨이 누군가에게 공격을 당한다.
제인과 로체스터는 그날 밤 내내
사람들 몰래 뒷수습을 한다.

그날 밤, 야만적이고 날카로운 비명 소리가 손필드 저택의 고요함을 깨뜨렸다. 그 비명 소리는 3층에서 나왔다.

"사람 살려! 사람 살려! 사람 살려!" 목소리가 소리쳤다. "아무도 안 올 거요? 로체스터! 로체스터! 맙소사, 좀 와 줘!"

나는 복도로 뛰어나갔고, 곧 집 안의 모든 손님들과 하인들도 같이 뛰어나왔다.

"로체스터는 어디에 있소?" 덴트 대령이 소리쳤다. "침대에는 없던데."

"여기 있소!" 로체스터 씨가 말했다. "여러분 모두 진정하시오. 내가 가겠소."

"도대체 무슨 일이지요?" 블랑슈 잉그램이 물었다.

---

savage 야만적인, 거친 **hallway** 복도 **be accompanied by** ~를 동반하다

"A servant had a nightmare,* that is all," explained Mr. Rochester. "She's an excitable,* nervous person. Now, let us all go back to bed before one of us catches a cold."

Later that night, a cautious hand tapped at my door.

"Are you up?" asked the voice I expected to hear—my master's.

"Yes, sir."

"Are you dressed?"

"Yes," I said, wrapping a shawl around my shoulders.

"Come out, then, quietly."

I obeyed.

"I can use your help," he said. "Do you have a sponge in your room?"

"Yes, sir."

"Bring it with you."

I obeyed again.

"Are you afraid of blood?"

"I don't think so."

Mr. Rochester led me to the third floor and opened a door. We walked over to a large bed, and I recognized the pale and seemingly lifeless face of the man on it. It was the stranger, Mr. Mason. The linen on one side of the bed, and Mason's arm, were soaked* in blood.

"Hold this," said Mr. Rochester, passing me the candle.

"한 하녀가 악몽을 꾼 것이오. 그게 전부라오." 로체스터 씨가 설명했다. "그녀는 흥분을 잘하는 신경질적인 사람이오. 이제 우리들 중 한 명이라도 감기에 걸리기 전에 모두 침대로 돌아가시오."

그날 밤 늦게 조심스러운 손길이 내 방문을 똑똑 두드렸다.

"일어났소?" 내가 듣기를 기대했던 목소리, 즉 나의 주인의 목소리가 물었다.

"네, 로체스터 씨."

"옷은 입고 있소?"

"네." 내가 어깨에 숄을 두르며 말했다.

"그러면 조용히 나오시오."

나는 복종했다.

"선생의 도움을 받아야겠소." 로체스터 씨가 말했다. "방에 스펀지가 있소?"

"네, 로체스터 씨."

"가지고 오시오."

나는 다시 복종했다.

"피를 무서워하오?"

"그렇지는 않아요."

로체스터 씨는 나를 3층으로 데리고 가서 문을 열었다. 우리는 커다란 침대 쪽으로 다가갔고, 나는 그곳에 있는 창백하고 겉으로 보기에 생기 없는 얼굴을 알아보았다. 그것은 낯선 사람, 바로 메이슨 씨였다. 침대 한쪽의 린넨과 메이슨 씨의 팔은 피로 물들어 있었다.

"이것을 잡아요." 로체스터 씨가 나에게 초를 건네며 말했다.

---

nightmare 악몽, 가위 눌림   **excitable** 흥분을 잘 하는   **soak** 빨아들이다

He fetched a basin of water from the washstand.* He dipped* the sponge in it, and moistened* Mason's corpse-like* face. He then opened the shirt of the wounded* man, whose arm and shoulder were bandaged.* He sponged* away the blood, which was trickling down* fast.

"Jane," he said, "I need you to stay in this room with this gentleman for an hour or two while I go and get a surgeon. You will not speak to him, and Richard," he turned to Mason, "it will be at the risk of your life if you speak to her."

The poor man groaned,* and Mr. Rochester put the bloody sponge into my hand. I proceeded* to use it as he had done.

"Remember! Don't speak to each other," said Mr. Rochester, and he left the room.

For the next hour, maybe two, I continued moistening Mason's face and giving him whisky to ease* the pain. The candle in the room had nearly gone out* by the time Mr. Rochester returned with the surgeon.

"Now, Carter," he said to the surgeon, "you've got half an hour to dress* the wound, fasten* the bandages, and to get the patient downstairs and all." He turned to his friend. "And you, my friend, how are you feeling?"

"I'll manage," was the faint answer.

로체스터 씨는 세면대에서 물 담은 대야를 가지고 왔다. 로체스터 씨는 그 안에 스펀지를 담갔고, 메이슨 씨의 시체 같은 얼굴에 물을 축였다. 그런 다음 팔과 어깨를 붕대로 감은 부상당한 남자의 셔츠를 열었다. 로체스터 씨는 빠르게 뚝뚝 떨어지는 피를 스펀지로 빨아들였다.

"제인," 로체스터 씨가 말했다. "내가 가서 의사를 데려오는 동안 한두 시간 이 신사와 함께 방에 있어 주었으면 하오. 그에게 말을 걸지는 마시오. 그리고 리처드." 로체스터 씨가 메이슨 씨에게 몸을 돌렸다. "그녀에게 말을 걸면 자네 목숨이 위험해지네."

가엾은 남자는 신음했고, 로체스터 씨는 피 묻은 스펀지를 내 손 안으로 넣어 주었다. 나는 로체스터 씨가 했던 것처럼 스펀지를 계속해서 사용했다.

"명심하시오! 서로 이야기하면 안 되오." 로체스터 씨는 말하고 나서 방을 나갔다.

이후 한 시간 어쩌면 두 시간 동안, 나는 계속해서 메이슨 씨의 얼굴에 물을 축여 주고 고통을 완화시키려고 위스키를 주었다. 로체스터 씨가 의사와 함께 돌아왔을 때 방 안의 초는 거의 꺼져 가고 있었다.

"자, 카터." 로체스터 씨가 의사에게 말했다. "상처에 붕대를 맨 다음 붕대를 꽉 처매고 환자를 아래층으로 옮기는 모든 일을 하는 데 30분의 시간이 있네." 로체스터 씨가 자기 친구에게 몸을 돌렸다. "그리고 자네, 이 친구야, 기분이 어떤가?"

"견딜 만하네." 이것이 메이슨 씨의 힘없는 대답이었다.

---

washstand 세면대 **dip** 담그다 **moisten** 적시다, 축축하게 하다 **corpse-like** 시체 같은 **wounded** 부상한, 다친 **bandage** 붕대를 감다; 붕대 **sponge** 해면으로 닦다, 빨아들이다 **trickle down** 뚝뚝 떨어지다, 주르르 흘러내리다 **groan** 신음하다, 끙끙거리다 **proceed** 속행하다, 계속하다 **ease** 완화시키다, 덜다 **go out** (불 등이) 꺼지다 **dress** (상처 등에) 붕대를 감다 **fasten** 단단히 고정시키다, 잠그다

"I warned you, didn't I? I told you to be on your guard when you go near her. Besides, you should have waited until tomorrow, and had me with you. It was foolish of you to try to talk to her tonight, and alone."

It was half past five by the time Mr. Mason was ready to be moved. Mr. Mason, supported by Mr. Rochester and the surgeon, seemed to walk with some ease.

"Take care of him," said Mr. Rochester to the surgeon, as they placed Mr. Mason into the carriage. "Keep him at your house until he is well. I will ride over in a day or two to see how he is. Richard, I'll see you in a couple of days."

"Take care of her," said Mr. Mason. "Treat her as tenderly as possible, because…," he stopped and burst into tears.

"I do my best," said Mr. Rochester. "I always have, and always will."

The carriage drove away.

"When will all this end?" said Mr. Rochester, closing and barring* the heavy gates.

Supposing he did not need me anymore, I turned to go back to the house.

"Jane!" Mr. Rochester called out. "Come with me and get some fresh air in the orchard. That house is a dungeon.* Don't you agree?"

"It's a splendid mansion, sir."

"내가 경고했지, 그렇지 않은가? 그녀 근처에 갈 때는 경계해야 한다고 자네에게 말해 주었잖은가. 게다가 자네는 내일까지 기다려야 했고, 나와 같이 있어야 했어. 오늘 밤에, 그것도 혼자서 그녀에게 말을 걸려고 하는 것은 바보 같은 짓이었어."

메이슨 씨가 옮겨질 준비가 됐을 무렵은 5시 30분이었다. 로체스터 씨와 의사의 부축을 받은 메이슨 씨는 조금은 쉽게 걷는 듯했다.

"그 사람을 보살펴 주게." 로체스터 씨가 메이슨 씨를 마차 안에 앉히며 의사에게 말했다. "나아질 때까지 자네 집에서 데리고 있게. 그의 상태가 어떤지 하루 이틀 있다가 말을 타고 보러 가겠네. 리처드, 며칠 후에 보세나."

"그녀를 보살펴 주게." 메이슨 씨가 말했다. "가능한 한 다정하게 대해 주게. 왜냐하면……." 메이슨 씨가 말을 멈추고 갑자기 울음을 터뜨렸다.

"나는 최선을 다한다네." 로체스터 씨가 말했다. "언제나 그래 왔고, 또 언제나 그럴 것이네."

마차는 떠나갔다.

"이 모든 것이 언제 끝날까?" 로체스터 씨가 육중한 문을 닫고 빗장을 지르며 말했다.

내가 더 이상 필요하지 않다고 생각했으므로 나는 집으로 돌아가려고 몸을 돌렸다.

"제인!" 로체스터 씨가 소리쳤다. "나와 함께 가서 과수원에서 신선한 공기를 좀 마십시다. 저 집은 지하 감옥이오. 동의하지 않소?"

"훌륭한 저택이죠, 로체스터 씨."

---

bar 빗장을 지르다   **dungeon** 지하 감옥

"Your inexperience* casts a glamor over* it," he said. He led me into the orchard. "Now here, everything is real, sweet, and pure."

He strayed* down a walk lined with apple trees, pear trees, and cherry trees on one side, and a border on the other full of all sorts of flowers. The sun was just beginning to rise, and the light illuminated* the wreathed* and dewy* orchard trees.

"Jane, will you have a flower?" he asked.

He picked a half-blown rose, the first on the bush, and offered it to me.

"Thank you, sir."

"Do you like this sunrise, Jane?"

"Yes, sir, very much."

"You have had a strange night, Jane."

"Yes, sir."

"Were you afraid when I left you alone with Mason?"

"I was afraid that Grace Poole might come bursting through the door."

"You don't need to worry about her."

"But it seems your life will never be secure* while she stays."

"There is no need to worry. I will take care of it myself. I'm worried about you. Are you all right?"

I thought for a moment.

"I like working for you, sir."

"선생의 무경험이 집에 마법을 걸었군." 로체스터 씨가 말했다. 로체스터 씨는 나를 과수원으로 데려갔다. "자 이곳에서는 모든 것이 진짜이고 감미롭고 순수하오."

로체스터 씨는 사과나무, 배나무, 그리고 벚나무가 한쪽에 줄지어 있고, 반대쪽 경계면에는 온갖 종류의 꽃들이 가득한 길로 빠졌다. 해가 막 솟아오르기 시작하고 있었고, 꽃이 피어 있고 이슬이 맺혀 있는 과수원 나무들에 빛이 비추었다.

"제인, 꽃 한 송이 가질 테요?" 로체스터 씨가 물었다.

로체스터 씨는 덤불에서 가장 먼저 반쯤 핀 장미를 꺾었고, 그것을 나에게 주었다.

"고맙습니다, 로체스터 씨."

"이런 일출을 좋아하오, 제인?"

"네, 로체스터 씨. 아주 많이요."

"선생은 참 이상한 밤을 보냈소, 제인."

"네, 로체스터 씨."

"내가 선생을 메이슨과 단둘이 두고 떠났을 때 겁이 났소?"

"그레이스 풀이 문을 벌컥 열고 들어올지도 몰라서 겁이 났어요."

"그 여자에 대해서는 걱정할 필요가 없소."

"하지만 그레이스 풀이 머무는 동안에는 로체스터 씨의 생명이 안전할 것 같지는 않은데요."

"걱정할 것 없소. 내 자신은 내가 스스로 보살필 테니까. 나는 선생이 걱정이오. 선생은 괜찮소?"

나는 잠시 생각했다.

"저는 로체스터 씨를 위해 일하는 것이 좋습니다."

---

inexperience 무경험   **cast a glamor over** ~에 마법을 걸다, 호리다   **stray** 옆길로 새다, 벗어나다   **illuminate** 조명하다, 비추다   **wreathe** (꽃 등이) 휘감다   **dewy** 이슬 맺힌   **secure** 안전한, 무사한

"I can see that. I see genuine* happiness in your eyes and face, when you are helping me and pleasing me—working for me, and with me. Here is an arbor.* Let's sit down."

The arbor was an arch in the wall, lined with ivy.* It had a rustic* seat. Mr. Rochester took the seat, leaving room, however, for me. I stood before him.

"Sit," he said. "This bench is long enough for two. You don't find it awkward* to sit next to me, do you? Is that wrong, Jane?"

I answered him by sitting down.

"Now, Jane, I want to tell you a hypothetical* story. Suppose there is a wild man who was spoiled from childhood upward. Imagine he went away to a remote* foreign land, where he committed* a capital* error. The error was not a crime,* but its consequences* will follow him through life. Let us imagine he takes many measures* to obtain* relief, but still he is miserable. Weary* and miserable, the man comes back home after years of voluntary* banishment.* Then he meets a stranger with much of the good and bright qualities which he has sought for twenty years. The man wishes to recommence* his life with this woman. To do so, is he justified* in ignoring an obstacle* of custom*?"

"나는 그것을 알 수 있소. 선생이 나를 돕고 나를 즐겁게 해 줄 때, 그러니까 나를 위해 일하고, 나와 함께 일할 때, 선생의 눈과 얼굴에 진정한 행복이 보인다오. 여기 정자가 있군. 앉읍시다."

정자는 담쟁이덩굴이 줄지어 있는 담 안에 아치 모양으로 만들어져 있었다. 그곳에는 소박한 앉을 자리가 하나 있었다. 로체스터 씨는 자리에 앉았지만, 나를 위해 공간을 남겨 두었다. 나는 로체스터 씨 앞에 서 있었다.

"앉으시오." 로체스터 씨가 말했다. "이 벤치의 길이는 두 사람이 앉을 수 있을 만큼은 되오. 내 옆에 앉는 것이 어색하지는 않잖소, 그런 거잖소? 이렇게 앉는 것이 잘못된 거요, 제인?"

나는 자리에 앉는 것으로 로체스터 씨에게 대답했다.

"자, 제인, 선생에게 한 가지 가상의 이야기를 말해 주고 싶소. 어린 시절부터 그후 죽 제멋대로였던 길들여지지 않은 남자가 있다고 가정해 보시오. 그가 먼 외국으로 떠나서 그곳에서 중대한 실수를 저질렀다고 상상해 보시오. 그 실수는 범죄는 아니었지만, 그 결과는 평생 그를 따라다니게 될 것이오. 그가 위안을 얻으려고 많은 조치를 취하지만 여전히 그는 비참하다고 상상해 봅시다. 지치고 비참해진 채, 그 남자는 자발적인 추방의 세월을 보낸 후에 집으로 돌아오지. 그런 다음 그는 자신이 20년 동안 찾아왔던 선하고 밝은 품성을 많이 지닌 한 낯선 사람을 만나게 되오. 그 남자는 그 여자와 함께 자신의 인생을 다시 시작하려고 하지. 그렇게 하기 위해서 그가 관습이라는 장애물을 무시하는 것이 정당화되겠소?"

---

genuine 진심의, 참된 **arbor** 정자 **ivy** 담쟁이덩굴 **rustic** 시골풍의, 소박한 **awkward** 어색한, 거북한 **hypothetical** 가상적인 **remote** 먼, 멀리 떨어진 **commit** 범하다, 저지르다 **capital** 중대한, 치명적인 **crime** 죄, 범죄 **consequence** 결과, 귀결 **take measures** 조치를 취하다 **obtain** 얻다, 손에 넣다 **weary** 지친, 피곤한 **voluntary** 자발적인, 임의의 **banishment** 추방, 유형 **recommence** 다시 시작하다 **justify** 정당화하다 **obstacle** 장애물, 방해물 **custom** 관습, 관례

He paused for an answer, but I did not know what to say.

"Is the once wandering and sinful,* but now rest-seeking and repentant,* man justified in going against the world's opinion in order to spend his life with the gentle, gracious,* genial* stranger, thereby* securing* his own peace of mind?"

"Sir, such a man should look to God for redemption,* not to another person," I answered.

I was tired by now, but I was still awake enough to see that Mr. Rochester, who had obviously been telling me his own story, was asking me to reassure* him that marrying Blanche Ingram would bring him salvation.*

"Blanche is a fine lady, isn't she, Jane?"

"Yes, sir. I...."

"There's Dent and Lynn in the stables!" he whispered. "Go into the shrubbery.*"

I went one way, and Mr. Rochester went another.

"Mason left early this morning," I heard him say cheerfully. "It was before sunrise, and I saw him off."

로체스터 씨는 대답을 듣기 위해 잠시 멈췄지만, 나는 무슨 말을 해야 할지 몰랐다.

"한때는 방황하고 죄를 많이 지었으나 이제는 안식을 구하고 뉘우치는 남자가 점잖고 우아하고 정다운 낯선 사람과 자신의 인생을 보내기 위해서 세상의 통념을 거스르고, 그리하여 자기 자신의 마음의 평화를 구하는 것이 정당화되겠소?"

"로체스터 씨, 그러한 남자라면 구원을 받기 위해 신을 찾아야지요. 자신과 마찬가지인 또 다른 한 명의 사람이 아니라요." 내가 대답했다.

이때쯤 나는 피곤함을 느꼈으나, 나에게 명백히 자기 자신의 이야기를 들려주고 있는 로체스터 씨가 블랑슈 잉그램과 결혼하는 것이 자신에게 구원을 가져다줄 수 있을지 자신을 안심시켜 달라고 내게 요청하고 있다는 것은 알 수 있을 정도로 여전히 정신은 차리고 있었다.

"블랑슈는 훌륭한 여자요, 그렇지 않소, 제인?"

"네, 로체스터 씨. 저는……."

"마구간에 덴트와 린이 있군." 로체스터 씨가 속삭였다. "관목 숲으로 들어가시오."

나는 한쪽으로 갔고, 로체스터 씨는 다른 쪽 길로 갔다.

"메이슨은 오늘 아침 일찍 떠났네." 나는 로체스터 씨가 쾌활하게 말하는 것을 들었다. "해 뜨기 전이었는데, 그가 떠나는 것을 내가 보았다네."

---

sinful 죄가 있는, 죄 많은 **repentant** 후회하는, 뉘우치는 **gracious** 상냥한, 정중한 **genial** 정다운, 친절한 **thereby** 그것에 의하여, 그 때문에 **secure** 안전하게 지키다 **redemption** 구함, 구원 **reassure** 안심시키다 **salvation** 구제, 구원 **shrubbery** 관목 숲

Chapter 21

On the morning of the day after my last ominous[*] dream, I was told I had a visitor from Gateshead. I went down to the hall and saw a man who looked like a gentleman's servant.

"You probably don't remember me, miss," he said. "My name is Leaven. I was Mrs. Reed's coachman when you were at Gateshead, eight or nine years ago."

"Oh, Robert!" I said. "How are you? I remember you very well. And how is Bessie?"

"My wife is doing very well, thank you. We just had another baby two months ago. We have three now."

"And what brings you here, Robert?"

"I am sorry, but I come with bad news."

제21장

게이츠헤드에서 제인에게 사람이 찾아온다.
제인은 사촌인 존이 자살했고 외숙모 역시 위독하다는 소식을 듣는다.
제인은 외숙모를 방문하기 위해 게이츠헤드로 간다.

간밤에 불길한 꿈을 꾸고 난 아침에, 나는 나한테 게이츠헤드에서 온 방문객이 있다는 말을 들었다. 나는 홀로 내려가 어느 신사의 하인처럼 보이는 한 남자를 보았다.

"아마 저를 기억하지 못하시겠지요, 아가씨." 그가 말했다. "제 이름은 리븐입니다. 아가씨가 8년 전인가 9년 전에 게이츠헤드에 계셨을 때 리드 마님의 마부였지요."

"오, 로버트!" 내가 말했다. "어떻게 지내세요? 당신을 아주 잘 기억하고 있어요. 그런데 베시는 어때요?"

"제 아내는 아주 잘 지내고 있습니다. 고맙습니다. 저희는 두 달 전에 막 애를 한 명 더 낳았답니다. 이제 저희는 아이가 셋이에요."

"그런데 여기는 웬일로 온 거예요, 로버트?"

"유감스럽지만, 제가 나쁜 소식을 가져왔습니다."

---

ominous 불길한, 나쁜 징조의

"I hope no one is dead," I said, noticing his black dress.

"Mr. John died a week ago, at his house in London. He had long had a bad relationship* with Mrs. Reed, because he had spent away much of their fortune in a life of debauchery. And when Mrs. Reed refused to give him her remaining wealth, he killed himself. Mrs. Reed was so shocked that she suffered* a stroke.* They say she hasn't got many days left, and she has asked to see you. Miss, if you can, I would like to take you back with me early tomorrow morning."

"Of course, Robert. I'll get my things ready, and we'll leave first thing tomorrow morning."

After showing Robert to a guest room, I went to ask for Mr. Rochester's permission to leave.

"Where do you need to go?" he said, leaning against* the library door which he had just closed.

"To see a sick lady who has sent for me."

"What sick lady? Where does she live?"

"At Gateshead, sir."

"Gateshead? I know a magistrate* named Reed who lives in a place called Gateshead."

"It is his widow, sir."

"But that is at least a hundred miles from here! Who is she to ask you to come such a long way? How do you know her?"

"누가 죽은 것이 아니면 좋겠군요." 나는 그의 검은 옷을 보며 말했다.

"존 도련님이 일주일 전에 런던에 있는 그분의 집에서 돌아가셨어요. 도련님은 방탕한 생활에 많은 재산을 써 버렸기 때문에 오랫동안 리드 마님과 사이가 안 좋았어요. 그리고 리드 마님께서 남아 있는 재산을 도련님께 주기를 거부하시자 도련님은 자살했어요. 리드 마님은 너무나 충격을 받아서 뇌졸중을 일으키셨어요. 리드 마님은 사실 날이 얼마 남지 않았다고들 하는데, 마님이 아가씨를 만나야 한다고 하셨어요. 아가씨, 가능하시다면, 내일 아침 일찍 제가 아가씨를 모시고 돌아가고 싶어요."

"물론이죠, 로버트. 제 물건들을 챙겨서 내일 아침에 일찍 떠나도록 할게요."

로버트를 손님용 객실로 안내한 후, 나는 떠나기 위해 로체스터 씨의 허락을 구하러 갔다.

"어디로 가야 한다는 것이오?" 로체스터 씨가 자신이 지금 막 닫은 서재의 문에 기대며 말했다.

"저를 부르러 사람을 보낸 병든 부인을 보러요."

"병든 부인이라니? 그 부인이 어디에 살고 있소?"

"게이츠헤드요, 로체스터 씨."

"게이츠헤드라고? 나는 게이츠헤드라고 불리는 저택에 사는 리드라는 이름의 한 치안 판사를 알고 있소."

"그분의 미망인입니다. 로체스터 씨."

"하지만 여기서 적어도 100마일은 떨어진 곳이오! 그처럼 먼 거리를 와 달라고 부탁하다니 그 부인이 누구요? 선생은 그 부인을 어떻게 아는 거요?"

---

relationship 관계, 감정적 유대   **suffer** 일으키다, 겪다   **stroke** 뇌졸중   **lean against** ~에 기대다   **magistrate** 치안 판사, 하급 판사

"Mr. Reed was my uncle. He was my mother's brother."

"What! You never told me that. You told me you had no relatives."

"I have no relatives that would own* me, sir. Mr. Reed is dead, and his wife disowned* me."

"Why?"

"Because I had no money, and was burdensome,* and she disliked me."

"So you have cousins? Sir George Lynn was talking of a Reed of Gateshead yesterday. He said the young man was one of the most famous rascals* in town. And Blanche mentioned a Georgiana Reed of the same place, who was much admired for her beauty in London last summer."

"The rascal is John Reed, sir, and he, too, is dead. He ruined his family and killed himself. Mrs. Reed was so shocked that she suffered a stroke."

"You can go, Jane, but only if you promise not to stay there for long, and promise that you will not suddenly have a change of heart and decide to live there."

"Sir, I promise."

"When are you leaving?"

"Early tomorrow morning, sir."

"Well, you need some money. You can't travel without money, and I have given you no salary yet. How much do you have, Jane?" he asked, smiling.

"리드 씨는 제 외삼촌이세요. 제 어머니의 오빠셨죠."

"뭐라고! 선생은 나에게 그런 말을 한 적이 없잖소. 선생은 친척들이 없다고 했잖소."

"저의 존재를 인정할 친척들은 없습니다, 로체스터 씨. 리드 외삼촌은 돌아가셨고, 그분의 아내는 저와의 관계를 부인했으니까요."

"어째서?"

"왜냐하면 제가 돈이 없고 귀찮은 존재였던 데다가 외숙모는 저를 싫어하셨거든요."

"그렇다면 사촌들이 있겠군? 조지 린 경이 어제 게이츠헤드의 리드라는 사람에 대해 얘기해 주던데. 그 젊은이가 마을에서 가장 유명한 건달 중 한 명이라고 말하더군. 그리고 블랑슈는 같은 곳에 사는 조지아나 리드를 언급했는데, 그녀가 지난여름에 런던에서 미모로 많이 동경을 받았다고 하더군."

"그 건달이 존 리드예요, 로체스터 씨. 그리고 그 역시 죽었어요. 자기 가족을 망쳐 놓고 자살했지요. 리드 외숙모는 너무 충격을 받아서 뇌졸중을 일으키셨어요."

"가도 좋소, 제인. 하지만 그곳에 오래 머물지 않겠다고 약속하고, 갑자기 마음을 바꾸어 그곳에 살겠노라 결심하지 않겠다고 약속해 준다는 조건 하에."

"약속할게요, 로체스터 씨."

"언제 떠날 거요?"

"내일 아침 일찍이요, 로체스터 씨."

"그럼, 돈이 필요하겠군. 돈 없이는 여행할 수 없고, 나는 아직 선생에게 급료를 한 푼도 준 적이 없잖소. 돈은 얼마나 가지고 있소, 제인?" 로체스터 씨가 미소를 지으며 물었다.

---

own 인정하다 **disown** 의절하다, 절연하다 **burdensome** 부담이 되는, 귀찮은 **rascal** 건달, 불량배

I drew out my purse.

"Five shillings, sir," I replied.

He took my purse, poured its contents into his palm, and chuckled over* it as if its scantiness* amused him.

"Here," he said, offering me a note. It was fifty pounds, yet he only owed me fifteen.

"Sir, I don't have change."

"I don't want change, you know that."

"Sir, I can't accept more than what is due.*"

He frowned at first, and then he looked to have remembered something.

"Right, right! I'd better not give you so much now. If you had fifty pounds, you might stay away for three months! Here, take ten. Is that enough?"

"Yes, sir, but now you owe me five."

"Come back for it, then. Farewell, Jane."

I arrived at Gateshead on the first day of May. A general sense of gloom and mourning filled the place. I saw my cousins, Eliza and Georgiana. Eliza looked very plain, and I was told that she was planning to enter a convent.* Georgiana, whom I always remembered as beautiful, was now fully grown up and as beautiful as ever. The sisters did not talk much to each other. It was clear that they had not gotten along ever since Eliza ruined Georgiana's plans of eloping* with a young man.

After I unpacked,* I was taken to Mrs. Reed's room.

나는 내 지갑을 꺼냈다.

"5실링이요, 로체스터 씨." 내가 대답했다.

로체스터 씨가 내 지갑을 가져가더니 그 내용물을 자기 손바닥에 쏟고 마치 그 빈약함이 자신을 즐겁게 해 주었다는 듯이 그것에 대해 킬킬대며 웃었다.

"여기 있소." 로체스터 씨가 나에게 쪽지를 주며 말했다. 그것은 50파운드였지만, 로체스터 씨는 나에게 15파운드를 빚졌을 뿐이었다.

"로체스터 씨, 저는 거스름돈이 없습니다."

"거스름돈은 필요 없소. 다 알면서 그러오."

"로체스터 씨, 저는 받기로 되어 있는 돈보다 더 많이 받을 수 없어요."

로체스터 씨는 처음에 눈살을 찌푸렸고, 그런 다음 뭔가를 기억해 낸 듯이 보였다.

"맞아! 맞아! 지금 선생에게 많이 주지 않는 것이 더 낫겠소. 만약 선생이 50파운드를 갖는다면, 선생은 석 달 동안 떠나 있을지도 몰라! 여기, 10파운드 가져가요. 그거면 충분하오?"

"네, 로체스터 씨. 하지만 이제 저에게 5파운드 빚지신 거예요."

"그럼 그것을 받기 위해서라도 돌아오시오. 잘 다녀오시오, 제인."

나는 5월 1일에 게이츠헤드에 도착했다. 쓸쓸함과 애도감이 총체적인 감정으로 그 장소를 채우고 있었다. 나는 내 사촌들인 일라이자와 조지아나를 보았다. 일라이자는 아주 수수해 보였고 그녀가 수녀원에 들어갈 계획이라고 들었다. 내가 언제나 아름답다고 기억했던 조지아나는 이제 완전히 성장했고 전처럼 아름다웠다. 두 자매는 서로 말을 많이 하지 않았다. 일라이자가 한 청년과 눈이 맞아 달아나려는 조지아나의 계획을 망쳐 놓은 이래로 그들은 사이가 좋지 않은 것이 분명했다.

짐을 푼 후, 나는 리드 외숙모의 방으로 안내되었다.

---

chuckle over ~에 대해 킬킬대며 웃다 **scantiness** 모자람, 부족 **due** 응당 받아야 할 **convent** 수녀원 **elope** 눈이 맞아 달아나다 **unpack** (짐을) 풀다, 끄르다

"Who's there?"

"It's me, Jane Eyre," I said.

"Come closer, Jane Eyre," she said. She turned slowly and lifelessly* to look at me. "I sent for you, because there is something I need to give you. There, on that table, is a letter. Read it."

Despite the weakness of her voice and her gaze, I could still see that the old woman hated every bone in my body. Even in her last days, she was full of hostility* and animosity* toward me.

I walked over to the table and found the letter. It read as follows:

"Madam,

Will you please send me the address of my niece, Jane Eyre, and tell me how she is? I wish to write to her and to tell her to come and live with me at Madeira. God has now blessed me with a fortune, and as I am unmarried and childless, I wish to adopt her, and to make her heir to my wealth.

"John Eyre, Madeira."

The letter was dated three years back. Mrs. Reed had not forwarded* it to me out of spite* and malice.*

"I couldn't bear the thought of you being adopted by your rich uncle, so I told him you were dead," she said. "And I really wish you had died at Lowood during the typhus outbreak.*" She began coughing* violently. "Go and get Bessie and the doctor!"

"거기 누구지?"

"저예요, 제인 에어예요." 내가 말했다.

"가까이 와라, 제인 에어." 외숙모가 말했다. 외숙모는 나를 보려고 천천히, 그리고 힘없이 몸을 돌렸다. "내가 사람을 보냈어. 너에게 줄 것이 있기 때문이야. 그 탁자 위에 편지가 한 장 있다. 읽어 봐라."

외숙모의 목소리와 시선이 약해졌음에도 불구하고, 나는 여전히 이 노부인이 내 몸의 뼛속까지 모두 다 증오한다는 것을 알 수 있었다. 심지어 삶의 마지막 나날들에서조차 외숙모는 나를 향한 적의와 악의가 가득했다.

나는 탁자로 가서 편지를 발견했다. 그 편지에는 다음과 같이 적혀 있었다.

"부인,

저에게 제 조카딸인 제인 에어의 주소를 보내 주시고, 그 아이가 어떻게 지내는지 말씀해 주시겠습니까? 저는 제인에게 편지를 쓰고 그 아이에게 저와 함께 살러 마데이라로 오라고 말하고 싶습니다. 하느님이 이제 저에게 많은 재산으로 축복을 내려주셨고, 제가 미혼에 자녀도 없기 때문에 제인을 입양하고 싶으며, 제 재산의 상속인으로 삼고 싶습니다.

마데이라에서 존 에어."

편지는 3년 전으로 거슬러 올라갔다. 리드 외숙모는 악의와 원한으로 그것을 나에게 전송하지 않았던 것이다.

"나는 네가 너의 부유한 삼촌에 의해 입양된다는 생각을 참을 수 없었어. 그래서 나는 네가 죽었다고 그에게 말했지." 외숙모가 말했다. "그리고 발진티푸스가 발발한 동안에 네가 정말로 로우드에서 죽기를 바랐어." 외숙모가 격렬하게 기침을 하기 시작했다. "가서 베시와 의사를 데려와!"

---

lifelessly 맥없이, 활기 없이 **hostility** 적의, 적대 **animosity** 반감, 적대감 **forward** 전송하다, 전달하다 **spite** 악의, 앙심 **malice** 적의, 악의 **outbreak** 발발, 돌발 **cough** 기침하다

Poor woman! She had hated me in life, and now she hated me until her last breath.

Sarah Reed died that night. The next morning, Eliza and I went to look at her. Georgiana, who had burst out into loud weeping, said she could not go. The corpse, to me, was a strange and solemn object. I stared at it with gloom and pain, yet it did not inspire* in me anything soft, sweet, or pitying.

Eliza looked at her deceased* mother calmly.

"With her constitution,* she should have lived to a good, old age. Her life was shortened by hatred and trouble."

I saw her lips tremble slightly, and she turned and left the room, and so did I. Neither of us had shed a tear.

가엾은 여인! 외숙모는 한평생 나를 증오했으며, 지금도 마지막 순간까지 나를 증오하고 있는 것이었다.

사라 리드는 그날 밤에 세상을 떠났다. 다음날 아침, 일라이자와 나는 외숙모를 보러 갔다. 갑자기 통곡을 하기 시작한 조지아나는 자기는 못 가겠다고 말했다. 나에게 있어서 그 시신은 낯설고 엄숙한 것이었다. 나는 우울한 마음과 고통으로 그 시신을 응시했으나, 그것은 나에게 부드럽고 달콤하고 가엾어 하는 아무런 마음도 불러일으키지 못했다.

일라이자는 고인이 된 어머니를 차분하게 바라보았다.

"어머니 체질이면, 건강하고 오래 사셨어야 했는데. 어머니의 삶은 증오와 고뇌로 단축된 거야."

나는 일라이자의 입술이 살짝 떨리는 것을 보았는데, 그녀는 몸을 돌려 방을 나갔고 나도 그렇게 했다. 우리 둘 중에 아무도 눈물을 흘리지 않았다.

---

inspire 불러일으키다, 고취하다 **deceased** 사망한, 고인이 된 **constitution** 체질

Chapter 22

After Mrs. Reed's death, I was obliged to stay at Gateshead as Georgiana dreaded being left alone with Eliza. I was only able to get away a month later, when Mr. Gibson, Georgiana's uncle, came and took her to London, and Eliza joined a convent in France.

On my way back to Thornfield, I anxiously* anticipated* seeing Mr. Rochester again. Yet, I was worried about what would become of me after his marriage. There was no doubt that Mr. Rochester was getting married to Blanche Ingram. During my stay at Gateshead, I had received a letter from Mrs. Fairfax, in which she told me that the guests had now left, and that Mr. Rochester had gone to London to buy a new

제22장

제인이 손필드 저택으로 돌아온다.
제인과 로체스터는 서로 다시 만나게 되어 기쁘다.
하지만 임박한 로체스터와 잉그램의 결혼 분위기에
제인은 마냥 즐거운 기분을 느낄 수 없다.

리드 외숙모가 돌아가신 후, 조지아나가 일라이자와 함께 단둘이 남겨지는 것을 두려워하는 바람에 나는 게이츠헤드에 머무르지 않을 수 없었다. 한 달 후 조지아나의 외삼촌인 깁슨 씨가 와서 그녀를 런던으로 데려가고 일라이자가 프랑스에 있는 수녀원에 들어가고 나서야 나는 겨우 떠날 수 있었다.

손필드로 돌아오는 길에, 나는 로체스터 씨를 다시 만나기를 간절히 고대했다. 그러나 로체스터 씨의 결혼 이후 내 처지가 어떻게 될 것인지에 관해서도 걱정스러웠다. 로체스터 씨가 블랑슈 잉그램과 결혼할 거라는 것은 의심할 나위가 없었다. 게이츠헤드에서 머무는 동안, 나는 페어팩스 부인에게서 편지를 받았고, 그 편지에서 그녀는 손님들이 이제 떠났고, 로체스터 씨는 새 마차를 구입하러 런던에

---

anxiously 열망하여 **anticipate** 기대하다, 고대하다

carriage—a sign of his intention* to marry. This meant that Adèle would be sent to a school to be kept out of Blanche Rochester's way,* and that meant that I would lose my job.

Walking from Millcote station to Thornfield, I was still worrying about my future, when I saw Mr. Rochester, sitting on a bench by the lane, with a book and a pencil in his hand. He saw me and waved.

"Hello!" he cried. "Jane Eyre, what have you been doing for the past month? What took you so long?"

"I have been with my aunt, sir, who is now dead."

"What a truant* you are, being absent from me for a whole month! I hope you haven't forgotten me!"

I knew there would be pleasure in meeting my master again, even though I knew that he would soon stop being my master.

"How was your trip to London, sir?" I asked, smiling.

"Ah! I suppose Mrs. Fairfax told you."

"Yes, sir. Did you find a nice carriage?"

"You have to see this carriage, Jane, and tell me if you think it'll suit Mrs. Rochester. I wish, Jane, I were as beautiful as her. Tell me now, you little fairy—can't you give me a charm to make me a handsome man?"

"That would be beyond the power of magic, sir," I said, and, in my mind, I added, "A loving eye is all the charm needed. To me you are handsome enough, and the sight of you has power beyond beauty."

갔는데, 그것은 그가 결혼할 의향이 있다는 신호라고 했다. 이는 아델이 블랑슈 로체스터를 위해 자리를 비켜 주도록 학교로 보내질 것이고, 그것은 내가 일자리를 잃을 거라는 의미였다.

밀코트 역에서 손필드로 걸어가면서 나는 여전히 나의 미래에 관해서 걱정하고 있었는데, 그때 나는 로체스터 씨가 손에 책과 연필을 들고 길가 벤치에 앉아 있는 것을 보았다. 로체스터 씨는 나를 보고 손을 흔들었다.

"안녕하시오!" 로체스터 씨가 소리쳤다. "제인 에어, 지난달에는 무엇을 하며 지내고 있었소? 왜 그렇게 오래 걸렸지?"

"이제는 돌아가신 외숙모와 함께 있었어요, 로체스터 씨."

"한 달이나 꼬박 나에게서 떨어져 있다니 무단결근자가 따로 없군! 나는 선생이 나를 잊지 않기를 바랐소!"

나는 나의 주인을 다시 만나게 되면 기쁘리라는 것을 알았다. 비록 그 주인이 곧 나의 주인이 되는 것이 중단될 것임을 알고 있더라도 말이다.

"런던으로의 여행은 어떠셨나요, 로체스터 씨?" 내가 미소를 지으며 물었다.

"아! 페어팩스 부인이 선생에게 말했나 보군."

"네, 로체스터 씨. 근사한 마차는 찾으셨어요?"

"선생이 이 마차를 봐야 하오, 제인. 그리고 그것이 로체스터 부인과 어울릴 것이라고 생각하는지 말해 주어야 하오. 내가 그녀만큼 미남이면 좋겠소만. 자, 말해 보시오, 작은 요정이시여. 나를 미남으로 만들 마법을 부려 줄 수 없소?"

"그것은 제 마법의 힘을 넘어설 거예요, 로체스터 씨." 나는 말했고, 마음속으로는 이렇게 덧붙였다. '애정이 담긴 눈이야말로 필요한 마법의 전부랍니다. 저에게 있어서 당신은 충분히 잘생겼고, 당신의 모습은 아름다움을 넘어서는 힘이 있지요.'

---

intention 의향, 의도   **keep out of one's way** ~을 피하다, ~을 위해 비켜 주다   **truant** 무단결근자

He smiled at me.

"Go up home now, Jane," he said. "You must be tired."

All I had to do now was to obey him in silence, but an impulse* held me there.

"Thank you, Mr. Rochester, for your great kindness," I, or rather something in me, said. "I am strangely glad to be with you again. And wherever you are is my home—my only home."

I walked on so fast that he would not have been able to overtake* me if he had tried. Back at the manor, I was welcomed by Mrs. Fairfax, Adèle, and the servants. I unpacked, had a quick dinner, and retired early to bed.

로체스터 씨가 나를 보고 미소를 지었다.

"이제 일어나서 집으로 가시오, 제인." 로체스터 씨가 말했다. "선생은 분명히 피곤할 테니."

이제 내가 해야 할 전부는 조용히 로체스터 씨의 말에 따르는 것이었으나, 어떤 충동이 나를 그곳에 붙들었다.

"주인님의 크나큰 친절에 대하여 감사드립니다, 로체스터 씨." 내가, 아니 내 안의 무엇인가가 말했다. "다시 로체스터 씨와 함께 있게 되어 이상하게 기쁘군요. 로체스터 씨가 계시는 곳이 어디든 제 집이에요, 제 유일한 집이죠."

로체스터 씨가 노력해도 나를 따라잡지 못하도록 나는 아주 빨리 걸었다. 저택으로 돌아와서 나는 페어팩스 부인, 아델, 그리고 하인들의 환영을 받았다. 나는 짐을 풀고, 빨리 저녁 식사를 하고, 잠자리에 들어 일찍 물러났다.

---

impulse 충동 **overtake** 따라잡다, 추월하다

Chapter 23

The next two weeks were full of bliss.* Midsummer shone over England, and the fields surrounding Thornfield were green and shorn.*

One evening, while I was on a stroll* by myself in the gardens after dinner, I noticed a familiar scent.* It did not come from shrubs or flowers. I knew the scent well, and it was Mr. Rochester's cigar.* I looked around and I listened. I could not hear any audible* steps, but the scent was increasing. I needed to flee.* Before I could get away, I saw Mr. Rochester entering the gardens. I stepped aside into the ivy recess.*

"He won't stay long," I thought. "If I sit still, he won't see me."

제23장

어느 날 밤 제인은 정원을 산책하다가
로체스터의 인기척을 느끼고 나무들 사이로 숨는다.
그러나 뜻밖에도 로체스터는 제인에게 청혼하고
제인은 기쁜 마음으로 그의 청혼을 받아들인다.

다음 2주일은 더없는 행복으로 가득했다. 한여름이 영국 전역을 비추었고, 손필드를 에워싼 들판은 푸르르고 풀들은 잘 다듬어졌다.

어느 날 저녁 식사를 마치고 정원에서 이리저리 걷고 있다가 나는 친숙한 냄새를 알아차렸다. 그것은 관목이나 꽃들에서 나오는 것이 아니었다. 나는 그 냄새를 잘 알았고, 그것은 로체스터 씨의 여송연이었다. 나는 주변을 둘러보고 귀를 기울였다. 나는 발자국 소리를 하나도 듣지 못했으나, 그 냄새는 점점 짙어지고 있었다. 나는 도망쳐야 했다. 내가 도망치기 전에 로체스터 씨가 정원으로 들어오는 것이 보였다. 나는 담쟁이덩굴이 무성한 구석진 곳으로 비켜섰다.

'로체스터 씨가 오래 있지는 않을 거야.' 나는 생각했다. '조용히 앉아 있으면 나를 못 보겠지.'

---

bliss 더없는 기쁨, 행복   **shear** 베다, 깎다   **stroll** 이리저리 거닐기, 산책   **scent** 냄새, 향내   **cigar** 여송연, 시가   **audible** 들리는, 들을 수 있는   **flee** 달아나다, 도망치다   **recess** 구석진 곳, (벽의) 움푹 들어간 곳

A great moth[*] flew past me, and alighted[*] on a plant at Mr. Rochester's foot. He bent down[*] to examine it.

"Now, he has his back toward me and he is occupied,[*]" I thought, "If I walk softly, I can slip away unnoticed.[*]"

I moved slowly without making a sound.

"Jane, come and look at this thing," he said quietly as I crossed his shadow.

I gasped[*]! I had made no noise, and he did not have eyes on the back of his head. Did this mean his shadow could feel?

I approached him.

"Look at his wings," he said. "He reminds me rather of a West Indian insect. Come, walk with me."

We walked in silence for a few minutes, and then sat down on a bench at the foot of a big chestnut tree.[*]

"If I marry Miss Ingram next month, I will be sending Adèle to school, which means that you will have to find a new job," he said. "It is a shame, as I know you have grown fond of the little one, and of Thornfield in general. Am I right?"

"Yes, sir."

"I have found you a governess position in Ireland. The pay is good, and I think you should take it."

"It is very far, sir."

커다란 나방 한 마리가 나를 지나쳐 날아갔고 로체스터 씨의 발치에 있는 어느 식물 위에 내려앉았다. 로체스터 씨는 그것을 살펴보기 위해 몸을 구부렸다.

'이제 그는 나를 향해 등을 돌리고 있고 정신이 팔려 있어.' 내가 생각했다. '조용히 걸으면, 들키지 않고 빠져나갈 수 있을 거야.'

나는 소리를 내지 않고 천천히 움직였다.

"제인, 와서 이것을 보시오." 내가 로체스터 씨의 그림자를 가로지를 때 그가 조용히 말했다.

나는 숨이 막혔다! 나는 소리를 하나도 내지 않았고, 로체스터 씨는 뒤통수에 눈이 달려 있지 않았다. 이것은 로체스터 씨의 그림자가 느낄 수 있다는 의미인가?

나는 로체스터 씨에게 다가갔다.

"이놈의 날개를 좀 보시오." 로체스터 씨가 말했다. "요 녀석은 나한테 서인도의 곤충을 상당히 생각나게 하는군. 오시오. 나랑 걸읍시다."

우리는 잠시 동안 조용히 걸었고, 그런 다음 커다란 밤나무 밑동에 있는 벤치에 앉았다.

"다음 달에 내가 잉그램 양과 결혼하면, 나는 아델을 학교에 보낼 것이고, 이는 선생이 새로운 일자리를 찾아야 할 것이라는 뜻이라오." 로체스터 씨가 말했다. "유감이오. 선생이 그 어린 것, 그리고 손필드를 전반적으로 좋아하게 된 것을 아니까 말이오. 내 말이 맞소?"

"네, 로체스터 씨."

"내가 선생을 위해 아일랜드에 있는 가정 교사 자리를 구해 놓았소. 보수는 좋고, 선생이 그 정도는 받아야 한다고 생각하오."

"아주 멀군요, 로체스터 씨."

---

moth 나방 **alight** (새 등이) 내려앉다 **bend down** 몸을 구부리다 **be occupied** 전념하다, 바쁘다 **unnoticed** 들키지 않은, 남의 주목을 끌지 않는 **gasp** 숨이 막히다 **chestnut tree** 밤나무

"I will make sure your voyage[*] is comfortable."

"I am not worried about the voyage, sir, but the distance,[*] and the sea is such a big barrier[*]...."

"From what, Jane?"

"From England and from Thornfield, and...."

"And?"

"From you, sir," I said involuntarily. "It's just too far."

"It is, you're right. And once you go, I will probably never see you again, Jane. We have been good friends, Jane, haven't we?"

"Yes, sir."

"Then, we are friends on the eve of separation. We will sit here in peace tonight, though we should never more be destined to[*] sit here together."

I could no longer hold back[*] my emotions, and I began sobbing.[*]

"Jane, why are you crying?" asked Mr. Rochester, looking sincerely[*] worried.

"I am sad to leave Thornfield. I love Thornfield, because I have lived in it a full and delightful life, at least momentarily.[*] I have not been trampled on.[*] And I met you, Mr. Rochester. And it strikes me with terror and anguish[*] to think that I will never see you again."

I stood up and turned away from him.

"Come to my side, Jane," he said. "Let us explain and understand one another."

"선생의 항해가 편안하도록 분명히 해 두겠소."

"저는 항해에 대해서는 걱정하지 않아요, 로체스터 씨. 하지만 그 거리, 그리고 바다는 너무나 큰 장벽이라서……."

"무엇으로부터, 제인?"

"영국과 손필드와 그리고……."

"그리고?"

"당신으로부터요, 로체스터 씨." 내가 부지불식간에 말했다. "그냥 너무 멀어요."

"그렇소, 선생 말이 맞소. 그리고 선생이 일단 가고 나면, 아마도 나는 선생을 다시는 보지 못할 것이오, 제인. 우리는 좋은 친구였소, 제인, 안 그렇소?"

"네, 로체스터 씨."

"그렇다면 우리는 이별 전날 밤의 친구들이군. 우리는 오늘 밤 평온하게 이곳에 앉아 있을 거요. 비록 다시는 함께 이곳에 앉아 있지 못하게 될 운명일지라도 말이오."

나는 더 이상 내 감정을 감추지 못했고, 흐느끼기 시작했다.

"제인, 왜 울고 있는 것이오?" 로체스터 씨가 진심으로 걱정스러운 듯이 바라보며 물었다.

"손필드를 떠나는 것이 슬퍼요. 저는 손필드를 사랑해요. 적어도 일시적이었지만 손필드에서 만족스럽고 즐거운 삶을 살았기 때문이에요. 저는 유린당하지도 않았어요. 그리고 당신을 만났죠, 로체스터 씨. 그리고 당신을 다시는 못 볼 거라는 생각이 두려움과 비통함으로 저를 덮치네요."

나는 일어서서 로체스터 씨에게서 돌아섰다.

"내 옆으로 오시오, 제인." 로체스터 씨가 말했다. "설명을 하고 서로의 마음을 이해해 봅시다."

---

voyage 항해, 여행 **distance** 거리 **barrier** 장벽 **be destined to** ~로 운명 지어지다 **hold back** 제지하다, 감추다 **sob** 흐느껴 울다, 흐느끼다 **sincerely** 진심으로 **momentarily** 잠시 **trample on** ~을 짓밟다, 유린하다 **anguish** 비통, 고뇌

"I will never come to your side again. I will take the job in Ireland like you said, and never return."

"But, Jane, I want to marry you."

I did not respond. I thought he was teasing* me.

"Come, Jane, come here."

"Your bride, Miss Ingram, stands between us."

He rose and came close to me.

"My bride is here," he said, drawing me near. "Jane, will you marry me?"

I was still suspicious,* so I did not answer.

"Do you doubt me, Jane?"

"Entirely.*"

"You have no faith in me?"

"None."

"You think I'm a liar?" he asked passionately.* "What love do I have for Miss Ingram? None. That you already know. What love has she for me? None. I have taken pains* to prove that. I caused a rumor to reach her that my fortune was small, and after that I presented myself* to see the result. All I received was coldness both from her and her mother. I would never marry Miss Ingram. It is you that I love. It is you—you strange, almost unearthly* thing!—I love as my own flesh.* You are poor and obscure,* and small and plain, yet it is you that I entreat* to take me as husband."

"저는 다시는 당신 옆에 가지 않을 거예요. 당신이 말씀하신 것처럼 아일랜드에서 일자리를 얻고 다시는 돌아오지 않을 거예요."

"하지만 제인, 나는 당신과 결혼하고 싶소."

나는 대답하지 않았다. 나는 로체스터 씨가 나를 놀리고 있다고 생각했다.

"오시오, 제인, 이리 와요."

"당신의 신부, 잉그램 양이 우리 사이에 서 있어요."

로체스터 씨가 일어나서 나에게 다가왔다.

"나의 신부는 여기 있소." 로체스터 씨가 나를 가까이로 끌어당기며 말했다. "제인, 나와 결혼해 주겠소?"

나는 여전히 의심하고 있었으므로 대답하지 않았다.

"나를 의심하시오, 제인?"

"완전히요."

"나에게 믿음이 없소?"

"전혀요."

"내가 거짓말쟁이라고 생각하시오?" 로체스터 씨가 격노하여 물었다. "내가 잉그램 양에게 무슨 애정이 있겠소? 전혀 없소. 당신도 이미 그것을 알잖소. 잉그램 양이 나에게 무슨 애정이 있단 말이오? 전혀 없소. 나는 그것을 입증하려고 애썼지. 나는 내 재산이 적다는 말이 잉그램 양에게 도달하도록 소문을 냈고, 그후에 그 결과를 보러 직접 나섰소. 내가 받은 것은 잉그램 양과 그녀의 어머니 두 사람 모두의 냉담함뿐이었지. 나는 잉그램 양과 절대 결혼하지 않을 것이오. 내가 사랑하는 사람은 당신이오. 이상하고, 거의 터무니없는 여자인 당신이란 말이오! 내 자신만큼 내가 사랑하는 것은 당신이오! 당신은 가난하고 사교계에 알려져 있지도 않고, 작고 수수하지만 내가 나를 남편으로 맞아 달라고 간청하는 것은 당신이오."

---

tease 괴롭히다, 놀리다   **suspicious** 의심하는   **entirely** 완전히, 전적으로   **passionately** 격노하여   **take pains** 수고하다, 애쓰다   **present oneself** 본인이 나서다   **unearthly** 비현실적인; 터무니없는   **flesh** 살   **obscure** 잘 알려져 있지 않은   **entreat** 간청하다, 탄원하다

"What! Me?" I said, somewhat excited by his incivility.* "Me, the girl who has nothing, not even a friend in the world except* you? The girl who has nothing but the shillings you have given me?"

"You, Jane, I want to have you for my own—entirely my own. Will you be mine? Say yes, quickly. Say 'Edward, I will marry you.'"

"Do you really love me? Do you sincerely want me to be your wife?"

"I do."

"Then, sir, I will marry you."

"Say Edward, my little wife!"

"Dear Edward!"

He held me tight,* close to his chest, and we stayed motionless* in the moonlight for several minutes. Then the leaves of the chestnut trees began to rustle,* and small droplets* started to fall from the sky.

"We must go in," said Mr. Rochester. "A storm's coming. I was hoping to sit here with you till the morning."

A livid,* vivid* spark* leapt* out of a cloud, and there was a crack,* a crash,* and a close rattling* peal.* The rain rushed down, and Mr. Rochester hurriedly led me up the walk, through the grounds, and into the house. We were soaking wet, and he helped me take off my shawl in the hall. He was shaking the water out of my loosened* hair when Mrs. Fairfax emerged* from her room. I did

"뭐라고요! 저라고요?" 로체스터 씨의 무례에 다소 흥분해서 내가 말했다. "아무도, 당신 외에는 세상에 친구조차 한 명 없는 여자인 저에게요? 당신이 제게 주신 돈 외에는 한 푼도 없는 여자에게 말인가요?"

"당신이오, 제인. 나는 당신을 내 사람으로, 전적으로 내 사람으로 삼고 싶소. 내 사람이 되어 주겠소? 빨리 그러겠다고 대답하시오. '에드워드, 당신과 결혼하겠어요.'라고 말하시오."

"정말로 저를 사랑하세요? 진심으로 저를 당신의 아내로 맞고 싶으신 거예요?"

"그렇소."

"그렇다면 로체스터 씨, 저는 당신과 결혼하겠어요."

"에드워드라고 하시오, 내 귀여운 아내여!"

"사랑하는 에드워드!"

로체스터 씨는 나를 자기 가슴으로 끌어당겨 꽉 껴안았으며, 우리는 달빛 속에서 몇 분 동안 움직이지 않고 그대로 있었다. 그때 밤나무의 잎들이 바스락거리기 시작했고, 작은 빗방울이 하늘에서 떨어지기 시작했다.

"들어가야겠소." 로체스터 씨가 말했다. "폭풍우가 오고 있군. 나는 아침까지 당신과 함께 이곳에 앉아 있고 싶었소."

검푸르고 눈부신 섬광이 구름 밖으로 뛰쳐나왔고, 우지직 쾅, 가까운 곳에서 우르릉 쾅쾅 천둥이 치는 소리가 들렸다. 비가 쏟아졌고, 로체스터 씨는 서둘러 나를 길로 데리고 나와 마당을 지나 집 안으로 데려갔다. 우리는 흠뻑 젖었고, 로체스터 씨는 홀에서 내가 숄을 벗는 것을 도와주었다. 로체스터 씨가 나의 헝클어진 머리카락에서 물을 털어내고 있을 때 페어팩스 부인이 자기 방에서 나왔다. 나

---

incivility 무례, 버릇없음　**except** ~을 제외하고　**tight** 꽉, 세게　**motionless** 움직이지 않는 **rustle** 바스락거리다　**droplet** 작은 물방울　**livid** 흙빛의, 검푸른　**vivid** 눈부신, 생생한　**spark** 섬광, 광채　**leap** 뛰다, 뛰어오르다　**crack** (벼락 등의) 우지끈, 우지직　**crash** 와르르, 쾅　**rattling** 달그락거리는　**peal** 큰 소리　**loosen** 헝클어진, 풀린　**emerge** 나오다, 나타나다

not see her at first, nor did Mr. Rochester. The lamp was still lit,* and the clock was about to strike twelve.

"Go and take off your wet clothes before you catch a cold," said Mr. Rochester. "And before you go, goodnight, my darling!"

He held me in his arms and kissed me repeatedly. When I looked up, on leaving his arms, I saw Mrs. Fairfax, pale, grave, and amazed. I smiled at her and ran upstairs.

"Explanation can wait," I thought.

Still, when I reached my room, I felt a pang at the idea she should even temporarily misconstrue* what she had seen. But joy soon overcame every other feeling. During the course of the stormy night, Mr. Rochester came to my door three times to ask if I was safe.

Before I left my bed in the morning, little Adèle came running in and told me that the great chestnut tree at the bottom of the orchard, under which Mr. Rochester and I had professed our love, had been struck by lightning in the night, and split down the middle.

는 처음에 부인을 보지 못했고 로체스터 씨도 마찬가지였다. 등불은 아직 밝혀져 있었고, 시계는 막 12시를 치려고 했다.

"감기 들기 전에 가서 젖은 옷을 벗어요." 로체스터 씨가 말했다. "그리고 가기 전에, 잘 자요, 내 사랑!"

로체스터 씨는 나를 품에 안고 반복해서 입맞춤을 했다. 로체스터 씨의 품에서 떨어져 위를 올려다보았을 때, 나는 창백한 얼굴에 심각하고 놀란 표정의 페어팩스 부인을 보았다. 나는 부인에게 미소를 짓고 위층으로 뛰어올라갔다.

'설명은 나중에 해도 되겠지.' 나는 생각했다.

그러나 내 방에 도착했을 때에도 나는 페어팩스 부인이 자기가 본 것을 일시적으로 오해했을 것이라는 생각에 뼈아픈 고통을 느꼈다. 그러나 기쁨이 곧 모든 다른 감정을 압도했다. 폭풍이 치던 그 밤중에 내가 무사한지 물어보러 로체스터 씨가 세 번이나 내 방문 앞에 왔다.

아침에 내가 침대에서 일어나기 전에, 어린 아델이 달려들어 와서 로체스터 씨와 내가 그 아래에서 우리의 사랑을 고백했던 과수원 아래쪽의 커다란 밤나무가 밤중에 번개에 맞아서 가운데가 두 쪽이 나 쓰러졌다고 말했다.

---

light 불을 밝히다   **misconstrue** (남의 말 등을) 오해하다

Chapter 24

I was in a blissful mood in preparation for the wedding. Nature was so gladsome* when I was happy. I opened the door and found a beggar woman and her little boy were coming up the walk, and I ran down and gave them all the money that was in my purse. Good or bad, they must share my jubilation.*

Mrs. Fairfax surprised me with a sad look, saying gravely, "Miss Eyre, will you come to breakfast?" During the meal she was quiet and cool; I ate what I could, and then I hastened upstairs. I met Adèle leaving the schoolroom.

"Where is Mr. Rochester?"

"In the apartment I just left."

제24장

언제나 자신에게 상냥했던 페어팩스 부인이
결혼 소식과 함께 냉랭한 반응을 보이자 제인은 서운하다.
또한 자신의 의사와는 무관하게 자신을 치장해 주려는
로체스터의 행동에 제인은 살짝 기분이 상한다.

나는 결혼 준비에 더없이 행복한 기분이었다. 내가 행복할 때 자연은 아주 아름다
웠다. 나는 문을 열고 한 거지 여인과 그녀의 어린 아들이 길을 올라오는 것을 발
견하고 달려 내려가 내 지갑 안에 있던 모든 돈을 그들에게 주었다. 좋은 것이든
나쁜 것이든 그들은 나의 의기양양한 기분을 나눴음에 분명하다.

페어팩스 부인이 심각하게 "에어 선생님, 아침 식사 하러 오시겠어요?"라고 말
하면서 슬픈 표정을 지어 나를 놀라게 했다. 식사 도중 부인은 조용하고 냉랭했
으며, 나는 먹을 만큼 먹고 나서 서둘러 위층으로 올라갔다. 나는 교실을 나가는
아델을 만났다.

"로체스터 씨는 어디에 계시니?"

"제가 방금 나온 방에요."

---

gladsome 기쁜, 반가운 **jubilation** 승리감, 의기양양함

I went in, and there he stood. It was not a shake of the hand that I received, but an embrace and a kiss. It seemed natural: to be so well loved by him.

"You look blooming, and pretty," said he. "Who is this little sunny-faced girl with the dimpled* cheek and rosy lips; the satin-smooth hazel* hair, and the radiant* hazel eyes?"

"It is Jane Eyre, sir."

"Soon to be Mrs. Rochester."

The feeling, the announcement, stunned* me. It was, I think, fear.

"You are so pale, Jane. Why?"

"Because you gave me a new name—Jane Rochester; it seems so strange."

I was soon dressed. I walked into the dining room and found Mrs. Fairfax reading her morning portion of Scripture*—the Lesson for the day; her Bible lay open before her, and her spectacles were upon it. Her occupation,* suspended* by Mr. Rochester's announcement, seemed now forgotten: her eyes, fixed on the blank* wall opposite,* expressed the surprise of a quiet mind stirred* by unwonted* tidings.* Seeing me, she roused herself*: she made a sort of effort to smile, and framed* a few words of congratulations*; but the smile expired,* and the sentence was abandoned,* unfinished. She put up her spectacles, shut the Bible, and pushed her chair back from the table.

나는 들어갔고, 로체스터 씨는 그곳에 서 있었다. 내가 받은 것은 악수가 아니라 포옹과 입맞춤이었다. 로체스터 씨에 의해 그렇게 멋지게 사랑을 받는 것이 당연한 것 같았다.

"활짝 피어난 것이 예뻐 보이는군." 로체스터 씨가 말했다. "보조개가 옴폭한 뺨과 장밋빛 입술, 공단처럼 부드러운 갈색 머리카락, 그리고 빛나는 갈색 눈을 지닌 이 햇살같이 빛나는 얼굴의 여자가 누구지?"

"제인 에어입니다, 로체스터 씨."

"곧 로체스터 부인이 될 테지."

그 느낌, 그 발표가 나를 아연실색하게 만들었다. 내 생각에 그것은 공포였다.

"몹시 창백하군, 제인. 왜지?"

"당신이 저에게 새로운 이름을 주셔서요. 제인 로체스터. 아주 이상한 것 같아요."

나는 곧 옷을 입었다. 나는 식당으로 들어갔고 페어팩스 부인이 성경의 오늘의 말씀 중 오전 부분을 읽고 있는 것을 보았다. 부인의 성경책은 부인 앞에 펼쳐져 있었고, 부인의 안경은 그 위에 있었다. 로체스터 씨의 발표에 의해 중단된 부인의 일상 업무는 이제 망각된 듯했다. 맞은편의 텅 빈 벽에 고정된 부인의 눈은 평소와 다른 소식으로 인하여 휘저어진 조용한 마음의 놀람을 표현했다. 나를 보았을 때, 부인은 일어났다. 부인은 미소를 짓고 몇 마디 축하의 말을 하려고 애썼으나, 미소는 사라지고 문장은 끝맺지 못한 채 중단되었다. 부인은 자신의 안경을 들고, 성경을 덮고, 탁자에서 의자를 뒤로 뺐다.

---

dimpled 보조개가 옴폭한 hazel 녹갈색의, 적갈색의 radiant 빛나는, 밝은 stun 어리벙벙하게 하다, 아연하게 하다 Scripture 성서 occupation 업무 suspend 중단하다 blank 빈 opposite 반대편의, 맞은편의 stir 휘젓다, 뒤섞다 unwonted 평소와 다른, 특이한 tiding 소식, 통지 rouse oneself 일어나다 frame 표현하다 congratulation 축하, 경하 expire 만기가 되다, 끝나다 abandon 그만두다, 단념하다

"I feel so astonished," she began, "I hardly know what to say to you, Miss Eyre. I have surely not been dreaming, have I? Sometimes I half fall asleep when I am sitting alone and fancy things that have never happened. Now, can you tell me whether it is actually true that Mr. Rochester has asked you to marry him? Don't laugh at me. But I really thought he came in here five minutes ago, and said that in a month you would be his wife."

"He has said the same thing to me," I replied.

"He has! Do you believe him? Have you accepted him?"

"Yes."

She looked at me, bewildered.

"I could never have thought it. He is a proud man; all the Rochesters were proud; and his father, at least, liked money. He, too, has always been called careful. He means to marry you?"

"He tells me so."

"I don't understand it!" she continued. "But no doubt, it is true since you say so. How it will answer, I cannot tell: I really don't know. Equality* of position and fortune is often advisable* in such cases; and there are twenty years of difference in your ages. He might almost be your father."

"Now, indeed, Mrs. Fairfax!" exclaimed I, nettled*; "he is nothing like my father! No one, who saw us together, would suppose it for an instant. Mr. Rochester looks

"나는 몹시 놀랐어요." 페어팩스 부인이 말을 시작했다. "어떻게 말해야 할지 잘 모르겠군요, 에어 선생님. 내가 꿈을 꾸고 있는 것은 분명 아닐 테지요, 그렇죠? 때때로 비몽사몽간에 혼자 앉아서 일어나지도 않은 일을 공상할 때가 있거든요. 자, 로체스터 주인님이 선생님에게 청혼했다는 것이 정말로 사실인지 말씀해 주시겠어요? 저를 비웃지는 말아 주세요. 하지만 주인님이 5분 전에 여기로 들어오셔서 한 달 후에는 선생님이 자기 아내가 될 것이라고 정말로 말씀하신 것 같아서요."

"로체스터 씨가 저에게도 같은 말씀을 하셨어요." 내가 대답했다.

"그러셨군요. 주인님 말을 믿으세요? 주인님 말을 받아들이셨나요?"

"네."

페어팩스 부인은 당혹해서 나를 쳐다보았다.

"저는 전혀 그 생각은 하지도 못했어요. 주인님은 자존심이 센 분이에요. 로체스터 집안 사람들 전체가 자존심이 세죠. 주인님의 아버님은 적어도 돈을 좋아하셨어요. 주인님 역시 언제나 신중하다는 말씀을 들으셨지요. 주인님이 선생님과 결혼하겠다고 하셨다는 말이죠?"

"그렇게 말씀하시더라고요."

"이해가 안 가는군요!" 페어팩스 부인이 말을 이었다. "하지만 선생님이 그렇다고 하시니까 의심할 나위 없이 사실인 거로군요. 그것이 어떻게 응답될까요, 저는 뭐라고 말할 수가 없네요. 정말로 모르겠어요. 이러한 경우에는 신분과 재산의 동등함이 종종 바람직한 것이니까요. 그리고 나이가 스무 살이나 차이가 나잖아요, 주인님은 거의 선생님의 아버지뻘이라고요."

"저기, 사실이에요, 페어팩스 부인!" 내가 신경질이 나서 소리쳤다. "하지만 로체스터 씨는 제 아버지와 같은 분은 아니세요! 우리가 같이 있는 것을 본 사람이라면 잠깐이라도 아무도 그렇게 생각하지 않을 거예요. 로체스터 씨는 스물다섯

---

equality 동등, 평등 **advisable** 권할 만한, 바람직한 **nettle** 화나게 하다, 짜증 나게 하다

as young, and is as young, as some men at five-and-twenty."

"Is it really for love he is going to marry you?" she asked.

I was so hurt by her coldness and skepticism* that tears rose to my eyes.

That day, I spent an hour at Millcote, and it was a somewhat harassing* time for me. Mr. Rochester obliged me to go to a certain silk warehouse*; there I was ordered to choose some dresses. I hated the business, so I begged to leave but was refused. I reduced the half-dozen dresses he wanted to buy me to two. These, however, he vowed* he would select* himself.

With anxiety, I watched his eye rove over* the gay stores: he fixed on a rich silk of the most brilliant amethyst* dye,* and a superb* pink satin. I told him in a new series of whispers, that he might as well* buy me a gold gown and a silver bonnet at once: I should certainly never venture* to wear his choice.

Glad was I to get him out of the silk warehouse, and then out of a jewelers* shop. The more he bought me, the more my cheeks burned with a sense of annoyance* and degradation.* As we entered the carriage, I sat back feverish and exhausted. I suddenly remembered something I had forgotten—the letter of my uncle, John Eyre, to Mrs. Reed: his intention to adopt me and make me his legatee.*

살 남자들처럼 젊어 보이고, 또 실제로도 젊으세요."

"주인님이 선생님과 결혼하시려는 것이 정말로 사랑 때문일까요?"페어팩스 부인이 물었다.

나는 페어팩스 부인의 냉담함과 회의론에 너무나 상처를 받아서 눈에서 눈물이 났다.

그날 나는 밀코트에서 한 시간을 보냈는데, 나에게는 다소 괴로운 시간이었다. 로체스터 씨는 나에게 특정한 비단 상점에 가라고 강요했다. 그곳에서 나는 드레스를 몇 벌 고르라고 강요받았다. 나는 그 일이 싫어서 가 보겠다고 청했으나 거절당했다. 나는 로체스터 씨가 나에게 사 주고 싶어 한 여섯 벌의 드레스를 두 벌로 줄였다. 그러나 이것들을 로체스터 씨는 자신이 직접 고르겠다고 선언했다.

걱정스럽게, 나는 로체스터 씨의 눈이 화려한 가게들을 두리번거리는 것을 지켜보았다. 로체스터 씨는 자수정 빛깔로 염색된 가장 반짝거리는 화려한 비단과 멋진 핑크색 공단에 시선을 고정시키고 있었다. 나는 로체스터 씨에게 그것은 그가 나에게 황금으로 만든 드레스와 은으로 만든 보닛을 한꺼번에 사 주는 것과 마찬가지이며, 나는 확실히 그가 고른 것을 입는 모험은 하지 않겠다고 연신 낮은 목소리로 새로이 속삭였다.

로체스터 씨를 비단 상점에서, 그런 다음 보석 상점에서 데리고 나온 것이 나는 기뻤다. 로체스터 씨가 나에게 더 많이 사 주면 사 줄수록, 내 뺨은 불쾌감과 굴욕감으로 더욱 더 달아올랐다. 우리가 마차에 들어갈 때, 나는 열이 오르고 지쳐 뒤에 앉았다. 나는 갑자기 내가 잊고 있었던 무언가, 즉 나의 삼촌 존 에어가 리드 외숙모에게 보낸 편지, 나를 입양하여 자신의 유산 수령인으로 만들려는 의도가 기억났다.

---

skepticism 회의, 회의론 **harassing** 괴롭히는, 귀찮게 구는 **warehouse** 도매점, 큰 상점 **vow** 맹세하다, 선언하다 **select** 고르다, 선택하다 **rove over** 두리번거리다 **amethyst** 자주색 , 자수정 **dye** 염료, 색제 **superb** 훌륭한, 멋진 **might as well** ~하는 편이 낫다 **venture** 과감히 ~하다 **jeweler** 보석 세공인 **annoyance** 성가심, 불쾌감 **degradation** 비하, 수모 **legatee** 유산 수령인

"It would, indeed, be a relief, if I had enough financial independence not be dressed like a doll by Mr. Rochester," I thought. "I will write to Madeira the moment I get home, and tell my uncle John I am going to be married, and to whom."

And somewhat relieved by this idea, I ventured once more to meet my master's and lover's eye, which also sought mine, though I averted* both face and gaze. He smiled, and I thought his smile was such as a sultan* might, in a blissful and fond moment, bestow* on a slave his gold and gems had enriched.

"You don't need to look at me like that," I said. "If you do, I'll wear nothing but my old Lowood frocks* until I die. I'll be married in this lilac* gingham.*"

He chuckled and rubbed his hands.

"I only want an ease of mind, sir. I don't want to be crushed by crowded obligations.* Do you remember what you said of Céline Varens: of the diamonds, the cashmeres you gave her? I will not be your English Céline Varens. I shall continue to act as Adèle's governess. I will work hard to earn my board* and lodging,* and thirty pounds a year. I'll furnish* my own wardrobe out of that money, and you shall give me nothing but your regard."

"Well, for cool native impudence* and pure innate* pride, you haven't your equal," said he.

We approached Thornfield.

'만약 나에게 로체스터 씨에게 인형처럼 옷을 얻어 입지 않아도 될 만큼 재정적 독립성이 충분히 있다면 정말 위안이 될 거야.' 나는 생각했다. '집에 도착하자마자 마데이라로 편지를 써야지. 그리고 존 삼촌께 내가 결혼할 것이고, 누구와 결혼하는지 말씀드릴 거야.'

그리고 이러한 생각으로 다소 위안을 얻자, 나는 한 번 더 나의 주인이자 나의 연인의 눈을, 또한 내 눈을 찾고 있기도 한 그 눈과 대담하게 시선을 마주치려고 했지만, 결국 얼굴과 시선 둘 다를 외면하고 말았다. 로체스터 씨는 미소를 지었고, 나는 그의 미소가 술탄이 정말로 기분이 좋은 순간에 한 노예에게 자신의 황금과 보석을 수여하여 부자로 만들어 줄 때의 그런 미소라고 생각했다.

"그렇게 나를 보실 필요는 없어요." 내가 말했다. "만약 그렇게 보신다면, 저는 죽을 때까지 로우드에서 입었던 저의 낡은 원피스 외에는 아무것도 입지 않겠어요. 저는 이 엷은 자색 깅엄 옷을 입고 결혼할 거예요."

로체스터 씨는 킬킬대며 웃고 손을 비볐다.

"저는 마음의 평안만 바랄 뿐이에요, 로체스터 씨. 저는 치대는 의무에 의해 뭉개지고 싶지는 않아요. 셀린느 바랭에 관해 말씀하셨던 것을 기억하세요? 당신이 그녀에게 주었던 다이아몬드와 캐시미어를 말이에요. 저는 당신의 영국인 셀린느 바랭이 되지는 않을 거예요. 저는 계속해서 아델의 가정 교사로 처신할 거예요. 저는 제 식비와 숙박비, 그리고 일 년에 30파운드를 벌기 위해 열심히 일할 거예요. 저는 그 돈으로 제 자신의 옷장을 채울 것이고, 당신은 저에게 당신의 관심 외에는 아무것도 주시면 안 돼요."

"자, 본연의 쌀쌀맞은 건방짐과 타고난 순수한 오만함에 있어서 당신에게 대적할 사람은 없을 것이오." 로체스터 씨가 말했다.

우리는 손필드에 다가갔다.

---

avert 외면하다　**sultan** 술탄(이슬람교국의 왕)　**bestow** 수여하다　**frock** 파티용 드레스　**lilac** 엷은 자색의　**gingham** 깅엄　**obligation** 의무, 구속　**board** 식대, 식비　**lodging** 숙박　**furnish** 공급하다, 제공하다　**impudence** 뻔뻔스러움, 몰염치　**innate** 타고난, 선천적인

Chapter 25

The night before my wedding, I went for a walk in the orchard. I was feeling restless because Mr. Rochester had been away from Thornfield for a few days. I was looking at the chestnut tree that had been split by lightning when Mr. Rochester ran into the garden.

"You're back!" I said.

I sprang up before him, and he kissed me.

"Why are you out here at this late hour, Jane?"

"I thought you'd never come, and I could not bear to wait in the house for you, especially with this rain and wind."

"But look at you! You are dripping like a mermaid.* Put my cloak on. I think you are feverish, Jane. Both

제25장

결혼식 전날 밤, 제인은 잠결에 이상한 소리를 듣고
정상적인 사람이라고 하기에는 다소 이상한 희끄무레한 형상을 본다.
급기야 이 사람이 자신의 웨딩드레스의 베일을 찢자
제인은 알 수 없는 두려운 감정에 사로잡힌다.

나의 결혼식 전날 밤, 나는 과수원으로 산책을 갔다. 나는 불안한 기분이었는데,
로체스터 씨가 며칠 동안 손필드를 떠나 있었기 때문이었다. 나는 로체스터 씨가
정원으로 뛰어 들어왔을 때 번개에 의해 쪼개진 밤나무를 보고 있었다.

"돌아오셨군요!" 내가 말했다.

나는 로체스터 씨 앞에서 깡충 뛰었고, 그는 나에게 입맞춤을 했다.

"이렇게 늦은 시간에 왜 여기에 나와 있는 것이오, 제인?"

"당신이 다시는 안 오실 것 같았고, 특히 이렇게 비가 오고 바람이 부는데 집
안에서 당신을 기다리는 것은 참을 수 없었어요."

"하지만 당신을 보시오! 당신은 인어처럼 물을 뚝뚝 흘리고 있소. 내 외투를 입
으시오. 내 생각에 당신은 열이 있는 것 같구려, 제인. 당신의 뺨과 손이 둘 다 타

your cheek and hand are burning hot. Is something wrong? Did something happen while I was away?"

I proceeded to tell him about the strange events that had occurred in his absence. The preceding* evening, my wedding dress had arrived, and underneath* it was an expensive veil. It was a gift for me from Mr. Rochester. In the night, I had a strange dream, in which a little child cried in my arms as I tried to make my way toward Mr. Rochester on a long, winding* road.

Mr. Rochester dismissed* the dream as insignificant,* so I proceeded to tell him about the second dream that I had. In this dream, I was holding a baby on my lap, then I lost my balance,* and the child fell from my lap.

"That dream is also insignificant," said Mr. Rochester. "It's just a dream."

"But sir, it is what happened after I woke up from the second dream that is of importance," I said. "On waking, a gleam dazzled* my eyes. At first, I thought it was the morning. But I was mistaken; it was only candlelight. Sophie, I supposed, had come in. There was a light in the closet. The door of the closet, where, before going to bed, I had hung my wedding dress and veil, stood open. I heard a rustling there. 'Sophie, what are you doing?' I said. No one answered. Then, a woman emerged from the closet! 'Sophie! Sophie!' I again cried. There was still no answer. I had risen up in bed, and I bent forward. And then my blood crept* cold through my veins.* Mr.

는 듯이 뜨겁소. 뭐가 잘못되었소? 내가 나가 있는 동안 무슨 일이 있었소?"

나는 로체스터 씨의 부재 중 일어났던 이상한 사건들에 대해 그에게 이야기하기 시작했다. 전날 저녁, 나의 웨딩드레스가 도착했고, 그 아래에는 비싼 베일이 있었다. 그것은 로체스터 씨가 보낸 나를 위한 선물이었다. 밤중에 나는 이상한 꿈을 꾸었는데, 그 꿈속에서 내가 로체스터 씨를 향해 길고 구불구불한 길을 가고 있을 때 어린아이 하나가 내 품안에서 울었다.

로체스터 씨는 그 꿈을 대수롭지 않게 일축했으므로 나는 내가 두 번째 꾼 꿈에 대해서 말하기 시작했다. 이 꿈에서 나는 내 무릎에 아기를 안고 있다가 균형을 잃었고, 그 아이는 내 무릎 위에서 떨어지고 말았다.

"그 꿈 역시 별거 아니오." 로체스터 씨가 말했다. "단지 꿈일 뿐이오."

"하지만요, 로체스터 씨. 중요한 것은 제가 두 번째 꿈에서 깨어난 후에 일어났던 일이었어요." 내가 말했다. "깨어나자마자 어스레한 빛이 제 눈을 부시게 했어요. 처음에 저는 아침이라고 생각했어요. 하지만 제가 틀렸죠. 그것은 촛불일 뿐이었어요. 제 생각에는 소피가 들어왔던 거예요. 벽장 속에 불빛이 있었어요. 침대에 들기 전에 제 웨딩드레스와 베일을 걸어 둔 벽장의 문은 열려 있었어요. 그곳에서 부스럭거리는 소리를 들었죠. '소피, 뭐 하고 있는 거예요?'라고 제가 말했어요. 아무도 대답하지 않았어요. 그때 한 여자가 벽장 속에서 나타났어요! '소피! 소피!' 제가 다시 소리쳤어요. 여전히 대답이 없었죠. 저는 침대에서 일어났고, 앞으로 몸을 숙였어요. 그런 다음 피가 싸늘하게 식은 채 제 혈관을 타고 흘렀어요.

---

preceding 앞선, 이전의   **underneath** ~ 아래에   **winding** 구불구불한   **dismiss** 묵살하다, 일축하다   **insignificant** 대수롭지 않은, 하찮은   **lose one's balance** 중심을 잃다, 균형감을 상실하다   **dazzle** 눈부시게 빛나다   **creep** 스멀스멀 피어오르다   **vein** 혈관

Rochester, this was not Sophie, it was not Leah, and it was not Mrs. Fairfax. And it was not even that strange woman, Grace Poole!"

"It must have been one of them," interrupted my master.

"No, sir, it wasn't. I had never seen the woman before! She was tall and large, with thick and dark hair hanging long down her back. I don't know exactly what she was wearing. It was white and straight; but whether it was a gown, sheet, or shroud,* I could not tell. She suddenly grabbed my veil and tore it in two!"

"I assure you, Jane, that it was Grace Poole. She's the only person in the house capable of such madness. I will give you a full explanation of the strange relationship she has with Thornfield, but only after we've been married for a year. Now, let us go back and get some sleep."

"Yes, sir."

"You look nervous. There's enough room for you to sleep with Adèle in her room. Go and sleep with her tonight, Jane. And remember to lock the door from the inside. I hope you will not dream of separation and sorrow tonight, but of happy love and blissful union."

로체스터 씨, 이 사람은 소피가 아니었고, 레어도 아니었고, 페어팩스 부인도 아니었어요. 그리고 그것은 심지어 그 이상한 여자 그레이스 풀도 아니었어요!"

"분명 그들 중 한 사람이었을 것이오." 나의 주인이 끼어들어 말했다.

"아니요, 로체스터 씨. 아니었어요. 저는 전에 그 여자를 본 적이 없었어요! 그녀는 숱이 많고 짙은 머리카락을 등 뒤로 길게 내려뜨리고 있었고 키가 크고 몸집이 컸어요. 그 여자가 무엇을 입고 있었는지는 정확히 모르겠어요. 그것은 흰색이고 일자형이었으나, 그것이 드레스였는지 시트였는지 수의였는지 저는 분간할 수가 없었어요. 그녀는 갑자기 제 베일을 붙잡고 그것을 둘로 찢어 버렸어요."

"확실하오, 제인. 그것은 그레이스 풀이었을 것이오. 그레이스 풀은 집 안에서 그런 미친 짓을 할 수 있는 유일한 사람이오. 그레이스 풀이 손필드와 맺고 있는 이상한 관계에 대해 빠짐없이 설명해 주겠지만, 우리가 결혼하고 나서 1년만 있다가 그러겠소. 이제 돌아가서 잠을 좀 자 두어요."

"네, 로체스터 씨."

"불안해 보이는군. 아델의 방에는 아델과 같이 잘 충분한 공간이 있소. 가서 오늘 밤은 아델과 함께 주무시오, 제인. 그리고 안에서 문을 잠그는 것을 잊지 마시오. 오늘 밤에는 이별과 슬픔의 꿈을 꾸지 말고 행복한 사랑과 더없이 기쁜 결혼의 꿈을 꾸기를 바라오."

---

shroud 수의

Chapter 26

I hope, dear reader, that you will forgive the brief manner in which I narrate the events of the next day. Even in hindsight,* it is too painful to describe them in detail.

The next day was supposed to be the happiest day of my life, but it turned out to be the exact opposite. Sophie helped me dress for the wedding, and once I was ready, Mr. Rochester and I walked to the church. As we approached the church, I noticed a pair of strange-looking men reading the headstones* in the churchyard* cemetery.* We waited until all our guests had entered the church before entering ourselves, and I noticed that the two strangers were also present.

제26장

결혼식이 시작되는 순간 결혼에 반대하는 이가 나타난다.
그와 동시에 로체스터의 숨겨진 아내의 존재가 드러나고
제인을 비롯한 모든 이가 적잖이 당혹한다.

나는 친애하는 독자 여러분들이 다음 날의 사건들을 간단하게 이야기하는 방식
을 용서해 주기 바란다. 심지어 지나간 다음에 생각해 봐도 그 이야기를 상세히
설명하기가 너무나도 고통스럽다.

다음 날은 내 생애의 가장 행복한 날이 될 것으로 생각되었으나, 정확히 그 반
대로 판명되었다. 소피는 내가 결혼식을 위한 드레스를 입는 것을 도와주었고, 일
단 내가 준비가 되자 로체스터 씨와 나는 교회로 갔다. 우리가 교회로 다가갔을
때, 나는 두 명의 낯선 사람이 교회 공동묘지에서 묘비를 읽고 있는 것을 알아차
렸다. 우리는 우리가 들어가기 전에 우리의 모든 하객들이 교회에 들어갈 때까지
기다렸으며, 두 명의 낯선 사람들 역시 참석한 것을 나는 눈치챘다.

---

in hindsight 지나고 나서 보니까 **headstone** 묘비 **churchyard** 교회의 뜰, 경내 **cemetery**
공동묘지

I was elated* throughout the whole ceremony, up to the point when the priest asked if anyone objected* to the ceremony. Then the nightmare began.

"I object!" said a man's voice. I turned around and saw that it was one of the strangers I had seen in the cemetery. "This marriage cannot go on," he added.

Mr. Rochester, though he tried to hide it, was taken aback.* He attempted to ignore the interruption* and to proceed with the ceremony, but the stranger did not allow him.

"Rochester is already married," said he. "His wife is a Creole* woman whom Rochester wed fifteen years ago in Jamaica! My name is Mr. Briggs, and I am a solicitor* from London. Here, I have a signed letter from Richard Mason, affirming* that Rochester is married to Mason's sister, Bertha Mason."

At this point, Mr. Mason himself stepped forward to corroborate the story. Mr. Rochester let out a loud, inarticulate* cry. I looked at him intensely.*

"Is this true, sir?" I asked.

"Yes," he replied, unable to look me in the eye. He turned to the guests. "I have a wife. She is still alive, and in marrying Jane I would have been knowingly* taking a second wife."

It turned out that no one in the community* knew of his wife because she was mad, and Mr. Rochester had kept her locked away under the care of Grace Poole.

나는 목사님이 결혼식에 반대하는 사람이 있는지 물어본 그 순간까지 결혼식 내내 마냥 행복했다. 그때 악몽이 시작되었다.

"저는 반대합니다!" 어떤 남자의 목소리가 말했다. 나는 몸을 돌려 그것이 내가 공동묘지에서 보았던 낯선 사람들 중 한 명이라는 것을 알았다. "이 결혼은 진행될 수 없습니다." 그가 덧붙였다.

로체스터 씨는, 비록 당혹한 기색을 감추려고 했지만, 크게 당혹했다. 로체스터 씨는 방해를 무시하고 결혼식을 속행하려고 시도했지만, 그 낯선 사람은 그가 그렇게 하는 것을 용납하지 않았다.

"로체스터 씨는 이미 결혼했습니다." 그가 말했다. "로체스터 씨의 아내는 그가 15년 전에 자메이카에서 결혼한 크리올 여자입니다! 제 이름은 브릭스이며, 런던에서 온 사무 변호사입니다. 여기 로체스터 씨가 메이슨 씨의 여동생 버사 메이슨과 결혼했다는 것을 확인해 주는, 메이슨 씨가 서명한 리처드 메이슨 씨의 편지가 있습니다."

이때 메이슨 씨가 직접 그 이야기를 입증하기 위해서 앞으로 걸어 나왔다. 로체스터 씨는 크면서도 알아들을 수 없는 비명을 내질렀다. 나는 주의 깊게 로체스터 씨를 바라보았다.

"이것이 사실이에요, 로체스터 씨?" 내가 물었다.

"그렇소." 로체스터 씨가 내 눈을 똑바로 바라보지 못하고 대답했다. 로체스터 씨는 하객들에게 몸을 돌렸다. "나에게는 아내가 있습니다. 아내는 아직 살아 있고, 제인과 결혼하면 저는 알면서도 두 번째 아내를 맞게 되는 것일 겁니다."

그 지역 사회에 사는 누구도 로체스터 씨의 아내에 대해 알지 못하는 것으로 판명되었는데, 그녀가 미쳤고 로체스터 씨가 그녀를 그레이스 풀의 간호를 받는 상태로 가두어 두었기 때문이었다.

---

elated 마냥 행복한 **object** 반대하다, 이의를 제기하다 **be taken aback** 크게 당황하다, 깜짝 놀라다 **interruption** 중단, 방해 **Creole** 크리올 사람 **solicitor** 사무 변호사 **affirm** 확인하다 **inarticulate** 불분명한, (생각·감정 등을) 제대로 표현하지 못하는 **intensely** 주의 깊게 **knowingly** 다 알고도, 고의로 **community** 지역 사회, 공동체

"But I promise you all, Jane is completely ignorant of* Bertha's existence,'" he continued. "Now, I want you all to come to Thornfield to see her, so that you may understand what impelled* me to my present course of action."

The whole congregation walked together to Thornfield. There, we all climbed up to the third floor. Mr. Rochester pointed to the room where he said that Bertha had bit and stabbed her brother, and we all walked in. Then he lifted a tapestry* to uncover* a second door. Inside the hidden room was Bertha Mason, under the care of Grace Poole. She was in the deep shade, at the farther end of the room, running backward and forward.*

At first I could not tell whether she was a beast* or a human being: she groveled* on all fours; she snatched and growled* like some strange wild animal. Yet she was covered with clothing, grizzled* hair, wild as a mane.* It was difficult to see her face through all the hair. Suddenly, she jumped onto Mr. Rochester and tried to strangle* him.

"This is the only conjugal* embrace I have ever had," he said, fighting off Bertha.

I could not take anymore. I left the room, and Mr. Mason and Mr. Briggs followed.

Mr. Briggs went on to tell me that he had learned of Mr. Rochester's intention to marry me via* a letter from

"하지만 여러분 모두에게 약속합니다. 제인은 버사의 존재를 완전히 몰랐습니다." 로체스터 씨가 말을 이었다. "이제 무엇이 저에게 현재의 행동을 하도록 하게 했는지 이해하실 수 있도록 여러분 모두가 손필드로 와서 그녀를 보시기 바랍니다."

모여 있던 사람들 전체는 함께 손필드로 갔다. 그곳에서 우리는 모두 3층으로 올라갔다. 로체스터 씨는 버사가 자기 오빠를 물고 찔렀다고 말한 방을 가리켰으며, 우리는 모두 안으로 들어갔다. 그런 다음 두 번째 문을 드러내려고 태피스트리를 들어올렸다. 숨겨진 방 안에는 그레이스 풀의 간호를 받고 있는 버사 메이슨이 있었다. 버사는 방의 맨 끝에 있는 깊은 그늘 속에 있었고, 이리저리 달리고 있었다.

처음에 나는 그녀가 짐승인지 아니면 사람인지 분간할 수가 없었다. 그녀는 네 발로 기어다녔고, 어떤 이상한 야생동물처럼 할퀴고 으르렁거렸다. 그러나 그녀는 옷, 그리고 사자의 갈기처럼 제멋대로인 반백의 머리카락으로 덮여 있었다. 그 머리카락을 헤치고 그녀의 얼굴을 보는 것은 어려웠다. 갑자기 그녀는 로체스터 씨에게 달려들어 그의 목을 조르려고 했다.

"이것이 내가 가져 본 유일한 부부 간의 포옹이요." 로체스터 씨가 버사를 떼어 내며 말했다.

나는 더 이상 참을 수 없었다. 나는 방을 떠났고 메이슨 씨와 브릭스 씨가 따라 나왔다.

브릭스 씨는 자신이 나의 삼촌 존 에어가 메이슨 씨에게 쓴 편지를 통해 나와 결혼하려는 로체스터 씨의 의도에 대해 알게 되었다고 계속해서 말했다. 두 사람

---

be ignorant of ~을 알지 못하다   **existence** 존재, 실재   **impel** ~해야만 하게 하다   **tapestry** 태피스트리   **uncover** 덮개를 벗기다   **backward and forward** 앞뒤로, 이리저리   **beast** 짐승   **grovel** 기어다니다   **growl** 으르렁거리다   **grizzled** 회색의, 반백의   **mane** 길고 숱 많은 머리털, (사자의) 갈기   **strangle** (목을) 조르다, 죄다   **conjugal** 부부, 부부 관계의   **via** ~을 경유하여

my uncle, John Eyre, to Mr. Mason. It turned out that the two men were acquaintances,[*] and Mr. Mason had stopped in Madeira on his way back to Jamaica when my uncle received my letter. My uncle could not come himself because he was on his deathbed, so he had asked Mr. Mason to hurry to England to save me.

After the wedding crowd dispersed,[*] I locked myself in my room and plunged into[*] an inexpressible[*] grief.

은 아는 사이였으며, 삼촌이 내 편지를 받았을 때 메이슨 씨가 자메이카로 돌아가는 길에 마데이라에 들렀다는 것이 밝혀졌다. 나의 삼촌은 임종의 침상에 누워 있어서 직접 올 수가 없었으므로 메이슨 씨에게 서둘러 영국으로 가서 나를 구해 주라고 부탁했던 것이었다.

결혼식 하객들이 뿔뿔이 흩어진 후, 나는 내 방에 들어가 문을 걸어 잠갔고 이루 말할 수 없는 슬픔에 잠겼다.

---

acquaintance 아는 사람   **disperse** 흩어지다, 해산시키다   **plunge into** ~로 뛰어들다
inexpressible 말로 표현할 수 없는, 이루 말할 수 없는

Chapter 27

"You come out at last," said Mr. Rochester as I walked out of the room in the afternoon. He was sitting on a chair he had placed outside my door. "Jane, I never meant to hurt you like this. Will you ever forgive me?"

I forgave him at that very moment, but I said nothing.

"Do you not love me anymore?" he asked.

"I do love you, probably more now than ever before," I said. "But I must not show or indulge* the feeling. This is the last time I will ever express it. As long as your wife lives, I will always be your mistress. I cannot allow that."

"I cannot live without you, Jane," he said, breaking my heart. "I know what we can do. I have a place in the south of France. We can go there, never to come back,

제27장

로체스터는 제인에게 자신의 불행한 과거를 들려주고
제인은 그를 동정하는 마음이 깊어진다.
하지만 현실을 받아들일 수 없었던 제인은
밤을 틈타 손필드에서 도망치듯 나온다.

"마침내 나왔구려." 오후에 내가 방에서 나왔을 때 로체스터 씨가 말했다. 로체스터 씨는 내 방문 바깥쪽에 둔 의자에 앉아 있었다. "제인, 나는 당신을 이렇게 마음 아프게 할 생각이 없었소. 나를 용서해 주겠소?"

나는 바로 그 순간 그를 용서했지만, 아무 말도 하지 않았다.

"나를 더 이상 사랑하지 않소?" 로체스터 씨가 물었다.

"저는 당신을 정말로 사랑해요. 아마 전보다도 지금 더 그럴 거예요." 내가 말했다. "하지만 그러한 감정을 보이거나 그러한 감정에 빠져들 수는 없어요. 이번이 그 감정을 표현할 마지막 시간이 될 거예요. 당신의 아내가 살아 있는 한, 저는 언제나 당신의 정부일 거예요. 저는 그것을 용납할 수 없어요."

"나는 당신 없이는 살 수 없소, 제인." 로체스터 씨가 나의 마음을 부수어 놓으며 말했다. "우리가 어떻게 해야 하면 되는지 나는 알고 있소. 나에게는 프랑스 남부에 집이 있소. 우리는 그곳으로 가서 다시는 돌아오지 않고, 함께 행복하게 살

---

indulge 빠지다, 탐닉하다

and live happily together. There, on the shores of the Mediterranean,* you shall live a happy, and guarded, and most innocent* life."

His voice and hand quivered.*

"Sir, I would love to live with you, whether it be here or in France, or anywhere else, for that matter.* But like I said, I cannot be with you while you're still married to another woman."

"Jane, if I tell you why I don't consider myself married, will you listen to me?"

"Yes, sir."

"Do you know that I had an older brother and an avaricious* father?"

"Yes."

"Well, Jane, my father could not bear the idea of dividing his estate and leaving me a portion of it. All of it, he resolved,* was to go to my brother, Rowland. Yet he could not endure* having a poor son, so he decided to make me marry into money. Mr. Mason, a West India planter* and merchant, was his old acquaintance. My father was certain his possessions* were real and vast. Mr. Mason, he found, had a son and daughter, and he learned from him that he would give the latter a fortune of thirty thousand pounds. When I left college, I was sent to Jamaica to meet and marry Mr. Mason's daughter. I found her a fine woman. She was tall, dark, and majestic. Her family wished to secure* me because

면 되는 것이오. 그곳 지중해 연안의 해안가에서, 당신은 행복하고 보호받고 가장 순결한 삶을 살 수 있소."

로체스터 씨의 목소리와 손은 떨렸다.

"로체스터 씨, 그 일을 말할 것 같으면 이곳에서건 프랑스에서건, 혹은 다른 어느 곳에서건 저는 당신과 함께 살고 싶어요. 하지만 제가 말씀드린 바와 같이, 당신이 여전히 다른 여자와 결혼한 상태에서는 저는 당신과 함께 살 수 없어요."

"제인, 만약 내가 나 자신이 결혼한 상황을 왜 염두에 두지 않는지 이유를 말해준다면 내 말을 들어줄 테요?"

"네, 로체스터 씨."

"나에게 형과 탐욕스러운 부친이 있었다는 것을 알고 있소?"

"네."

"자, 제인, 나의 부친은 자기 재산을 나누어 그것의 일부를 내 몫으로 남겨 둔다는 생각을 견디지 못하셨소. 부친은 전 재산이 나의 형 롤랜드에게 가는 것으로 결정을 내리셨소. 하지만 가난한 아들을 두는 것은 견딜 수 없어서 나를 돈과 결혼시키기로 결정하셨지. 서인도의 농장주이자 상인인 메이슨 씨는 부친의 오랜 지인이었소. 나의 부친은 메이슨 씨의 재산이 실재하고 막대하다고 확신하셨지. 아버지는 메이슨 씨가 아들 하나와 딸 하나를 두고 있었다는 것을 알았고, 그분으로부터 그분이 딸에게 3만 파운드를 주려고 한다는 것을 알게 되었소. 대학을 졸업했을 때, 나는 메이슨 씨의 딸과 만나 결혼하도록 자메이카로 보내졌소. 나는 그녀가 아름다운 여자라는 것을 알았소. 그녀는 키가 크고 가무잡잡하고 당당했지. 내가 영국인이었기 때문에 그녀의 가족은 나를 차지하기를 원했고 그녀 역

Mediterranean 지중해의, 지중해 연안의 **innocent** 순결한, 결백한 **quiver** 떨리다 **for that matter** 그 문제에 대해서는, 그 문제라면 **avaricious** 탐욕스러운, 욕심 많은 **resolve** 결심하다 **endure** 견디다, 인내하다 **planter** 농장주, 재배자 **possessions** 소유물, 재산 **secure** 확보하다

they liked that I was English, and so did she. I did not even know her, and I certainly did not love her, but I was young and impressionable,* and I married her. I had never met my bride's mother because I was told she was dead. After the honeymoon, however, I learned that she was alive. She was mad, and shut up in a lunatic asylum.* Bertha had a younger brother, too, who was a mute* idiot.* Her older brother, whom you have seen, will probably be in the same state one day. My father and my brother Rowland knew all this, but they kept it from me because they were only interested in the thirty thousand pounds. Bertha soon revealed* herself to be coarse,* perverse,* and prone* to violent outbreaks of temper* and unhealthy indulgences.* These excesses* only hastened the approach of what had been lurking* on her horizon* already: absolute* madness.*

"By this time, my father and brother had died, so I found myself all alone with a maniacal* wife and a huge fortune. I seriously considered killing myself, but returned to England instead. I decided to place Bertha at Thornfield Hall in safety and comfort, and shelter her degradation* with secrecy, and ultimately* leave her.

"Luckily, my father and brother had not made my marriage known to their acquaintances. I then drifted around Europe from one city to the next, always in search of a woman to love. When I was met with disappointment, I sank into debauchery. I was always

시 그랬소. 나는 그녀를 알지도 못했고, 분명히 그녀를 사랑하지도 않았지만, 나는 젊었고 아직 어려서 남의 말을 잘 들었으므로 그녀와 결혼했소. 나는 장모님은 만나지 못했는데, 그분이 돌아가셨다고 들었기 때문이었소. 하지만 신혼여행 후, 나는 장모님이 생존해 계시다는 것을 알게 되었소. 그분은 미쳤고, 정신병원에 갇혀 있었소. 버사에게는 어린 남동생도 한 명 있었는데, 그 아이는 벙어리에다가 바보였소. 당신도 본 적이 있는 그녀의 오빠는 아마도 언젠가는 같은 상태가 될 것이오. 나의 부친과 형 롤랜드는 이 모든 것을 알았지만, 오로지 3만 파운드에만 관심이 있었기 때문에 나에게는 그 사실을 숨겼소. 버사는 곧 그녀 자신이 조악하고 괴팍하며 폭력적인 성격을 폭발시키고 불건전한 탐닉에 빠지기 쉽다는 것을 드러냈지. 이러한 도를 넘는 행위들은 이미 임박한 채 그녀 안에 도사리고 있던 것, 즉 절대적인 광기의 도달을 재촉할 뿐이었소.

이 무렵, 나의 부친과 형이 세상을 떠나서 내가 미친 아내와 막대한 재산을 가지고 완전히 홀로 남았다는 것을 알게 되었소. 나는 자살을 심각하게 고려했지만, 대신에 영국으로 돌아왔소. 나는 버사를 손필드 저택에 안전하고 편안하게 두고, 몰래 그녀의 퇴보를 숨긴 채 궁극적으로 그녀를 떠나기로 결심했소.

다행히도, 나의 부친과 형은 나의 결혼을 자신들의 지인들에게는 알리지 않았소. 그러고 나서 나는 언제나 사랑할 여인을 찾아서 이 도시에서 저 도시로 유럽 전역을 떠돌았소. 실망과 마주할 때면, 나는 방탕에 빠져들었소. 나는 언제나 내

---

impressionable (어려서) 쉽게 외부의 영향을 받는 **lunatic asylum** 정신 병원, 정신병을 가진 사람들을 수용하는 시설 **mute** 무언의, 벙어리의 **idiot** 얼간이, 바보 **reveal** 드러내다 **coarse** 조잡한, 조악한 **perverse** (사고방식이나 태도가) 비뚤어진, 괴팍한 **prone** (좋지 않은 일을) 당하기 쉬운 **temper** 기질, 성질 **indulgence** 사치, 도락 **excess** 도를 넘는 행위 **lurk** (불쾌한 일 등이) 도사리다 **on one's horizon** 임박한, 분명해지고 있는 **absolute** 절대적인 **madness** 광기, 광란 **maniacal** 광적인, 미친 듯한 **degradation** 퇴보 **ultimately** 마침내, 궁극적으로

disappointed with my mistresses, because they were always the next worse thing to buying a slave."

He paused for a second.

"Sir?" I asked. "So what did you do next?"

"I came back to England. And on a frosty* winter afternoon, I was riding back to Thornfield when I fell off my horse, and a small, darling thing came up and gravely offered me help. What a childish* and slender* creature* she was! I was enchanted right then and there."

I was torn.* Everything about him was telling me how much he loved me. Not a human being that ever lived could wish to be loved more than I was loved. And I absolutely worshipped* him. But I had to renounce* my love and idol.*

"Jane, do you know what I want from you? Just this promise: 'I will be yours, Mr. Rochester.'"

"Mr. Rochester, I will not be yours."

"Jane!" he said, with a gentleness that broke me down with grief. "Jane, do you mean to go one way in the world, and for me to go another?"

"I do."

"Jane," he said, bending toward me and embracing me, "do you still mean it now?"

"I do."

"And now?" he asked, softly kissing my forehead and cheek.

"I do."

연인들에게 실망했는데, 그들은 노예를 사는 것에 버금갈 정도로 언제나 최악의 사람들이기 때문이었소."

로체스터 씨는 잠시 말을 멈췄다.

"로체스터 씨?" 내가 물었다. "그래서 다음에는 무엇을 하셨죠?"

"나는 영국으로 돌아왔소. 그리고 어느 서리 내린 겨울 오후, 나는 말을 타고 손필드로 돌아오다가 말에서 떨어졌고, 작고 귀여운 사람이 다가와서 나에게 정중하게 도움을 주었소. 그 여자가 얼마나 어린아이 같고 연약한 존재이던지! 나는 그때 그 자리에서 바로 마법에 걸렸소."

나는 마음이 찢어졌다. 로체스터 씨에 관한 모든 것은 그가 얼마나 나를 사랑하는지를 나에게 말해 주고 있었다. 이전에 살았던 그 어떤 사람도 내가 사랑받은 것보다 더 사랑받는 것을 바랄 수 없었다. 그리고 나는 로체스터 씨를 절대적으로 숭배했다. 그러나 나는 나의 사랑과 우상을 단념해야 했다.

"제인, 내가 당신에게 바라는 것이 무엇인지 아시오? 바로 '나는 당신 거예요, 로체스터 씨.'라는 약속이오."

"로체스터 씨, 저는 당신 것이 되지 않겠어요."

"제인!" 로체스터 씨가 슬픔으로 나를 무너뜨리는 부드러운 말투로 말했다. "제인, 당신은 이 세상에서 당신의 길로 갈 것이고, 나는 나의 길로 가야 한다는 말이오?"

"그래요."

"제인." 로체스터 씨가 나에게 몸을 구부리고 나를 껴안으며 말했다. "이래도 그럴 생각이오?"

"그래요."

"이래도?" 로체스터 씨가 내 이마와 뺨에 부드럽게 입맞춤하며 물었다.

"네."

---

frosty 서리가 내리는   **childish** 어린이 같은   **slender** 가냘픈, 연약한   **creature** 사람   **tear** (마음이) 찢어지다   **worship** 숭배하다, 존경하다,   **renounce** 포기하다, 단념하다   **idol** 우상

"Jane, think of the horrible* life I will lead when you are gone. All my happiness will be torn away with you. What will be left for me then? All I have is a maniac* for a wife upstairs. What will I do, Jane? Where will I turn to* for a companion and for some hope?"

"Do as I will: trust in God, believe in heaven, and hope to meet again there."

"So you will not yield*?"

"No."

"Then you'll be condemning* me to live a wretched* life and to die accursed*?" His voice rose.

"I hope that you will live free of sin, and I wish you to die peacefully."

"Then how can you snatch love and innocence from me?"

"Mr. Rochester, I will suffer in the same way. We were made to strive* and to endure. And I am sure you will forget me before I forget you."

Mr. Rochester's saddened face and trembling voice made me doubt my resolve.* Yet my conscience* told me that I would respect myself all the more if I were to bear my suffering alone and do what I believed to be right.

"I must leave you, sir," I said.

He looked at me fiercely for a minute or two, grabbed me, and held me tight for a long time. As he released me from his clutch, he looked at me. I turned away from him.

"제인, 당신이 가 버리면 내가 살게 될 끔찍한 삶을 생각해 보시오. 내 모든 행복은 당신과 함께 찢겨 나갈 것이오. 그러고 나면 나에게 무엇이 남겠소? 내가 가진 것이라곤 아내라고 하는 위층의 미치광이일 뿐이오. 내가 어쩌라는 말이오, 제인? 내가 어디서 반려자를 구하고 약간의 희망을 구하지?"

"저처럼 하세요. 주님을 믿고, 천국을 믿으세요. 그리고 그곳에서 다시 만나기를 바라세요."

"그러니까 양보하지 않겠다는 것이오?"

"네."

"그렇다면 당신은 내가 비참한 삶을 살다가 저주받고 죽으라고 비난할 것이오?" 로체스터 씨의 목소리가 커졌다.

"저는 당신이 죄에서 해방되어 살기를 바라고, 평화롭게 세상을 떠나시기를 바라요."

"그러면 당신이 어떻게 나에게서 사랑과 순수함을 앗아갈 수 있소?"

"로체스터 씨, 저도 똑같이 고통을 겪을 거예요. 우리는 싸우고 견디도록 만들어졌어요. 그리고 제가 당신을 잊기 전에 당신이 저를 잊을 것이 분명해요."

로체스터 씨의 우수에 찬 얼굴과 떨리는 목소리는 나의 결심을 의심하게 만들었다. 그러나 나의 양심은 만약 나의 고통을 홀로 견디고 내가 옳다고 믿는 것을 하려면 무엇보다도 나 자신을 존중해야 한다고 나에게 말했다.

"저는 당신을 떠나야 해요, 로체스터 씨." 내가 말했다.

로체스터 씨는 1~2분 동안 나를 사납게 바라보고, 나를 붙잡고서는 한참 동안 나를 꼭 잡고 있었다. 나를 그의 손아귀에서 풀어주었을 때 그는 나를 바라보았다. 나는 그에게서 돌아섰다.

---

horrible 끔찍한, 오싹한　**maniac** 미치광이　**turn to** ~에 문의하다, 조회하다　**yield** 양보하다, 굴복하다　**condemn** 비난하다, 힐난하다　**wretched** 비참한, 불쌍한　**accursed** 저주받은　**strive** 분투하다, 싸우다　**resolve** 결심, 결의　**conscience** 양심, 도의심

"You are really going, Jane?"

"I am, sir."

"You are leaving me?"

"Yes." I began to walk away.

"You will not come back? You will not be my comforter,* my rescuer*? My deep love is nothing to you?" His voice was shaking.

I walked back as determinedly* as I had retreated.* I kissed his cheek and smoothed* his hair with my hand.

"God bless you, my dear master!" I said. "May God keep you from harm and wrong. And may he reward you well for your past kindness to me!"

"Little Jane's love would have been my best reward," he said. "Without it, my heart is broken. But Jane will give me her love. Won't you, Jane?"

He stood up straight and held his arms out. I evaded* the embrace, and at once walked back into my room.

"Farewell!" I thought to myself. "Farewell forever!"

That night, I did not even think of sleep, but a slumber* fell on me as soon as I lay down in bed. I dreamt I lay in the red-room at Gateshead. The night was dark, and my mind was filled with strange fears. I saw the strange light that I saw in the red-room as a child, which I thought was a ghost, and it seemed to mount the wall. It then trembled and paused in the center of the obscured* ceiling. I lifted up my head to look.

"정말로 갈 거요, 제인?"

"네, 로체스터 씨."

"나를 떠날 거요?"

"네." 나는 걸어가기 시작했다.

"돌아오지 않겠소? 나의 위안자, 나의 구원자가 되지 않겠소? 나의 깊은 사랑은 당신에게 아무것도 아니오?" 로체스터 씨의 목소리는 떨리고 있었다.

나는 물러났던 것만큼이나 단호하게 다시 돌아갔다. 나는 로체스터 씨의 뺨에 입맞춤을 하고 손으로 그의 머리털을 부드럽게 어루만졌다.

"주님께서 당신을 축복해 주시기를 빌어요, 나의 사랑하는 주인님!" 내가 말했다. "주님께서 해악과 잘못에서 당신을 지켜 주시기를 빌어요. 그리고 저에게 베푸신 지난날의 친절에 대하여 주님의 가호가 있으시기를 바랍니다!"

"귀여운 제인의 사랑이 나에게는 최고의 보상이 될 것이었소." 로체스터 씨가 말했다. "그것이 없다면 내 마음은 부서질 거요. 하지만 제인은 나에게 사랑을 줄 것이오. 그러지 않을 거요, 제인?"

로체스터 씨는 똑바로 서서 팔을 뻗었다. 나는 포옹을 피했고, 즉시 내 방으로 돌아갔다.

'안녕히 계세요!' 나는 속으로 생각했다. '영원히 안녕히 계세요!'

그날 밤 나는 잠을 자는 것조차 생각할 수 없었으나, 침대에 눕자마자 선잠이 들었다. 나는 내가 게이츠헤드의 붉은 방에 누워 있는 꿈을 꾸었다. 밤은 어두웠고, 내 마음은 이상한 공포로 가득 차 있었다. 나는 어렸을 때 붉은 방에서 보았던 이상한 빛을 보았으며, 나는 그것이 유령이라고 생각했고, 그것은 벽을 타고 올라가는 것 같았다. 그런 다음 그것은 흐릿해진 천장의 중앙에서 흔들리고 멈췄다. 나는 쳐다보려고 고개를 들었다.

---

comforter 위안을 주는 사람   rescuer 구출하는 사람   determinedly 결연히, 단호하게   retreat 물러서다, 후퇴하다   smooth 반듯하게 매만지다   evade 피하다   slumber 잠, 선잠   obscured 불투명한

The ceiling opened up and revealed the sky. There were thick clouds, high and dim.* The clouds became more and more illuminated as the moon came up. I watched her come and watched with the strangest anticipation; as though some word of doom* were to be written on her disk.* She broke forth* and a hand appeared, penetrating* the clouds and waving them away. Then, not a moon, but a white human form shone in the azure.* It stared and stared at me. It spoke to my spirit.

"My daughter, flee temptation,*" said she. The voice whispered in my heart.

"Mother, I will," I replied.

I woke from the dream. I decided to start right away. I was already dressed, for I had taken off nothing but my shoes. I went through* my drawers to find some linen, a locket,* and a ring. While finding these articles,* I came across the beads* of a pearl necklace Mr. Rochester had forced me to accept a few days ago. I left it, for it was not mine. I put the other articles in a parcel.* My purse, containing twenty shillings, I put in my pocket. I put on my straw bonnet, pinned my shawl, took the parcel and my slippers, and walked out quietly from my room.

"Farewell, kind Mrs. Fairfax!" I whispered, as I walked past her door. "Farewell, my darling Adèle!" I said, as I glided past the nursery. I had no time to enter and embrace her.

천장이 열리고 하늘이 드러났다. 짙은 구름이 있었는데, 높고 흐릿하게 보였다. 달이 나오면서 구름은 점점 더 빛이 났다. 나는 달이 나오는 것을 지켜보았는데, 마치 어떤 운명의 말이 달의 둥근 원반 위에 적혀 있다는 듯이 아주 이상한 기대감을 가지고 달을 지켜보았다. 달은 폭발했고 손 하나가 나타나 구름을 뚫고 그것들을 휘저었다. 그러자 달이 아니라 사람의 하얀 형상이 푸른 하늘에서 빛났다. 그 형상은 나를 계속해서 응시했다. 그것은 나의 영혼에게 이야기했다.

"내 딸아, 유혹에서 도망쳐라." 그녀가 말했다. 그 목소리는 내 마음에 속삭였다.

"어머니, 그럴게요." 내가 대답했다.

나는 꿈에서 깨어났다. 나는 즉시 출발하기로 결심했다. 나는 이미 옷을 입고 있었는데, 신발 외에는 아무것도 벗지 않았기 때문이었다. 나는 약간의 린넨 옷, 로켓, 그리고 반지를 찾기 위해 샅샅이 서랍을 뒤졌다. 이러한 물건들을 찾는 동안 나는 로체스터 씨가 며칠 전에 나에게 억지로 받으라고 강요했던 진주 목걸이의 구슬들에 우연히 눈길이 닿았다. 나의 것이 아니었기 때문에 나는 그것을 남겨두었다. 나는 다른 물건들을 한 꾸러미로 꾸렸다. 20실링이 든 내 지갑은 내 주머니에 넣었다. 나는 내 밀짚 보닛을 쓰고, 숄을 핀으로 고정시키고, 꾸러미와 슬리퍼를 챙기고, 내 방에서 조용히 나왔다.

"안녕히 계세요, 친절한 페어팩스 부인!" 부인의 방문을 지나며 나는 속삭였다. "안녕, 나의 귀여운 아델!" 놀이방을 슬며시 지나가며 내가 말했다. 나는 들어가서 아델을 안아 줄 시간이 없었다.

---

dim 어둑한 **doom** 죽음, 파멸, 비운 **disk** 원반 **break forth** (화 따위가) 폭발하다 **penetrate** 통과하다, 침투하다 **azure** 푸른 하늘, 창공 **temptation** 유혹 **go through** ~을 샅샅이 조사하다 **locket** 로켓(사진 등을 넣어 목걸이에 다는 작은 갑) **article** 물품 **bead** 구슬 **parcel** 꾸러미, 소포

I knew I had to go past Mr. Rochester's room without a pause, but my heart momentarily stopped its beat at that threshold.* My feet were forced to stop. He was not sleeping. I could hear him walking restlessly around his room. He sighed again and again while I listened.

My kind master, who could not sleep now, was waiting with impatience* for day. He would send for me in the morning, but I would be long gone. He would look for me, but all would be in vain.* He would feel forsaken.* He would feel rejected, he would suffer, and he would grow desperate.* My hand moved toward the handle. I stopped, and walked on.

I drearily* walked downstairs. I got some water and some bread. I went and opened the door silently, passed out, and shut it softly. The great gates were closed and locked, but one of the lower openings was open. I went through it and shut it. Now I was out of Thornfield.

나는 멈추지 않고 로체스터 씨의 방을 지나가야 한다는 것을 알았으나, 나의
심장은 순간적으로 그 문지방에서 박동을 멈췄다. 나의 발도 어쩔 수 없이 멈췄
다. 로체스터 씨는 자고 있지 않았다. 나는 로체스터 씨가 쉴 새 없이 자신의 방을
이리저리 걷고 있는 것을 들을 수 있었다. 내가 귀를 기울이는 동안 로체스터 씨
는 여러 차례 한숨을 쉬었다.

지금 잠을 못 이루고 있는 나의 친절한 주인은 날이 밝기를 초조하게 기다리고
있었다. 로체스터 씨는 아침에 나를 부르러 사람을 보낼 테지만, 나는 멀리 가 버
리고 없을 것이었다. 로체스터 씨는 나를 찾을 테지만, 모든 것은 헛될 것이었다.
로체스터 씨는 버림받았다는 느낌을 받을 것이었다. 로체스터 씨는 거절당한 느
낌을 받을 것이었고, 고통받을 것이었고, 절망적이 될 것이었다. 나의 손은 손잡이
를 향해 움직였다. 나는 멈췄고 계속 걸었다.

나는 쓸쓸하게 아래층으로 내려갔다. 나는 약간의 물과 약간의 빵을 가져왔다.
나는 가서 가만히 문을 열었으며, 빠져나와서 문을 조용히 닫았다. 커다란 대문
들은 닫히고 잠겨 있었으나, 아래쪽 쪽문들 중 하나가 열려 있었다. 나는 그 문을
통과한 다음 문을 닫았다. 이제 나는 손필드에서 나와 있었다.

---

threshold 문지방 **impatience** 초조, 조바심 **in vain** 헛되이, 공연히 **forsaken** 버림받은
desperate 필사적인, 절망적인 **drearily** 쓸쓸히, 황량하게

Chapter 28

Two days later, the coachman had set me down at Whitcross, for I no longer had any money. As the coach left me alone, I discovered that I forgot to take my parcel out of the pocket of the coach. I was absolutely destitute.*

Whitcross is no town, nor even a hamlet*; it is but a stone pillar* set up where four roads meet. I wished to avoid detection* and arousing* suspicion.* I had nowhere to go.

I struck straight into the heath* and found a moss-blackened* granite* crag* in a hidden angle.* I sat down under it.

제28장

급하게 손필드를 떠난 제인은 거의 무일푼이다.
허기와 피로에 지친 제인은
어느 집 앞에서 자신의 사정을 이야기하며
그 집에 묵게 해 달라고 간청하지만 거절당한다.

이틀 후 마부가 나를 휘트크로스에 내려 주었는데, 나한테 돈이 하나도 없었기 때문이었다. 마부가 나를 혼자 남겨두었을 때, 나는 내가 마차의 짐칸에서 내 짐을 꺼내는 것을 잊었다는 것을 발견했다. 나는 완전히 무일푼이었다.

휘트크로스는 도시가 아니었고, 심지어 작은 마을도 아니었다. 다만 네 개의 길이 만나는 곳에 세워진 돌기둥일 뿐이었다. 나는 발각되는 것과 솟아나는 의심을 피하고 싶었다. 나는 갈 데가 아무데도 없었다.

나는 히스가 무성한 황야로 곧장 갔고 숨겨진 모서리에서 이끼가 검게 낀 울퉁불퉁한 화강암 바위를 발견했다. 나는 그 아래에 앉았다.

---

destitute 빈곤한, 궁핍한 **hamlet** 작은 마을, 촌락 **pillar** 기둥 **detection** 발각, 탐지
arousing 자극적인, 솟아나는 **suspicion** 혐의, 용의 **heath** 히스, 히스가 무성한 황야 **moss-
blackened** 이끼 낀 **granite** 화강암, 쑥돌 **crag** 험준한 바위 **angle** 각도, 모서리

As evening declined* at nightfall,* I regained* the faculty* of reflection.*

What was I to do? Where to go? Oh, intolerable* questions, when I could do nothing and go nowhere.

I saw ripe* bilberries,* so I gathered a handful and ate them with the bread I had bought with my last penny. I said my evening prayers at its conclusion,* and then settled down* to sleep.

My rest might have been blissful enough, only a sad heart broke it. It trembled for Mr. Rochester and his doom; it bemoaned* him; it demanded him with ceaseless* longing.*

Worn out with this torture* of thought, I rose to my knees to pray to God for Mr. Rochester's salvation.* I turned my prayer to thanksgiving,* for I knew God would guard him. I again nestled* and slept.

The next day, I set out.

I followed a road, and I walked a long time, sitting down on a stone I saw near. I heard a church bell chime.*

I turned in the direction of the sound and I saw a hamlet and a spire.*

About two o'clock p.m. I entered the village.

I entered a shop. I asked the woman there if I could sit down a moment, and later I went on to ask what jobs were available in the area. After an unfruitful* conversation, I took leave.

저녁이 황혼에 가까워지면서, 나는 생각할 능력을 되찾았다.

나는 어떻게 해야 하나? 어디로 가야 하나? 오, 할 수 있는 것도 없고 갈 데도 없는 마당에 참을 수 없는 질문들이라니.

나는 익은 빌베리들을 보고 한 움큼 모아서 내가 가진 마지막 돈으로 산 빵과 함께 그것들을 먹었다. 나는 날이 저물 무렵 저녁 기도를 했고, 그런 다음 자려고 편안히 누웠다.

나의 휴식은 더없이 충분했을지도 모르지만, 슬픈 마음이 그것을 깨뜨리고 말았다. 슬픈 마음은 로체스터 씨와 그의 운명에 떨었고, 그에 대해 탄식했고, 끊임없는 갈망으로 그를 요구했다.

이러한 생각의 고문에 지쳐서, 나는 무릎을 꿇고 일어나 로체스터 씨의 구원을 위해 주님께 기도를 드렸다. 나는 주님께서 로체스터 씨를 지켜 주실 것을 알았으므로 나의 기도를 감사의 기도로 바꾸었다. 나는 다시 편안하게 누워 잠을 잤다.

다음 날 나는 출발했다.

나는 길을 따라갔고 한참을 걸었으며, 가까이에서 본 돌 위에 앉았다. 나는 교회 종소리가 울리는 것을 들었다.

나는 그 소리의 방향으로 몸을 돌렸고, 마을 하나와 교회의 뾰족탑을 보았다.

약 오후 2시쯤, 나는 그 마을로 들어섰다.

나는 가게 안으로 들어갔다. 나는 그곳에 있는 여자에게 잠깐 앉아 있어도 될지 물었고, 이후에 그 지역에서 어떤 일자리들을 찾을 수 있을지 물었다. 성과 없는 대화 후에, 나는 떠났다.

---

decline 기울다 nightfall 황혼, 땅거미 regain 되찾다, 회복하다 faculty 능력, 재능 reflection 반성, 숙고 intolerable 참을 수 없는, 견딜 수 없는 ripe 익은 bilberry 빌베리(월귤나무 속 열매) conclusion 결말, 종결 settle down 편안히 눕다 bemoan 한탄하다, 탄식하다 ceaseless 끊임없는, 부단한 longing 갈망, 열망 torture 심한 고통, 고뇌 salvation 구제, 구조 thanksgiving 감사의 기도 nestle (포근하고 아늑한 곳에) 눕다 chime (교회의) 종소리 spire (교회 등의) 뾰족탑, 첨탑 unfruitful 헛된, 공연한

I passed up the street, looking as I went at all the houses to the right hand and to the left asking where I could get employment* of any kind but found no luck.

A little before dark, I passed a farmhouse, at the open door of which the farmer was sitting, eating his supper.

"Will you give me a piece of bread?" I stopped and said. "I am very hungry."

He cut a thick slice from his loaf, and gave it to me. As soon as I was out of sight of his house, I sat down and ate it.

Having crossed the marsh,* I saw a trace of white over the moor.* I approached it; it was a road or a track: it led straight up to the light. My star vanished as I drew near. Again a whitish* object gleamed before me: it was a gate.

Entering the gate and passing the shrubs, the silhouette* of a house rose to view. I could clearly see inside a room. I could see an elderly woman knitting a stocking.

Two young, graceful women—ladies in every point— sat, one in a low rocking chair, the other on a lower stool.

I could hear them when a voice broke the stillness at last.

One of the absorbed* students read something, of which I did not understand; for it was in an unknown tongue—neither French nor Latin. Whether it was Greek or German I could not tell.

나는 가면서 오른쪽과 왼쪽의 집들을 모두 살펴보며 내가 어디에서 어떠한 종류의 일자리든 구할 수 있을지 물어보며 거리를 걸어 지나쳤지만 어떠한 행운도 발견할 수 없었다.

어두워지기 약간 전에 나는 한 농가를 지났는데, 열린 문에서 한 농부가 앉아서 자신의 저녁을 먹고 있었다.

"빵 한 조각만 주시겠어요?" 나는 걸음을 멈추고 말했다. "저는 배가 몹시 고파요."

농부는 자신의 빵 덩어리에서 두껍게 한 조각을 잘라 그것을 내게 주었다. 농부의 집이 보이지 않게 되자마자 나는 앉아서 그것을 먹었다.

습지를 가로질러 나는 황무지 위로 난 흰 자국을 보았다. 나는 그것으로 다가갔다. 그것은 도로 아니면 작은 길이었으며, 불빛으로 곧장 이어져 있었다. 내가 가까이 다가가자 나의 별은 사라졌다. 희끄무레한 물체가 다시 내 앞에서 어슴푸레 빛났다. 그것은 대문이었다.

대문을 지나 관목들을 통과하자 집의 윤곽이 드러났다. 나는 방 하나의 내부를 분명히 볼 수 있었다. 나는 노부인 한 명이 스타킹을 뜨고 있는 것을 볼 수 있었다.

두 명의 젊고 우아한 여자들이, 어느 모로 보나 점잖은 아가씨들인 그 사람들 중의 한 사람은 낮은 흔들의자에, 또 한 사람은 더 낮은 의자에 앉아 있었다,

마침내 한 사람의 목소리가 정적을 깨뜨렸을 때, 나는 그들의 말을 들을 수 있었다.

열중한 학생들 중 하나는 무언가를 읽고 있었는데, 나는 그것을 알아들을 수 없었다. 그것은 프랑스어도 아니고 라틴어도 아닌 알 수 없는 언어였기 때문이었다. 그것이 그리스어였는지 혹은 독일어였는지 나는 분간할 수 없었다.

---

employment 고용, 일자리 **marsh** 늪, 습지 **moor** 황무지, 황야 **whitish** 약간 흰, 희끄무레한
silhouette 실루엣, 윤곽 **absorbed** 열중한, 몰두한

At a later day, I knew the language and the book, but then I could convey* no meaning.

The old lady was called Hannah, who was teaching German to the two young ladies Diana and Mary.

The clock struck ten.

"You'll want your supper, I am sure," said Hannah; "and so will Mr. St. John when he comes in."

Hannah proceeded to prepare the meal. I hesitatingly* knocked on the door. Hannah opened it.

"What do you want?" she inquired, in a voice of surprise, as she surveyed me by the light of the candle she held.

"May I speak to your mistresses?" I said.

"You had better tell me what you have to say. Where do you come from?"

"I am a stranger."

"What is your business here at this hour?"

"I want a night's shelter in an out-house or anywhere and a morsel of* bread to eat."

Distrust* appeared in Hannah's face.

"I'll give you a piece of bread," she said, "but you can't lodge* here."

"Do let me speak to your mistresses."

"No. What can they do for you?"

"But where shall I go? What shall I do?"

훗날 나는 그 언어와 책을 알았지만, 당시에 나는 그 의미를 아무것도 옮길 수 없었다.

노부인은 한나라고 불렸고, 그녀가 두 명의 어린 아가씨들, 그러니까 다이애나와 메리에게 독일어를 가르치고 있었다.

시계가 10시를 쳤다.

"아가씨들은 저녁 식사를 드시고 싶으시겠죠. 제가 안다니까요." 한나가 말했다. "세인트 존 도련님이 집에 오시면 도련님도 그러실 거예요."

한나는 이어 식사를 준비하기 시작했다. 나는 머뭇거리며 문을 두드렸다. 한나가 문을 열었다.

"무엇을 원하는 거죠?" 들고 있는 촛불로 나를 이리저리 뜯어보며 놀란 목소리로 한나가 물었다.

"제가 아가씨들과 이야기를 좀 나눌 수 있을까요?" 내가 말했다.

"하실 이야기가 있으시면 저에게 하시는 것이 나아요. 어디에서 오셨죠?"

"저는 이방인이에요."

"이 시간에 무슨 볼일이신가요?"

"저는 집 안이든 집 밖이든 어디든 밤을 지낼 곳을 원해요. 그리고 먹을 빵 한 조각도요."

한나의 얼굴에 불신이 나타났다.

"당신에게 빵 한 조각은 주겠어요." 한나가 말했다. "하지만 여기서 묵을 수는 없어요."

"제가 아가씨들과 이야기를 나누게 해 주세요."

"안 돼요. 아가씨들이 당신에게 무엇을 해 주실 수 있겠어요?"

"하지만 제가 어디로 가야 하는데요? 저는 어떻게 해요?"

---

convey (생각·감정 등을) 전달하다   **hesitatingly** 머뭇거리며, 망설이며   **a morsel of** 소량의, 한 조각의   **distrust** 불신   **lodge** 숙박하다, 묵다

"Oh, I'm sure you know where to go and what to do. Mind you don't do wrong, that's all. Here is a penny; now go...."

"A penny cannot feed me, and I have no strength to go farther. Don't shut the door... oh, don't, for God's sake!"

Even though I pleaded* to speak to the ladies, she persisted in her refusal. The honest but inflexible* servant clapped* the door to and bolted* it within.

"I can but die," I said, "and I believe in God. Let me try to wait His will in silence."

"All men must die," said a voice quite close to me, "but all are not condemned to* meet a lingering* and premature* doom, such as yours would be if you perished here of want."

"Who or what speaks?" I asked, terrified at the unexpected sound. A figure approached and appealed to the door.

Hannah opened the door when she realized it was Mr. St. John who was at the door.

"Come in. Your sisters are quite uneasy about you, and I believe there are bad folks* about. There has been a beggar woman. I declare she is not gone yet! She laid down there. Get up! For shame! Move off, I say!"

"Hush,* Hannah! I have a word to say to the woman. Young woman, rise, and pass before me into the house."

"오, 어디로 가고 무엇을 해야 할지는 당신이 알고 있을 거라고 생각해요. 나쁜 짓은 하지 않아야 한다는 것을 명심하세요. 그게 다예요. 여기 1페니예요. 이제 가세요."

"1페니로는 먹을 수도 없고, 저는 더 멀리 갈 기력이 하나도 없어요. 문을 닫지 마세요. 오, 그러지 마세요, 제발요!"

내가 아가씨들과 이야기를 나누게 해 달라고 사정사정했음에도 불구하고, 한나는 자신의 거절의 입장을 고집했다. 정직하지만 융통성 없는 그 하녀는 문을 쾅 닫고 안에서 빗장을 질러 잠갔다.

"나는 죽는 수밖에 없어." 내가 말했다. "그리고 나는 주님을 믿어. 조용히 그분의 뜻을 기다리자."

"모든 인간은 반드시 죽어요." 어떤 목소리가 내가 있는 곳에서 상당히 가까운 곳에서 말했다. "하지만 만약 당신이 여기서 허기져 죽는다면 당신이 그럴 것처럼 모두가 다 우물쭈물하다가 때 아닌 죽음을 맞을 운명을 가지고 있는 것은 아닐 거예요."

"누구신데 대체 무슨 말씀을 하시는 거죠?" 뜻밖의 소리에 겁을 집어 먹고 내가 물었다. 한 형상이 다가와서 문에 대고 말했다.

문간에 있는 사람이 세인트 존인 것을 깨닫고 한나는 문을 열었다.

"들어오세요. 도련님의 여동생들이 도련님에 대해 아주 걱정하고 계세요. 그리고 나쁜 사람들이 주변에 있는 것 같아요. 여자 거지가 있었어요. 장담하는데 그 여자는 아직 가지 않았어요! 저기 누워 있네! 일어나요! 부끄러운 줄 알아요! 썩 꺼져요, 어서!"

"쉿, 한나! 내가 저 여자에게 해 줄 말이 있어. 아가씨, 일어나요. 그리고 나보다 먼저 집으로 들어가요."

---

plead 탄원하다, 간청하다　**inflexible** 완고한, 융통성 없는　**clap** (갑자기) 놓다　**bolt** 빗장을 질러 잠그다　**be condemned to** ~하도록 운명 지워지다　**lingering** 꾸물거리는, 질질 끄는　**premature** 시기상조의, 조급한　**folks** 사람들　**hush** 쉿, 조용히

I obeyed him and as I stood in the kitchen wild, and weather-beaten,* the two ladies, their brother, Mr. St. John, the old servant, were all gazing at me.

My head swam*: I dropped, but a chair received me. I was still conscious but was unable to speak.

Diana broke some bread, dipped it in milk, and put it to my lips. I saw pity in her face, and I felt sympathy* in her hurried breathing. In her simple words, too, the same balm-like* emotion spoke: "Try to eat."

After I had a bite,* St. John told her sister to see if I can speak a little and tell them my name.

I felt I could speak, and I answered, "My name is Jane Elliott." I had resolved to use an alias* to avoid discovery.

"And where do you live? Where are your friends?"

I was silent.

"Can we send for anyone you know?"

I shook my head.

"What account can you give of yourself?"

"Sir, I can give you no details tonight."

"But what, then, do you expect me to do for you?" said he.

"Nothing," I replied.

"Do you mean that we have now given you what aid* you require and that we may dismiss you to the moor and the rainy night?" Diana asked.

나는 그의 말에 따랐고 험한 날씨에 시달려 흐트러진 모습으로 부엌에 서 있을 때, 두 아가씨, 그들의 오빠인 세인트 존, 그리고 나이 든 하녀가 모두 나를 응시하고 있었다.

나의 머리에서는 현기증이 났다. 나는 넘어졌으나, 의자 하나가 나를 받아 주었다. 나는 여전히 의식이 있기는 했으나 말을 할 수가 없었다.

다이애나는 약간의 빵을 떼어 우유에 적셔서 그것을 내 입술에 대어 주었다. 나는 다이애나의 얼굴에서 연민을 보았고, 그녀의 가쁜 숨에서 동정심을 느꼈다. 다이애나의 짧은 말 속에서도 그와 똑같은 위안과 같은 감정이 말을 했다. "먹어 봐요."

내가 요기를 하고 나서, 세인트 존은 자기 여동생에게 내가 말을 좀 하고 나의 이름을 그들에게 이야기해 줄 수 있는지 알아보라고 말했다.

나는 말할 수 있을 것 같다고 생각해서 "제 이름은 제인 엘리엇입니다."라고 대답했다. 나는 발각되는 것을 피하려고 가명을 사용하기로 결심했다.

"그러면 어디 살아요? 당신 친구들은 어디에 있죠?"

나는 가만히 있었다.

"누구든 당신이 아는 사람을 부르러 보내도 될까요?"

나는 머리를 저었다.

"당신에 대해서는 어떤 이야기를 들려줄 수 있죠?"

"오늘 밤에는 상세히 말씀드릴 수 없어요."

"하지만 그렇다면 저희가 무엇을 해 드리기를 바랍니까?" 세인트 존이 말했다.

"아무것도요." 내가 대답했다.

"이제 우리가 당신이 요구하는 도움을 주었으니 당신을 비 오는 밤에 황무지로 쫓아내도 된다는 말씀이세요?" 다이애나가 물었다.

---

weather-beaten 비바람에 시달린   **swim** 현기증이 나다, 어질어질하다   **sympathy** 동정심
balm-like 위안 같은, 진통제 같은   **have a bite** 요기하다, 음식을 먹다   **alias** 가명   **aid** 도움, 조력

I looked at her. I took sudden courage. Answering her compassionate[*] gaze with a smile, I said, "Do with me and for me as you like."

All three surveyed me, and all three were silent.

"Hannah, let her sit there at present," said Mr. St. John, at last. "Mary and Diana, let us go into the parlor[*] and talk the matter over."

They withdrew. Very soon, one of the ladies returned and I was taken inside, and given a dry bed to stay in. I thanked God and slept.

나는 다이애나를 쳐다보았다. 나는 갑작스러운 용기를 냈다. 미소를 지으며 인정 어린 다이애나의 응시에 "편하실 대로 제게 해 주시면 돼요."라고 말했다.

세 사람 모두 나를 이리저리 바라보았고, 셋 모두 조용했다.

"한나, 지금은 이분을 저기에 앉혀 드려요." 마침내 세인트 존이 말했다. "메리, 다이애나, 응접실로 가서 이 문제에 대해 의논하자."

그들은 물러났다. 머지않아 아가씨들 중 한 명이 돌아왔고 나는 안으로 안내되었으며, 묵을 마른 침대를 내주었다. 나는 주님께 감사드리고 잠을 잤다.

---

compassionate 인정 많은, 동정심 있는 **parlor** 응접실, 객실

Chapter 29

I spent the next three days recuperating[*] in bed. Diana and Mary appeared in the room once or twice a day. By the fourth day, I felt strong enough to move. I went downstairs and followed the fragrance of new bread and the warmth of a fire into the kitchen. Hannah was baking.

"What, you are up!" she said.

"Yes," I answered. "Can you tell me the name of the house where we are?"

"Some call it Marsh End, and some call it Moor House."

"And the gentleman who lives here is called Mr. St. John?"

제29장

제인은 무어 하우스에서 세인트 존 남매의
보살핌을 받으며 기력을 회복한다.
그러나 로체스터의 추적을 피하고자
솔직하게 자신의 처지를 이야기하지 못한다.

나는 침대에서 몸을 추스르며 이후 사흘이라는 시간을 보냈다. 다이애나와 메리
는 하루에 한두 차례 방에 나타났다. 나흘째 되는 날, 나는 충분히 움직일 정도로
기력이 생겼음을 느꼈다. 나는 아래층으로 내려가서 새 빵의 냄새와 난로의 온기
를 따라 부엌으로 들어갔다. 한나가 빵을 굽고 있었다.

"어머나, 일어났군요!" 한나가 말했다.

"네." 내가 대답했다. "우리가 있는 집의 이름을 말해 주겠어요?"

"어떤 사람들은 이 집을 마시 엔드라고 부르고, 어떤 사람들은 무어 하우스라
고 불러요."

"그리고 여기 사는 신사분은 세인트 존 씨고요?"

---

recuperate 회복하다, 되찾다

"He doesn't live here. He is only staying a while. He has his own parish* at Morton."

"The village a few miles from here?"

"Yes."

"And what is he?"

"He is a parson.*"

"Have you lived with the family long?"

"I've lived here for thirty years. I nursed* all three of them."

"That shows you must have been an honest and faithful* servant. I respect that, though you had the incivility* to think me a beggar."

Hannah apologized.* She was a friendly, talkative person. She told me the story of Mr. Rivers, the siblings*' father, who lost most of the family fortune in a bad business deal. In turn, Diana and Mary were forced to work as governesses. They were only at Marsh End now because their father died three weeks ago.

About half an hour later, Mr. St. John, Diana and Mary returned. Mr. St. John, when he saw me, merely bowed and passed through. The two ladies stopped. Mary, kindly and calmly expressed the pleasure she felt in seeing me well enough to be able to come down. Diana, on the other hand, took my hand and shook her head at me.

"You should have waited for my permission to get out of bed," she said. "You still look very pale. And so thin!

"그분은 여기에서 살지 않아요. 잠시 머무르실 뿐이지요. 그분에게는 모톤에 자신의 교구가 있으세요."

"여기서 2~3마일 떨어진 마을이요?"

"네."

"무엇을 하시는데요?"

"교구 목사이세요."

"이 가족분들과는 오래 사셨나요?"

"여기서 30년 동안이나 살아왔지요. 제가 그분들 셋을 다 길렀어요."

"그거야말로 당신이 정직하고 충실한 하녀였음을 분명히 보여 주겠군요. 저는 그런 일을 존경해요. 비록 당신이 저를 거지라고 생각하는 무례를 범하기는 했지만요."

한나는 사과했다. 한나는 친근하고 말하는 것을 좋아하는 사람이었다. 한나는 남매들의 아버지인 리버스 씨의 이야기를 해 주었는데, 그는 사업 실패로 가산의 대부분을 잃어버렸다. 그리하여 다이애나와 메리는 어쩔 수 없이 가정 교사로 일해야 했다. 그들은 3주 전에 아버지가 돌아가시는 바람에 마시 엔드에 있을 뿐이었다.

약 30분쯤 후에, 세인트 존, 다이애나, 메리가 돌아왔다. 세인트 존은 나를 보자 겨우 목례만 하고 지나가 버렸다. 두 아가씨들은 멈춰 섰다. 메리는 내가 아래로 내려올 수 있을 만큼 좋아진 것을 보고 느낀 기쁨을 친절하고 차분하게 표현했다. 한편 다이애나는 내 손을 잡고 나에게 고개를 저었다.

"침대에서 나오려면 내 허락을 기다려야 했어요." 메리가 말했다. "여전히 창백해 보이는군요. 그리고 야위어 보이기도 하고요! 가엾은 사람! 가엾은 분이로군

---

parish 교구   **parson** 교구 목사   **nurse** 보살피다   **faithful** 충실한,   **incivility** 무례, 실례
apologize 사과하다, 사죄하다   **sibling** 형제, 자매

Poor child! Poor girl!" She took my hand, made me rise, and led me into the inner room.

"Sit there while we take our things off and get the tea ready," she said, placing me on the sofa.

She closed the door, leaving me alone with Mr. St. John, who sat opposite, with a book or newspaper in his hand. He looked to be about twenty-eight years old. He was tall and slender, and his face looked like a Greek face, very pure in outline.[*]

Diana came back to the room with a tray.

"Eat," she said. "You must be hungry."

I did not refuse it, as I was very hungry. St. John now closed his book, approached the table, and, as he took a seat, fixed his eyes on me.

"You seem very hungry," he said.

"I am, sir."

"You need to tell us where your friends live so that we can write to them," he said, "and you may be taken back to your home."

"That, sir, I cannot do. I have no home and no friends."

"Do you mean to say that you have nobody?" he asked.

"Yes."

"That is very strange for someone of your age!"

His glance was now directed[*] at my hands, which were folded on the table before me.

"You have never been married?"

요!" 메리는 내 손을 잡고, 나를 일으키고, 나를 안쪽 방으로 데리고 갔다.

"우리가 옷을 벗고 차를 준비하는 동안 그곳에 앉아 계세요." 메리가 나를 소파에 앉히며 말했다.

메리는 세인트 존과 나를 둘만 남겨 두고 문을 닫았다. 세인트 존은 손에 책인지 신문인지를 들고 있었다. 세인트 존은 약 스물여덟 살 정도로 보였다. 키가 크고 호리호리했으며, 그의 얼굴은 윤곽이 아주 뚜렷한 그리스 인의 얼굴처럼 보였다.

다이애나가 쟁반을 가지고 방으로 돌아왔다.

"드세요." 메리가 말했다. "분명히 시장할 거예요."

나는 몹시 배가 고팠기 때문에 그것을 거절하지 않았다. 세인트 존은 이제 자기 책을 덮고, 탁자로 다가왔으며, 자리에 앉으면서 나에게 시선을 고정시켰다.

"아주 시장해 보이는군요." 세인트 존이 말했다.

"네, 목사님."

"우리가 편지를 쓸 수 있도록 아가씨 친구들이 어디에 사는지 말씀해 주셔야 합니다." 세인트 존이 말했다. "그러면 아가씨를 아가씨 집으로 데려갈지도 모릅니다."

"목사님, 저는 할 수 없어요. 저는 집도 친구도 없습니다."

"아무도 없다는 말입니까?" 세인트 존이 물었다.

"네."

"아가씨 나이 또래 치고는 아주 이상하군요!"

세인트 존의 시선은 내 앞에 있는 탁자 위에 포개어져 있는 내 손으로 향했다.

"결혼하신 적이 없으시군요?"

---

outline 윤곽, 외형 **direct** 향하다

Diana laughed. "Married? She can't be more than seventeen or eighteen years old, St. John," she said.

"I am almost nineteen," I said. "But no, I am not married."

"Where did you live before you came here?" he now asked.

"You are too inquisitive,* St. John," said Mary in a low voice. But he leaned over the table and required an answer by a second firm* look.

"The name of the place where I lived, and of the people I lived with, is my secret," I replied.

"Yet if I know nothing about you or your history, I cannot help you," he said. "And you need help, don't you?"

"I do, but a true philanthropist* will help me to get work."

"I don't know whether or not I am a true philanthropist. But I am willing to help you to the best of my ability. First, then, tell me what you have been accustomed to do, and what you can do."

"Mr. Rivers, you and your sisters saved my life," I said. "I will tell you as much of my history as I can without compromising* my own peace of mind—my own security, moral* and physical, and that of others.

"I am an orphan, the daughter of a clergyman. My parents died before I could know them. I was brought up as a dependent and educated in a charitable

다이애나가 웃었다. "결혼? 기껏해야 열일곱 내지 열여덟 살도 안 될 텐데, 세인트 존 오빠." 다이애나가 말했다.

"열아홉 살이 다 되었어요." 내가 말했다. "하지만 아니요, 저는 미혼이에요."

"여기 오기 전에는 어디에서 살았지요?" 이제 세인트 존이 물었다.

"지나치게 질문하기를 좋아하네, 세인트 존 오빠." 메리가 낮은 목소리로 말했다. 그러나 세인트 존은 탁자에 몸을 기대고 굳은 표정으로 두 번째로 질문했다.

"제가 살았던 장소, 그리고 저와 같이 살았던 사람들의 이름은 제 비밀이에요." 내가 대답했다.

"하지만 아가씨나 아가씨의 내력에 관해서 아는 것이 없으면, 저는 아가씨를 도와드릴 수 없어요." 세인트 존이 말했다. "아가씨는 도움이 필요해요, 그렇지 않나요?"

"필요해요. 하지만 진정한 박애주의자이시라면 제가 일자리를 얻도록 도와주실 거예요."

"제가 진정한 박애주의자인지 아닌지 저는 모르겠어요. 하지만 제 능력이 닿는 한 최대한 기꺼이 아가씨를 도와드리지요. 그러면 우선, 아가씨가 무엇을 하는 것에 익숙한지, 그리고 무엇을 할 수 있는지 말씀해 보세요."

"리버스 씨, 당신과 여동생들이 제 생명을 구해 주셨지요." 내가 말했다. "제 자신의 마음의 평화를 위태롭게 하지 않는 한, 그러니까 제 자신의 안전, 도덕적 · 육체적 안전, 그리고 다른 사람들의 안전을 손상하지 않는 한, 제 내력을 최대한 많이 말씀드릴게요.

저는 고아이며, 목사의 딸이에요. 제 부모님은 제가 그분들을 알아보기도 전에 돌아가셨어요. 저는 친척의 손에 길러지다가 로우드 시설이라고 불리는 자선 학

---

inquisitive 꼬치꼬치 캐묻는 firm 단호한, 강경한 philanthropist 박애주의자, 자선가
compromise (무분별한 행동으로) 위태롭게 하다 moral 도덕의

institution called the Lowood Institution. I left Lowood nearly a year ago to become a private governess. I had a comfortable, well-paying job, and was happy. I was obliged to leave this place four days before I came here. The reason of my departure I cannot and should not explain. But I can assure you one thing: I was not blamed for anything. I am miserable, however, and will be for a time. I had to leave behind me everything I possessed except a small parcel. But I forgot to take it out of the coach that brought me to Whitcross. To this neighborhood, then, I came, quite destitute."

"Don't make her talk anymore now, St. John," said Diana. "She is still weak. Come to the sofa and sit down now, Miss Elliott."

I flinched* involuntarily at hearing the alias. I had nearly forgotten my new name. St. John noticed it at once.

"You said your name was Jane Elliott?" he asked.

"I did, but it is not my real name."

"You will not tell us your real name?"

"No. I do not wish to be discovered."

"All right, Miss Elliot. What kind of work shall I find for you?"

"I will be a dressmaker; I will be a servant, a maid, a nurse-girl, or anything else. I would be grateful for any job that is given to me."

교에서 교육받았어요. 저는 개인 가정 교사가 되려고 1년쯤 전에 로우드를 떠났지요. 저는 편안하고 보수도 좋은 일자리를 얻었고 행복했어요. 저는 이곳에 오기 나흘 전에 그곳을 떠나야 했어요. 제가 떠난 이유는 설명할 수도 없고 설명해서도 안 됩니다. 하지만 한 가지만은 확실히 말씀드릴 수 있어요. 저는 어떠한 비난받을 짓도 하지 않았어요. 하지만 저는 비참하고, 한동안 그럴 거예요. 저는 작은 꾸러미를 제외하고 제가 소유했던 모든 것을 남겨 두고 와야 했어요. 하지만 저를 휘트크로스까지 데려다 준 마차에서 그 꾸러미를 꺼내는 것을 잊어버렸어요. 그러고 나서 이 근방까지 완전히 빈털터리가 된 채로 온 것입니다."

"더 이상 말을 시키지 마세요, 세인트 존 오빠." 다이애나가 말했다. "이 아가씨는 아직 몸이 허약해요. 이제 소파로 와서 앉으세요, 엘리엇 양."

나는 가명을 듣자 부지불식간에 움찔했다. 나는 내 새 이름을 잊을 뻔했던 것이었다. 세인트 존은 즉시 그것을 알아챘다.

"아가씨는 아가씨의 이름이 제인 엘리엇이라고 하셨죠?" 세인트 존이 물었다.

"그랬지만 그것은 제 본명은 아닙니다."

"아가씨의 본명을 말해 주지 않으시겠죠?"

"네. 저는 발견되고 싶지 않습니다."

"알았습니다, 엘리엇 양. 어떤 종류의 일을 찾아 드릴까요?"

"저는 여성복 양재사가 되겠어요. 하녀, 시녀, 보모, 혹은 그 밖의 무엇이라도 되겠어요. 저에게 주어지는 어떠한 일자리에 대해서도 감사하게 생각할 거예요."

---

flinch 주춤하다, 움찔하다

Chapter 30

The more I got to know the people of Moor House, the better I liked them. In a few days, I had so far recovered my health that I could sit up all day, and walk outside sometimes. I joined Diana and Mary in all their activities. I talked with them and helped them when and where they would allow me. There was a reviving* pleasure in this intercourse,* something that I had felt for the first time. It was the pleasure arising from perfect congeniality* of tastes, sentiments* and principles.*

As to Mr. St John, the intimacy* which had arisen so naturally and rapidly between me and his sisters did not extend* to him. One of the reasons for this was that he was seldom* at home. A large proportion of his time

제30장

제인은 세인트 존의 제의를 받아들여
여학교에서 교사로 일하기로 한다.
돈에 쪼들리던 세인트 존 남매는
마지막 희망이었던 재산 상속의 가능성이 사라지자
무어 하우스를 유지할 수조차 없어진다.

ↄ∬ↄ

내가 무어 하우스의 사람들을 더 많이 알게 될수록, 나는 더욱 더 그들을 좋아하
게 되었다. 며칠 후, 나는 온종일 앉아 있고, 때로는 밖에서 걸을 수 있을 정도로
건강을 회복했다. 나는 다이애나와 메리가 하는 모든 일에 합류했다. 나는 그들과
함께 이야기하고 그들이 허락하는 때와 장소에서 그들을 도왔다. 이러한 교제에
는 활기를 되찾게 만드는 기쁨이 있었는데, 그것은 처음 느껴 보는 것이었다. 그
것은 기호, 정서, 도의의 완벽한 합치로부터 생겨나는 기쁨이었다.

세인트 존에 관해서라면, 나와 그의 여동생들 사이에 아주 자연스럽고 신속하
게 솟아난 친밀감이 그에게까지 미치지는 않았다. 이에 대한 이유들 중 하나는 세
인트 존이 좀처럼 집에 있지 않는다는 것이었다. 세인트 존의 시간의 많은 부분은

---

reviving 소생하는 **intercourse** 교제, 왕래 **congeniality** 일치, 합치 **sentiment** 정서, 감정
principle 도의, 원칙 **intimacy** 친밀, 친교 **extend** 미치다, 포괄하다 **seldom** 좀처럼 ~ 않는

appeared devoted* to visiting the sick and poor among the scattered* population* of his parish.

A month flew by. Diana and Mary were soon to leave Moor House, and return to a large, fashionable city in the south as governesses. Meanwhile, St. John had said nothing to me yet about the job he had promised to obtain for me.

"Mr. St. John, have you found any jobs for me?" I asked.

"I actually found something for you three weeks ago. But it was helpful to have you around the house, and you looked happy. My sisters really enjoyed your company too. So I thought I would be better to keep it from you until they left Marsh End."

"What kind of job was it? It would probably be difficult to get it now, as I have delayed answering it for three weeks."

"Oh, no," he replied. "The job depends entirely on me offering it to you and you accepting it. But you must remember that if I helped you, it will be as a blind man would help a lame* man. I am poor. If and when I pay off all of my father's debts, all the patrimony* remaining to me will be this crumbling* grange.* Since I am myself poor and obscure,* I can only offer you a job of poverty and obscurity.*

그의 교구에 흩어져 있는 사람들 중 아프고 가난한 사람들을 방문하는 데 바쳐지
는 것 같았다.

한 달이 지나갔다. 다이애나와 메리는 곧 무어 하우스를 떠나 가정 교사로 남
부에 있는 세련된 대도시로 돌아갈 예정이었다. 한편, 세인트 존은 나에게 얻게
해 주겠다고 약속했던 일자리에 관해서 아직 아무 이야기도 해 주지 않았다.

"세인트 존 씨, 제 일자리는 좀 알아보셨나요?" 내가 물었다.

"실은 3주 전에 당신에게 알맞은 일을 하나 발견했어요. 하지만 당신이 우리
집에 있는 것이 도움이 되고 행복해 보였어요. 제 여동생들도 당신을 친구로 사귀
게 되어 정말로 좋아했거든요. 그래서 동생들이 마시 엔드로 떠날 때까지는 말하
지 않는 것이 낫겠다고 생각했어요."

"그것이 어떤 종류의 일이었죠? 3주 동안 대답하는 것을 미루었으니 이제 그
일자리를 얻기는 어렵겠군요."

"오, 아니에요." 세인트 존이 대답했다. "그 일은 전적으로 당신에게 그 일을 제
공하는 저와 그 일을 수락하는 당신에게 완전히 달려 있어요. 하지만 제가 당신
을 돕는다면, 그것은 장님이 절름발이를 도와주는 격일 거예요. 저는 가난합니다.
그리고 제가 제 부친의 빚을 갚게 되거나 그런 때가 오면 제가 받는 재산이라고
는 이 쓰러져 가는 농장뿐일 거예요. 제가 가난하고 사교계에 이름이 알려져 있지
않기 때문에 가난하고 미천한 일자리만 당신에게 드릴 수 있습니다.

---

devote 바치다, 쏟다   **scattered** 산재해 있는, 흩어진   **population** 주민   **lame** 절뚝거리는,
불구의   **patrimony** 세습 재산   **crumbling** 망하는, 붕괴하는   **grange** 농장   **obscure** 세상에
알려져 있지 않은, 무명의   **obscurity** 미천한 신분, 무명

"I will probably leave Morton in a year's time. But while I do stay, I will exert myself* to the utmost* for its improvement.* Morton, when I came to it two years ago, had no school. The children of the poor were excluded* from every hope of progress.* I established* a school for boys. I now hope to open a second school for girls. I have hired a building for this purpose,* with a cottage* of two rooms attached* to it to be used as the mistress's house. Her salary will be thirty pounds a year. The house is already furnished, very simply, but sufficiently,* by the kindness of a lady, Miss Oliver—the only daughter of the sole rich man in my parish. Mr. Oliver is the proprietor of a needle factory and iron foundry* in the valley. Will you be the mistress of the new school?"

"I thank you for the proposal, Mr. Rivers," I said, "and I accept it with all my heart."

He smiled at last.

"And when can you begin?"

"If you like, I will go to my house tomorrow and open the school next week."

"Very well."

Diana and Mary Rivers became more sad and silent as the day approached for leaving their brother and their home. One afternoon, Diana was telling me that she suspected her brother would soon leave England for a missionary post* overseas* when St. John burst in through the door.

저는 아마도 1년 후에는 모턴을 떠날 것입니다. 하지만 머무는 동안에는 그곳의 발전을 위해 최대한의 노력을 기울일 거예요. 모턴은, 제가 2년 전에 왔을 때, 학교가 하나도 없었어요. 가난한 사람들의 자녀들은 모든 발전의 희망으로부터 배제되어 있었지요. 저는 사내아이들을 위해 학교를 세웠어요. 이제 저는 여자아이들을 위한 두 번째 학교를 열고 싶어요. 저는 이 목적을 위해서 여교사의 집으로 사용될 두 개의 방이 있는 작은 집이 딸린 건물 하나를 세냈어요. 여교사의 봉급은 1년에 30파운드가 될 것입니다. 그 집은 어떤 숙녀, 즉 제 교구에서 유일한 부자의 외동딸인 올리버 양의 친절에 의해 이미 아주 간소하게, 하지만 충분히 가구가 갖추어져 있지요. 올리버 씨는 골짜기에 있는 바늘 공장과 주조소의 소유주이세요. 당신이 새 학교의 여교사가 되어 주시겠어요?"

"그 제안에 감사드려요, 리버스 씨." 내가 말했다. "그리고 기꺼이 그것을 받아들이겠어요."

마침내 세인트 존이 미소를 지었다.

"그런데 언제 시작하실 수 있습니까?"

"괜찮으시다면, 저는 내일 제 집으로 갈 것이고 다음 주에 학교를 열 거예요."

"아주 좋군요."

다이애나 리버스와 메리 리버스는 자신들의 오빠와 집을 떠날 날이 다가오자 더욱 슬퍼하고 조용해졌다. 어느 날 오후, 다이애나가 자기 오빠가 곧 해외 선교단 일을 위해 영국을 떠나려는 것이 아닌지 의심스럽다고 나에게 말하고 있을 때, 세인트 존이 문을 벌컥 열고 들어왔다.

---

exert oneself 노력하다 **utmost** 극도의, 최고의 **improvement** 진보, 향상 **exclude** 제외하다, 배제하다 **progress** 향상, 진보 **establish** 설립하다 **purpose** 목적 **cottage** 작은 집, 오두막집 **attach** 소속시키다, 속하다 **sufficiently** 충분히 **foundry** 유리 공장, 주조소 **missionary post** 선교단 **overseas** 해외의

"Our uncle John is dead," he said.

"Dead?" repeated Diana.

"Yes. And he has left us nothing. He left all his money to another relative."

I was later told by Hannah that it was this Uncle John who had led Mr. Rivers into his disastrous* business deal.

The next day, Diana and Mary left. The week after, Mr. Rivers and Hannah went to the parsonage,* and so the old grange was abandoned.

"존 외삼촌이 돌아가셨어." 세인트 존이 말했다.

"돌아가셨어요?" 다이애나가 되풀이했다.

"그래. 그리고 우리에게 아무것도 남기지 않으셨어. 모든 돈을 다른 친척에게 남기셨어."

나는 후에 리버스 씨를 피해가 막심한 사업으로 이끌었던 장본인이 바로 이 존이라는 외삼촌이라는 것을 한나에게서 들었다.

다음 날 다이애나와 메리는 떠났다. 일주일 후, 세인트 존 리버스와 한나는 목사관으로 갔으므로 낡은 농장은 버려졌다.

---

disastrous 처참한, 피해가 막심한 **parsonage** 목사관

Chapter 31

I soon began teaching at the village school, and I had twenty students in total. Only three of them could read, and none could write. Some of them were rough, intractable,* ignorant,* and had no manners. Others were docile,* had a wish to learn, and did their best to please me.

So was I very happy and settled* during the hours I passed in the humble* schoolroom? No. I felt desolate.* The idiot that I am, I felt degraded. I felt I had taken a step which sank instead of raising me in the scale* of social existence.*

제31장

제인은 마을 학교에서 가르치기 시작한다.
제인은 자신의 처지가 전보다 낮아진 것을 비관한다.
세인트 존은 자신의 경험을 이야기해 주며
제인을 격려한다.

나는 머지않아 마을 학교에서 가르치기 시작했고, 나에게는 총 열두 명의 학생들
이 있었다. 그들 중 단 세 명만이 글을 읽을 수 있었고, 쓸 줄 아는 학생은 아무도
없었다. 그들 중 몇 명은 거칠고 억지스러웠고 무지하고 예의가 없었다. 다른 아
이들은 유순하고 배우고자 하는 바람이 있었으며, 나를 기쁘게 하려고 최선을 다
했다.

그래서 보잘것없는 교실에서 지내는 시간 동안 나는 아주 행복하고 안정되었
을까? 아니다. 나는 쓸쓸함을 느꼈다. 나는 어리석은 바보이고, 지위가 강등되었
다는 느낌을 받았다. 나는 사회적 존재의 등급에서 나를 올리기는커녕 한 발 더
끌어내린 듯한 느낌이었다.

---

intractable 완고한, 억지스러운 **ignorant** 무지한, 무식한 **docile** 온순한, 유순한 **settled** 안정된
humble 보잘것없는, 초라한 **desolate** 쓸쓸한, 고독한 **scale** 등급 **existence** 존재

That night, as I was meditating* at home I heard a small noise at the wicket.* I looked up and started to look around. I saw old Carlo, Mr. Rivers's dog, pushing the gate with his nose, and St. John himself leaning on it with folded arms. His gaze, grave almost to displeasure,* was fixed on me. I invited him in.

"No, I cannot stay," he said. "I have only brought you a little parcel my sisters left for you."

I approached to take it. He examined my face as I came near. Traces of tears must have been very visible.

"Have you found your first day's work disappointing?" he asked.

I was caught off guard,* and I could not say anything.

"A year ago, I was also miserable because I thought I had made a mistake in entering the ministry,*" he said. "But I continued to work hard, and one day, I heard God's call. God had a mission for me, and I decided to become a missionary."

His speech was interrupted by a beautiful, silver voice.

"Good evening, Mr. Rivers," the voice said. It was Rosamond Oliver.

"It is a lovely evening," replied St. John, "but rather late for you to be out alone."

"Papa told me that you had opened your school again, and that a new teacher had come. So I ran up the valley to see her. Is this her?" She pointed to me.

"Yes," said St. John.

그날 저녁, 내가 집에서 명상을 하고 있을 때, 쪽문 근처에서 작은 소리가 들렸다. 나는 고개를 들고 무슨 일인지 살펴보기 시작했다. 리버스 씨의 개인 늙은 카를로가 자신의 코로 문을 밀고 있고 세인트 존이 팔짱을 끼고 그 문에 기대 서 있는 것이 보였다. 거의 불쾌하리만큼 엄숙한 세인트 존의 시선은 나에게 고정되어 있었다. 나는 세인트 존을 안으로 들였다.

"아니요, 머무를 수는 없어요." 세인트 존이 말했다. "제 여동생들이 당신에게 남긴 작은 꾸러미를 가져온 것뿐이에요."

나는 그것을 받으려고 다가갔다. 내가 가까이 가자 세인트 존은 내 얼굴을 살폈다. 눈물 자국이 아주 잘 보였던 것이 분명했다.

"첫날 일이 실망스럽다는 것을 알게 되었나요?" 세인트 존이 물었다.

나는 허를 찔렸고, 어떤 말도 하지 못했다.

"1년 전에는 저도 역시 비참했는데, 목회 일에 들어서는 실수를 범했다고 생각했기 때문이었습니다." 세인트 존이 말했다. "하지만 계속해서 열심히 일했고, 어느 날 저는 주님의 부름을 들었습니다. 주님은 저에게 사명을 주셨고, 저는 선교사가 되기로 결심했죠."

세인트 존의 말은 아름답고 낭랑한 목소리에 의해 중단되었다.

"안녕하세요, 리버스 씨." 그 목소리가 말했다. 그것은 로사몬드 올리버였다.

"아름다운 저녁이군요." 세인트 존이 대답했다. "하지만 혼자 나오시기에는 시간이 다소 늦었습니다."

"아버지 말씀이 세인트 존 씨께서 다시 학교를 여셨고 새로운 선생님이 오셨다고 그러시더군요. 그래서 그분을 보러 마을을 달려왔지요. 이분이 그분이신가요?" 올리버가 나를 가리켰다.

"네." 세인트 존이 말했다.

---

meditate 묵상하다, 명상하다 **wicket** 작은 문, 쪽문 **displeasure** 불쾌, 불만 **be caught off guard** 허를 찔리다 **ministry** 목사의 직, 목회

"Do you think you'll like Morton?" she asked of me, with a direct and naive* simplicity* of tone. It was a pleasing tone, like a child's.

"I hope so," I replied.

"I hope you will too," she said, smiling. "Do you like your house?"

"Very much."

"Have I furnished it nicely?"

"Very nicely, indeed."

"I will come and help you teach some day. I must go now. Good evening, Miss Elliot. And you too, Mr. Rivers. Good evening."

She turned to go and then stopped abruptly.

"I forgot!" she exclaimed, shaking her beautiful curled head. "How silly of me. Mr. Rivers, as Diana and Mary have left you, and Moor House is shut up, you must be so lonely. I feel sorry for you. Do come and visit Papa."

"Not tonight, Miss Rosamond, not tonight."

"As you wish, Mr. Rivers. Really, good evening!" With that she went, and St. John watched her.

From their interaction*—the way they looked at each other, their smiles, their soft tone of voice—I realized that evening that St. John and Rosamond Oliver were in love.

"모턴이 마음에 드실 것 같으세요?" 올리버가 솔직하고 상냥하면서도 담백한 말투로 물었다. 그것은 아이의 말투처럼 즐거운 말투였다.

"저도 그러기를 바랍니다." 내가 대답했다.

"저도 그러시기를 바라요." 올리버가 미소를 지으며 말했다. "집은 마음에 드세요?"

"아주 많이요."

"가구들은 잘 비치되었나요?"

"아주 잘 되었어요, 정말로요."

"언젠가는 제가 와서 선생님이 가르치시는 것을 도와드릴게요. 이제 저는 가야 해요. 안녕히 계세요, 엘리엇 선생님. 그리고 리버스 목사님도요. 안녕히 계세요."

올리버는 가려고 몸을 돌리다가 돌연 멈춰 섰다.

"깜빡했어요!" 올리버가 아름다운 고수머리를 흔들며 소리쳤다. "저는 참 바보로군요. 리버스 목사님, 다이애나와 메리가 목사님을 떠나서 무어 하우스는 문이 닫혀 있고, 목사님은 분명 아주 외로우실 거예요. 유감입니다. 꼭 아버지를 방문하러 와 주세요."

"오늘 밤은 안 돼요, 로사몬드 양, 오늘 밤은요."

"편하실 대로 하세요, 리버스 목사님. 정말로 안녕히 계세요!" 그 말과 함께 올리버는 떠났고, 세인트 존은 그녀를 지켜보았다.

그들의 상호 작용, 즉 그들이 서로를 바라보는 방식, 그들의 미소, 그들의 부드러운 목소리로부터 나는 그날 저녁 세인트 존과 로사몬드 올리버가 사랑에 빠져 있음을 알았다.

---

naive 순진한　**simplicity** 수수함, 담백　**interaction** 상호 작용

Chapter 32

Slowly but surely, I became fond of my students and they, too, grew fond of me. I no longer found the days at the school monotonous,* and on some occasions,* I even wanted the school day to be longer.

Rosamond Oliver kept her word and visited me often at the school. Her visits were generally made in the course of her morning ride. She would come up to the door on her pony, followed by a mounted livery servant.* I did, however, notice that she visited the school mostly on days when she knew St. John would be there. And their interaction, as before, was the one of young people who were in love.

제32장

제인은 여학교 교사로서의 생활에 적응해 간다.
어느 날 제인을 방문한 세인트 존은
제인의 필적을 보고 무언가에 놀란 듯
갑자기 집에서 나간다.

천천히 그러나 확실히, 나는 나의 학생들이 좋아졌으며 그들 역시 점점 더 나를 좋아하게 되었다. 나는 더 이상 학교에서 보내는 날들이 지루한 줄 몰랐고, 어떤 경우에는 심지어 학교에서의 하루가 더 길어지기를 원하기까지 했다.

로사몬드 올리버는 자기 말을 지켰고 자주 학교에 있는 나를 방문했다. 올리버의 방문은 대체로 오전 승마 시간에 이루어졌다. 올리버는 조랑말을 타고 문에 나타났으며, 말을 탄 제복을 입은 하인이 뒤따랐다. 그러나 나는 세인트 존이 그곳에 있을 거라는 것을 알고 있는 날에 대체로 그녀가 학교를 방문한다는 것을 알아챘다. 그리고 이전과 마찬가지로 그들의 상호 작용은 사랑하는 젊은 사람들의 상호 작용이었다.

---

monotonous 단조로운, 변화 없는   **occasion** 경우, 때   **livery servant** 제복을 입은 고용인

Soon Rosamond Oliver took a liking to* me, and began paying regular* visits to my cottage. One evening, she came and found on my table two French books, and a volume of Schiller, a German grammar and dictionary. She also saw my drawing materials and some sketches, including a pencil drawing of a pretty little cherub-like* girl, one of my scholars,* and sundry* views from nature. She was delighted, and bombarded me with questions.*

"Did you do these pictures?" she asked. "And do you know French and German? What a miracle* you are! You draw better than my art teacher from school! Can you sketch a portrait of me, to show to papa?"

"With pleasure," I replied.

Rosamond Oliver took the sketch home with her. The next day, she returned with it and told me that her father was so pleased with it that he had asked me to make a finished picture. She also informed* me that he had asked me to come and spend an evening at Vale Hall once it was finished.

That night, I was preparing for the next day's lessons when I heard a tap on my door. I opened the door and welcomed in St. John Rivers.

"Take a chair, Mr. Rivers," I said. I saw him notice the portrait, which was on my table. Pretending* to look elsewhere, he observed it with a quick glance.

"Does it look like her?" I asked bluntly.*

"Like, like whom? I did not look at it closely."

머지않아 로사몬드 올리버는 나를 마음에 들어했고, 나의 오두막을 정기적으로 방문하기 시작했다. 어느 날 저녁, 올리버가 와서 나의 탁자 위에 있는 두 권의 프랑스어 책, 그리고 쉴러 전집, 독일어 문법책과 사전을 발견했다. 올리버는 또한 나의 그림 재료들과 예쁜 아기 천사 같은 소녀, 나의 학자들 중 한 명, 그리고 잡다한 자연 풍경에 관한 연필 소묘를 포함하는 몇 장의 스케치들도 보았다. 올리버는 기뻐했고, 나에게 질문을 퍼부었다.

"선생님이 이 그림들을 그리셨어요?" 올리버가 물었다. "그리고 프랑스어와 독일어를 아세요? 선생님은 참 놀라운 분이시군요! 선생님은 저희 학교 미술 선생님보다 더 잘 그리세요! 아버지에게 보여 드리게 제 초상화를 그려 주실 수 있어요?"

"기꺼이요." 내가 대답했다.

로사몬드 올리버는 그 스케치를 가지고 집으로 갔다. 다음 날 올리버는 스케치를 가지고 돌아와서 자기 아버지가 그 그림을 아주 마음에 들어하셔서 완성된 그림을 만들어 달라고 부탁했다는 것이었다. 올리버는 또한 일단 그림이 완성되면 베일 저택에 와서 저녁 시간을 보내자고 자기 아버지가 청했다고 알려 주었다.

그날 저녁, 내가 다음 날 수업을 준비하고 있을 때 문을 똑똑 두드리는 소리가 들렸다. 나는 문을 열고 세인트 존 리버스를 맞았다.

"의자에 앉으세요, 리버스 씨." 내가 말했다. 나는 세인트 존이 탁자 위에 있는 초상화를 주목하고 있는 것을 보았다. 다른 곳을 보는 척하며, 세인트 존은 그것을 재빨리 훑어보며 관찰했다.

"그 그림이 그녀와 닮았나요?" 내가 무뚝뚝하게 물었다.

"누구, 누구를요? 자세히 보지를 않아서요."

---

take a liking to ~이 마음에 들다 **regular** 정기적인 **cherub-like** 천사 같은 **scholar** 학자 **sundry** 가지가지의, 잡다한 **bombard ~ with questions** ~에게 질문 공세를 하다 **miracle** 불가사의한 사람 **inform** 알리다, 알려 주다 **pretend** ~인 체하다 **bluntly** 통명스럽게, 무뚝뚝하게

"You did, Mr. Rivers."

He seemed shocked at my sudden and strange abruptness.* He looked at the portrait again.

"It's a very good picture," he said. "It's a very soft, very graceful and correct drawing."

"She likes you, Mr. Rivers," I said. "I don't understand why you don't just ask her to marry you. Her father respects you, and it is clear you love her."

He looked at me in astonishment.*

"Does she like me?" he asked.

"It is very obvious.*"

He stood still and thought for a moment.

"You're right," he said. "I do love her. But I cannot make her suffer. Can you imagine Rosamond as a missionary's wife? No! That won't do!"

"But you don't need to be a missionary."

"I cannot give up my vocation*! God has a plan for me. And besides, Miss Oliver is always surrounded by suitors* and flatterers.* It won't take long for her to forget me. She will marry, probably, someone who will make her far happier than I could."

He looked at her portrait with a loving gaze. Then he saw something on one of the many sheets of paper I had laid out on the table, and his whole expression changed. What he suddenly saw on this blank paper, it was impossible for me to tell. But something had definitely*

"보셨잖아요, 리버스 씨."

세인트 존은 나의 갑작스럽고 이상한 무뚝뚝함에 깜짝 놀란 듯했다. 세인트 존은 다시 초상화를 보았다.

"아주 좋은 그림이군요." 세인트 존이 말했다. "아주 부드럽고, 아주 우아하고 정확한 그림입니다."

"올리버 양은 당신을 좋아해요, 리버스 씨." 내가 말했다. "왜 당신이 올리버 양에게 청혼하지 않는지 이해가 안 되네요. 올리버 양의 아버지는 당신을 존경하고, 당신이 그녀를 사랑하는 것은 분명한데요."

세인트 존이 깜짝 놀라서 나를 바라보았다.

"올리버 양이 저를 좋아하나요?" 세인트 존이 물었다.

"아주 분명합니다."

세인트 존은 가만히 서서 잠시 생각했다.

"당신 말이 맞아요." 세인트 존이 말했다. "저는 올리버 양을 정말로 사랑합니다. 하지만 그녀가 고통을 겪게 할 수는 없어요. 선교사의 아내로서의 로사몬드 양을 상상할 수 있으세요? 안 돼요! 그것은 안 될 일이에요!"

"하지만 선교사가 되실 필요는 없잖아요."

"제 소명을 포기할 수는 없어요! 주님한테는 저를 위한 계획이 있으세요. 게다가 올리버 양은 언제나 구혼자들과 아첨꾼들에게 에워싸여 있지요. 저를 잊는 데에는 그리 오래 걸리지 않을 거예요. 아마도 올리버 양은 제가 할 수 있는 것보다 자신을 훨씬 더 행복하게 해 줄 누군가와 결혼할 거예요."

세인트 존은 올리버 양의 초상화를 애정 눈길로 바라보았다. 그런 다음 내가 탁자 위에 펼쳐 놓은 많은 종이들 중 하나에서 무언가를 보았으며, 그의 표정 전체가 바뀌었다. 이 빈 종이에서 세인트 존이 갑자기 무엇을 보았는지는 분간하기가 어려웠다. 그러나 무엇인가가 분명히 세인트 존의 시선을 사로잡았다. 세인트

---

abruptness 퉁명 **in astonishment** 깜짝 놀라서 **obvious** 명백한, 분명한 **vocation** 천직, 사명 **suitor** 구혼자 **flatterer** 아첨꾼 **definitely** 명확히, 절대로

caught his eye. He took up the piece of paper with a snatch. He looked at its edge then shot a glance at me. The glance seemed to take and make note of every point in my shape, face, and dress.

"What is the matter?" I asked.

"Nothing," he replied. He put the paper back down, and tore a narrow slip* from the margin.* He put it in his pocket and, with one hasty nod and "good night," he vanished.*

I scrutinized the paper, but saw nothing on it except a few small stains* of paint where I had tried the tint* in my pencil. I tried to solve the mystery for a minute or two. Finding it insoluble,* and thinking that it could not be of much importance, I gave up, and soon forgot it altogether.

존은 그 종잇조각을 홱 잡아채었다. 세인트 존은 종이의 가장자리를 본 다음 나를 흘끗 보았다. 그 시선은 나의 몸, 얼굴, 그리고 옷에 있는 모든 것을 주목하는 듯했다.

"무슨 일이죠?" 내가 물었다.

"아무것도 아닙니다." 세인트 존이 대답했다. 세인트 존은 종이를 다시 내려놓았고, 그 가장자리를 가늘게 잘라 냈다. 세인트 존은 그것을 자기 주머니에 넣고 다급하게 한 번 고개를 꾸벅하더니 '안녕히 계세요.'라는 말과 함께 사라졌다.

나는 그 종이를 세밀히 조사했으나, 내가 연필로 색조를 넣으려고 했던 곳에서 몇 군데의 작은 색칠 자국 외에는 아무것도 보지 못했다. 나는 1~2분 정도 그 수수께끼를 풀려고 노력했다. 그것을 풀 수 없다는 것을 발견하고, 그다지 중요한 것일 리 없다는 생각이 들어 나는 포기했고, 곧 완전히 잊어버렸다.

---

slip 종잇조각 margin 가장자리, 변두리 vanish 사라지다 stain 오점, 흠 tint 색조 insoluble 풀 수 없는

Chapter 33

One snowy night, as I sat reading *Marmion*, St. John came to my cottage. He had a serious look on his face.

"Is there bad news?" I asked, ushering him in.

He said he wanted to discuss a story with me, and asked me to sit down with him. What he told me next made me speechless.

Appearing rather troubled, he related to me the story of an orphan girl.

"This girl left a charity school to become the governess at Thornfield Hall in Millcote," he said. "She disappeared after nearly marrying its proprietor, Edward Rochester. This runaway governess's name is Jane Eyre."

제33장

세인트 존은 제인을 방문하여
자신이 제인의 정체를 알고 있으며
최근 제인이 거액을 상속받았다는 것,
또한 자신들이 사촌지간임을 알린다.

어느 눈 오는 밤, 내가 「마미온」을 읽고 있을 때, 세인트 존이 나의 오두막으로 찾아왔다. 세인트 존의 얼굴에는 심각한 표정 서려 있었다.

"나쁜 소식이 있나요?" 내가 그를 안내하며 물었다.

세인트 존은 나와 이야기를 나누고 싶다고 했고 자기 옆에 앉아 달라고 부탁했다. 세인트 존이 다음에 한 이야기는 나의 말문을 막히게 만들었다.

상당히 근심스러운 표정으로, 세인트 존은 나에게 한 고아 소녀의 이야기를 들려 주었다.

"이 소녀는 밀코트에 있는 손필드 저택에서 가정 교사가 되려고 자선 학교를 떠났습니다." 세인트 존이 말했다. "그녀는 손필드 저택의 주인 에드워드 로체스터와 거의 결혼할 뻔한 후에 사라졌지요. 도망친 이 가정 교사의 이름은 제인 에어였어요."

By his gaze, I could tell that he suspected me of being the protagonist* of the story.

"I received a letter from a solicitor named Mr. Briggs," he continued, "which intimidated* that it is extremely* important that this Jane Eyre is found."

"And why are you telling me this, Mr. Rivers?"

Instead of answering, he produced* the piece of paper he had torn from one of my drawings a few days ago. It was my signature.*

"I had my suspicions even before I saw that," he said. "Now do you admit that you are Jane Eyre?"

"Yes. But where is Mr. Briggs? I want to know whether Mr. Rochester is all right."

"Mr. Briggs is in London. I doubt he knows anything about Mr. Rochester. It was you that Mr. Briggs was looking for."

"Well, what did he want?"

"To tell you that your uncle, Mr. Eyre of Madeira, is dead. He has left you all his property, and now you are rich. He has left you twenty thousand pounds."

"Twenty thousand pounds? Are you sure? There must have been a mistake. Are you sure it wasn't two thousand pounds?"

"It was written in letters, not figures.* He has left you twenty thousand pounds."

"Wait!" I said, "Why did Mr. Briggs write to you about me?"

그의 시선에서 나는 세인트 존이 그 이야기의 주인공이 나라고 의심한다는 것을 알아낼 수 있었다.

"저는 브릭스 씨라는 사무 변호사로부터 편지를 한 장 받았습니다." 세인트 존이 말을 이었다. "그 편지는 이 제인 에어 양이 발견되는 것이 몹시 중요하다고 겁을 주었어요."

"그런데 왜 이 이야기를 저에게 하시나요, 리버스 씨?"

대답하는 대신 세인트 존은 자신이 며칠 전 내 그림들 중 하나에서 찢어낸 종잇조각을 내보였다. 그것은 나의 서명이었다.

"저는 심지어 그것을 보기 전부터 의심했습니다." 세인트 존이 말했다. "이제 당신이 제인 에어라는 것을 인정하시겠지요?"

"네. 하지만 브릭스 씨는 어디에 계시죠? 로체스터 씨가 괜찮으신지 알고 싶어요."

"브릭스 씨는 런던에 계십니다. 브릭스 씨가 로체스터 씨에 관해 조금이라도 알고 있는지 저도 모릅니다. 브릭스 씨가 찾고 있는 사람은 당신이었어요."

"브릭스 씨가 무엇을 원하셨는데요?"

"당신의 외삼촌 마데이라의 에어 씨가 돌아가셨다는 것을 알리려는 것입니다. 존 에어 씨가 자신의 전 재산을 당신에게 남겼고, 이제 당신은 부자입니다. 존 에어 씨가 당신에게 2만 파운드를 남기셨어요."

"2만 파운드요? 확실해요? 실수가 있었던 것이 분명해요. 2천 파운드가 아닌 것이 확실한가요?"

"그것은 숫자가 아니라 문자로 적혀 있었어요. 존 에어 씨가 2만 파운드를 남기셨습니다."

"잠깐만요!" 내가 말했다. "왜 브릭스 씨가 저에 관해서 당신에게 편지를 쓴 것이죠?"

---

protagonist 주인공   intimidate 겁주다   extremely 매우, 몹시   produce 제시하다, 내놓다
signature 서명, 사인   figure 숫자

To my surprise, I found out that St. John's mother was my father's sister. We were cousins!"

I felt as if I had found a brother, a brother I could be proud of, one I could love. I had also found two sisters, whom I loved and admired as strangers.

"Oh, I am so happy!" I exclaimed.

St. John smiled.

"Please write to Diana and Mary tomorrow," I said, "and tell them to come home immediately. I intend to share my fortune equally with all of you. Diana once said they would both consider themselves rich with a thousand pounds, so five thousand pounds should make them very happy."

"And the school, Miss Eyre? Shall I tell the students that it will no longer be open?"

"No. I will retain* my post of mistress until you can find a replacement.*"

He smiled approvingly.* We shook hands, and he left.

놀랍게도, 나는 세인트 존의 어머니가 나의 아버지의 누나라는 것을 알아냈다. 우리는 사촌이었던 것이다!

나는 마치 오빠를, 내가 자랑스러워 할 수 있고 사랑할 수 있는 오빠를 발견한 느낌이었다. 또한 내가 남남일 때조차 사랑하고 존경했던 두 자매를 얻은 것이었다.

"오, 저는 아주 행복해요!" 내가 소리쳤다.

세인트 존이 미소를 지었다.

"부디 다이애나와 메리에게 내일 편지를 써 주세요." 내가 말했다. "그리고 즉시 집으로 와 달라고 하세요. 저는 제 재산을 여러분 모두와 동등하게 나누겠어요. 다이애나는 저에게 언젠가 한 번 그들 둘 다 1천 파운드만 있다면 자신들이 부자라고 생각할 것이라고 말한 적이 있었어요. 그러니까 5천 파운드면 그들을 아주 행복하게 만들어 줄 테지요."

"그럼 학교는요, 에어 선생님? 학생들에게 학교가 더 이상 문을 열지 못한다고 말해야 할까요?"

"아니요. 저는 오빠가 후임자를 찾을 때까지 교사직을 계속 맡을 거예요."

세인트 존은 만족스러운 듯 미소를 지었다. 우리는 악수를 했고, 세인트 존은 떠났다.

---

retain 계속 유지하다   **replacement** 후계자, 후임자   **approvingly** 만족한 듯이

Chapter 34

It was near Christmas by the time all our fortunes were received and divided. I now quit Morton school, but I promised my students that I would visit them and teach them for an hour every week.

Hannah and I prepared Moor House for the arrival of Diana and Mary, and we waited anxiously for a couple of days.

"They are coming! They are coming!" cried Hannah on Christmas Eve, throwing open the house door. I ran out. They laughed and kissed me. Hannah patted Carlo, who was half wild with delight.

제34장

제인은 사촌들과 유산을 공평하게 나누고
무어 하우스 사람들은 이를 기반으로 새 삶을 시작한다.
세인트 존은 애정도 없이,
다만 선교사로서의 소명을 수행하는 데 도움이 된다는 이유로
제인으로서는 당혹스럽기만 한 청혼을 한다.

우리의 모든 재산이 수령되고 나눠진 것은 크리스마스 무렵이었다. 나는 이제 모턴 학교를 그만두었으나, 나의 학생들에게 매주 한 시간 그들을 방문해서 그들을 가르쳐 주겠다고 약속했다.

한나와 나는 다이애나와 메리의 도착을 위해 무어 하우스를 단장했으며, 우리는 2~3일 동안 몹시 기다렸다.

"아가씨들이 오고 있어요! 아가씨들이 와요!" 크리스마스이브에 한나가 집의 문을 왈칵 열어젖히며 말했다. 나는 달려 나갔다. 그들이 나에게 웃으며 입맞춤을 했다. 한나가 기쁨으로 반쯤 흥분한 카를로를 쓰다듬어 주었다.

My cousins were stiff* from their long and jolting* drive from Whitcross, and chilled* with the frosty night air, but they seemed happier than ever.

That evening was sweet. Mary and Diana's eloquence* covered St. John's taciturnity,* which he had come to show more lately.

"And Rosamond Oliver? How is she?" asked Mary, the words seeming to escape her lips* involuntarily. As soon as she uttered* them, she made a gesture as if she wished to recall* them. St. John had a book in his hand— it was his unsocial* custom to read while with others— he closed it, and looked up.

"Rosamond Oliver is about to marry Mr. Granby, one of the best connected* and most estimable* residents* in Morton," he said. "Her father told me yesterday."

His sisters looked at each other and at me, and then the three of us looked at him. He did not seem at all distressed.*

As the days went on, Diana's, Mary's and my excited state gave way to quieter, calmer sensibilities,* and we resumed* our usual habits and regular studies. St. John stayed more and more often at home. He sat with us in the same room, sometimes for hours together. While Mary drew, Diana read, and I studied away at German, he studied a mystic* lore* of his own: an Eastern language, which I later found to be Hindustani,* that was necessary for his plans. His eyes, however, had a

나의 사촌들은 휘트크로스에서부터 오랜 시간 덜컹거리는 마차 여행으로 힘이 들었으며, 얼어붙는 듯한 밤공기로 몸이 얼었지만, 전보다 더 행복해 보였다.

그날 저녁은 즐거웠다. 메리와 다이애나의 능변은 세인트 존이 보다 최근에 드러낸 그의 과묵함을 덮어 주었다.

"그런데 로사몬드 올리버 양은요? 그녀는 어떻게 지내요?" 메리가 물었는데, 그 말은 부지불식간에 무심코 내뱉은 듯했다. 메리는 그 말을 내뱉자마자 그 말을 상기해 주기를 바란다는 듯한 몸짓을 했다. 세인트 존은 손에 책을 가지고 있었는데(다른 사람들과 같이 있는 동안 책을 읽는 것은 사람들과 사귀기에는 좋지 못한 그의 습관이었다), 그는 그것을 덮고 고개를 들었다.

"로사몬드 올리버 양은 모턴에서 가장 집안이 좋고 가장 존경할 만한 거주자들 중 한 명인 그랜비 씨와 곧 결혼할 거야." 세인트 존이 말했다. "올리버 양의 아버지가 어제 나에게 말씀해 주셨어."

세인트 존의 여동생들은 서로를 쳐다보고 나를 바라보았으며, 그런 다음 우리 셋은 그를 바라보았다. 세인트 존은 전혀 괴로워하는 것 같지 않았다.

며칠이 지나면서 다이애나, 메리, 그리고 나의 흥분된 상태는 보다 조용하고 보다 차분한 감수성에 자리를 내주었으며, 우리는 우리의 평소의 습관과 정기적인 공부를 다시 시작했다. 세인트 존은 점점 더 자주 집에 머물렀다. 세인트 존은 우리와 함께 같은 방에 앉아 있었으며, 때로는 몇 시간 동안 같이 있었다. 메리가 그림을 그리고 다이애나가 독서를 하고 내가 독일어 공부에 열중하는 동안, 세인트 존은 자기 자신의 신비로운 학문을 공부했는데, 그것은 내가 나중에 힌두스타니 말이라는 것을 알게 된 동양의 언어였으며, 세인트 존의 계획에 필요한 것이었다.

---

stiff 〈근육 등이〉 뻐근한, 무리한   **jolting** 덜컹거리는   **chill** 춥게 하다, 오싹하게 하다   **eloquence** 웅변, 능변   **taciturnity** 말 없음, 과묵   **escape one's lips** 무심코 입 밖에 내다   **utter** 발언하다   **recall** 생각나게 하다, 상기시키다   **unsocial** 사교 생활과 맞지 않는   **connected** 연고가 있는   **estimable** 존경할 만한   **resident** 거주자   **distressed** 괴로운, 슬퍼하는   **sensibility** 감수성   **resume** 다시 시작하다   **mystic** 비법의, 비전의   **lore** 학문, 지식   **Hindustani** 힌두스타니 말

habit of wandering over his books, and sometimes fixing upon us, his fellow-students, with a curious intensity* of observation.*

One day, Mary and Diana went to the market without me, as I had a cold. I was left alone in the house with St. John.

"Jane, what are you doing?" he asked.

"I'm studying German."

"I want you to give up German and learn Hindustani."

He went on to explain that he was studying Hindustani as he was planning missionary work in India. He said that he needed another person to study it with him, and that he thought I would be the most suitable out of the three. I could not refuse my cousin this favor. I accepted.

I found him a very patient, yet an exacting* master. He expected me to do a great deal. Slowly but surely, he acquired a certain influence over me that took away my liberty* of mind. I could no longer talk or laugh freely when he was around, and my instinct* reminded me that vivacity* was distasteful* to him.

As for me, I wanted, and did my best, to please him. But to do so, I had to try to be something I was not. Before I knew it, it was making me feel sad, cold, and lonely.

그러나 세인트 존의 눈은 호기심 많은 관찰력으로 자기 책을 훑어보고, 때로는 우리와 자기 동료 학생들에게 시선을 고정시키는 버릇이 있었다.

어느 날 메리와 다이애나는 내가 감기에 걸렸기 때문에 나를 빼고 시장에 갔다. 나는 세인트 존과 집에 단둘이 남겨졌다.

"제인, 무엇을 하고 있어?" 세인트 존이 물었다.

"독일어 공부를 하고 있어요."

"독일어는 그만두고 힌두스타니어를 공부하면 좋겠는데."

세인트 존은 이어서 자신이 인도에서 선교 일을 계획 중이기 때문에 힌두스타니어를 공부하고 있다고 설명했다. 세인트 존은 자신과 함께 힌두스타니어를 공부할 다른 사람이 필요한데, 내가 세 명 중에 가장 적합한 사람이라고 생각한다고 말했다. 나는 사촌의 이러한 부탁을 거절할 수 없었다. 나는 받아들였다.

나는 세인트 존이 매우 참을성이 많지만 엄한 교사라는 것을 깨달았다. 세인트 존은 내가 많은 것을 하기를 기대했다. 천천히 그러나 확실히, 세인트 존은 나에게 나의 마음의 자유를 앗아갈 정도의 어떤 영향력을 얻었다. 세인트 존이 주변에 있으면 나는 더 이상 자유롭게 말하거나 웃을 수 없었으며, 나의 본능은 활기가 그에게는 불쾌할 뿐임을 나에게 상기시켜 주었다.

나로 말하자면, 나는 세인트 존을 즐겁게 해 주기를 원했고 최선을 다했다. 그러나 그렇게 하기 위해서 나는 내가 아닌 다른 누군가가 되려고 노력해야 했다. 나도 모르게 그것은 나를 슬프고 춥고 외롭게 만들었다.

---

intensity 집중, 전심 **observation** 관찰 **exacting** 엄한, 까다로운 **liberty** 자유 **instinct** 본능
vivacity 생기, 활기 **distasteful** 불쾌한, 싫은

Perhaps you think I had forgotten Mr. Rochester, reader, in the midst of discovering my fortune and family. Not for a moment. I was constantly curious as to his well-being.* I wrote to Mrs. Fairfax, but to my surprise, a fortnight passed and there was still no reply, then a month, then two. I wrote again and again throughout the spring, but my letters remained unanswered.

One fine May afternoon, St. John asked me to join him on a walk.

"Jane, I leave in six weeks."

"God will protect you, and I wish you the very best," I answered.

"Jane, come with me to India," he said in a determined, relentless* voice. "Come as my fellow missionary, and as my wife."

"Oh, St. John!" I cried, "I can't!"

I was appealing to someone who, when it came to what he believed his duty, knew neither mercy* nor remorse.*

"God and nature intended you to be a missionary's wife," he continued. "You were made for work, not for love. A missionary's wife you must, and shall, be. You shall be my wife. I claim you—not for my pleasure, but for God's work."

"I do not understand a missionary life. I have never studied missionary work!"

아마도 독자 여러분은 내가 나의 재산과 가족을 발견하는 와중에 로체스터 씨를 잊은 것이라고 생각할 것 같다. 한시도 잊은 적이 없었다. 나는 계속해서 로체스터 씨의 안녕에 대해 궁금해 했다. 나는 페어팩스 부인에게 편지를 썼으나, 놀랍게도 2주일이 지나도, 한 달 두 달이 지나도 여전히 답장이 없었다. 나는 봄 내내 계속해서 편지를 썼으나 내 편지들은 여전히 답장을 받지 못했다.

어느 화창한 5월 오후에, 세인트 존은 나에게 자기가 산책하는 데 같이 가자고 요청했다.

"제인, 나는 6주 후에 떠나."

"주님께서 오빠를 지켜 주실 거예요. 그리고 신의 가호가 있기를 빌어요." 내가 대답했다.

"제인, 나와 함께 인도에 가자." 세인트 존이 단호하고 집요한 목소리로 말했다. "나의 동료 선교사로서, 그리고 나의 아내로서 가는 거야."

"오, 세인트 존 오빠!" 내가 소리쳤다. "저는 할 수 없어요."

나는 자신의 의무라고 믿게 되는 것에는 자비도 후회도 알지 못하는 누군가에게 호소하고 있었다.

"주님과 자연은 네가 선교사의 아내가 되는 것을 의도했어." 세인트 존이 말을 이었다. "너는 사랑이 아니라 일을 위해 만들어졌어. 너는 선교사의 아내가 되어야 하고, 그렇게 될 거야. 나는 너를 아내로 맞을 거야. 나는 내 기쁨을 위해서가 아니라 주님의 일을 위해서 네게 주장하는 거야."

"저는 선교사의 삶을 이해할 수 없어요. 저는 선교 일을 공부한 적도 없어요!"

---

well-being 행복, 안녕　**relentless** 집요한, 끊임없는　**mercy** 자비, 인정　**remorse** 후회, 양심의 가책

"I will guide you. I can set you your task from hour to hour. I will stand by you always; help you from moment to moment. You will learn quickly, and soon you would not need my help."

"But I have no inspiration,* no passion* for missionary work. Nothing speaks or stirs in me while you talk."

"I have watched you for the past ten months, Jane. So trust me when I say, that you have all the qualities that would make a good missionary."

I thought long and hard. I could not marry a man that did not love me as a husband should a wife.

"I will go to India with you, but as your sister, not your wife," I said. "You have hitherto* been my cousin. Let us keep it that way. You and I should not marry."

"Adopted fraternity* will not do," he said, shaking his head. "If you were my real sister, it would be different: I would take you, and seek no wife. But our union must be consecrated* and sealed* by marriage, If that is not the case, we should stop. There is no other choice. Do you not see it, Jane? Consider a moment. Your strong sense will guide you."

"St. John," I said, "I see you as a brother. I cannot marry you."

"If it is the lack of love that troubles you, you needn't worry. Enough love would undoubtedly form after marriage."

"내가 너를 이끌어 줄게. 내가 너에게 시시각각으로 너의 임무를 설정해 줄 수 있어. 내가 언제나 네 곁에 있을게. 매 순간 너를 도와줄게. 너는 빨리 배울 거야. 그리고 머지않아 내 도움이 필요 없어질 거야."

"하지만 저는 선교 사업에 대해 성령의 인도를 받은 적도 없고 열정도 없어요. 오빠가 말하는 동안 아무것도 제 안에서 말을 걸거나 제 마음을 흔들어 놓지 않아요."

"나는 지난 열 달 동안 너를 지켜보아 왔어, 제인. 그러니 네가 훌륭한 선교를 할 모든 자질을 가지고 있다고 내가 말할 때는 내 말을 믿어."

나는 긴 시간 동안 열심히 생각했다. 나는 남편이 마땅히 아내를 사랑해야 하듯 나를 사랑하지 않는 남자와는 결혼할 수 없었다.

"오빠와 함께 인도에 갈게요. 하지만 아내로서가 아니라 누이동생으로요." 내가 말했다. "오빠는 지금까지 저의 사촌 오빠였어요. 그 방식을 유지하기로 해요. 오빠와 저는 결혼해서는 안 돼요."

"사촌 형제 관계로는 안 될 거야." 세인트 존이 고개를 저으며 말했다. "만약 네가 친누이라면 다르겠지. 너를 데려가고 아내를 찾지는 않겠지. 하지만 우리의 결합은 결혼으로 신성화되고 봉인되어야 해. 그런 경우가 아니라면 처음부터 그만두어야 해. 다른 선택은 없어. 모르겠어, 제인? 잠깐 생각해 봐. 너의 강한 판단력이 너를 이끌어 줄 거야."

"세인트 존 오빠." 내가 말했다. "저는 오빠를 그냥 오빠로 생각해요. 저는 오빠와 결혼할 수 없어요."

"너를 괴롭히는 것이 사랑의 결여라면, 걱정할 필요 없어. 충분한 사랑은 결혼 후에도 의심의 여지없이 만들어지니까."

---

inspiration 성령의 인도, 감화, **passion** 열정 **hitherto** 지금까지 **fraternity** 형제 관계 **consecrate** 신성하게 하다 **seal** 굳게 하다, (운명 등을) 정하다

"I scorn your idea of love," I said as I rose up and stood before him. "I scorn your offer of false sentiments, and I scorn you for offering them."

He stared at me. I did not know whether he was angry or surprised.

"I don't think I have done or said anything that deserves scorn."

I was touched by his sudden gentle tone.

"Forgive my harshness,* St. John," I said. "But it is your own fault that I have been roused* to speak so harshly. You have made us discuss a topic on which our opinions, our very own natures, differ greatly. We should never discuss love, you and I. My dear cousin, abandon your plan of marrying me. Forget it."

"No," he said. "It is the only plan for the success of God's plan for me. But I will stop pressing you for now.* Tomorrow, I leave home for Cambridge. I have many friends there to whom I wish to say farewell.* I will be gone a fortnight.* Take that time to consider my offer. And do not forget that if you reject it, it is not just me that you deny, but also God and the Christian faith!"

He turned around angrily and walked away, leaving me alone and speechless.

That night, after he had kissed his sisters, he did not even shake hands with me and left the room in silence. Though I had no love for him, I considered him a friend, so I was greatly hurt by his sudden indifference.* Tears

"저는 사랑에 대한 오빠의 생각을 경멸해요." 나는 세인트 존 앞에 벌떡 일어나서서 말했다. "저는 그릇된 감정에 대한 오빠의 제안을 경멸해요. 그리고 그런 것들을 주는 오빠를 경멸해요."

세인트 존이 나를 응시했다. 나는 그가 화가 났는지 놀랐는지 알지 못했다.

"나는 내가 경멸을 받을 짓을 했거나 그런 말을 했다고 생각하지는 않아."

나는 세인트 존의 갑작스러운 온화한 말투에 마음이 움직였다.

"저의 모진 말을 용서하세요, 오빠." 내가 말했다. "하지만 제가 그렇게 모질게 말하도록 일깨운 것은 오빠 자신의 잘못이에요. 오빠는 우리의 의견, 우리의 천성이 크게 다른 주제를 놓고 토론하게 만들었어요. 우리는 사랑에 대해 토론하면 안 돼요, 오빠와 저는요. 나의 사랑하는 사촌 오빠, 저와 결혼하려는 계획을 단념하세요. 잊어버리세요."

"안 돼." 세인트 존이 말했다. "그것은 오로지 나를 위해 주님이 세우신 계획의 성공을 위한 계획일 뿐이야. 하지만 이제 너에게 강요하는 것은 그만두겠어. 내일 나는 케임브리지를 향해 떠날 거야. 작별 인사를 하고 싶은 많은 친구들이 그곳에 있거든. 나는 2주일 후면 떠나고 없을 거야. 그동안 내 제안을 잘 생각해 봐. 그리고 만약 그 제안을 거절한다면, 네가 거부하는 것은 내가 아니라 신과 기독교의 믿음도 거절하는 것임을 잊지 마!"

세인트 존은 화를 내며 몸을 돌렸고, 나를 홀로, 할 말을 잊게 만든 채 떠나 버렸다.

그날 밤 자기 누이동생들에게 입맞춤을 해 준 후, 세인트 존은 나와는 악수조차 하지 않고 말없이 방을 떠났다. 비록 그에게 애정은 없었지만, 나는 세인트 존을 친구로 여겼으므로 그의 갑작스러운 무관심에 의해 크게 상처받았다. 내 눈에

---

harshness 난폭함, 모질음 **rouse** 깨우다, 눈뜨게 하다 **for now** 당분간 **say farewell** 작별을 고하다 **fortnight** 2주일 **indifference** 무관심, 냉담

welled up* in my eyes.

"I see you and St. John have been arguing,* Jane, during your walk on the moor," said Diana. "Go after him. He is now lingering* in the passage expecting you."

I did not have much pride under such circumstances*: I would always rather be happy than dignified.* I ran after him and found him standing at the foot of the stairs.

"Goodnight, St. John," I said.

"Goodnight, Jane," he replied calmly.

"Let us shake hands," I added.

His touch was cold and loose. He was still deeply unhappy at what had occurred that day. Neither cordiality nor tears moved him. No happy reconciliation* was to be had with him. He did not give a smile or a friendly word. Yet the Christian was patient and placid.*

"Have you forgiven me?" I asked.

"I'm not in the habit of holding grudges," he said. "I have nothing to forgive, because I have not been offended.*"

He left me with that answer. I would have preferred it if he had knocked me down.

눈물이 괴었다.

"나는 너랑 세인트 존 오빠가 황무지를 산책하는 도중에 언쟁한 것을 알아, 제인." 다이애나가 말했다. "오빠를 따라가 봐. 지금 너를 기다리며 복도에서 꾸물거리고 있어."

나는 그러한 상황 하에서는 많은 자존심을 내세우지 않는다. 나는 언제나 위엄을 부리는 것보다는 차라리 행복한 것을 선호한다. 나는 세인트 존을 쫓아갔고 그가 계단 밑에 서 있는 것을 발견했다.

"안녕히 가세요, 세인트 존 오빠." 내가 말했다.

"잘 있어, 제인." 세인트 존이 차분히 대답했다.

"우리 악수해요." 내가 덧붙였다.

세인트 존의 손길은 차갑고 느슨했다. 세인트 존은 여전히 그날 일어난 일에 대해 깊이 불쾌해 했다. 진심도 눈물도 세인트 존을 감동시키지 못했다. 세인트 존과의 어떤 즐거운 화해도 없었다. 세인트 존은 미소도 친근한 말도 건네지 않았다. 그러나 이 기독교인은 참을성 있고 평온했다.

"저를 용서해 주시겠어요?" 내가 물었다.

"나는 원한을 붙들고 있는 데는 익숙하지 않아." 세인트 존이 말했다. "화난 것이 없으니 용서할 것도 없지."

세인트 존은 그 대답과 함께 나를 떠났다. 차라리 그가 나를 때려눕혔다면 더 좋았을 것이었다.

---

well up 샘솟다, 솟아 나오다   **argue** 언쟁하다, 말다툼하다   **linger** 꾸물거리다   **circumstance** 상황, 환경   **dignified** 위엄 있는, 고귀한   **reconciliation** 화해, 조정   **placid** 평온한, 조용한   **offend** 성나게 하다

Chapter 35

He did not leave for Cambridge the next day, as he had said he would. He deferred* his departure a whole week. Without one overt* act of hostility, one upbraiding* word, he contrived* to impress* me.

To me, he had in reality become no longer flesh, but marble*; his eye was a cold, bright, blue gem; his tongue was a speaking instrument*—nothing more.

All this was torture to me—refined,* lingering torture. He continued to pressure* me to marry him, and I resisted as gently and kindly as I could. However, my kindness only made him insist* more bitterly* and unyieldingly.* I told Diana what had happened, and she

제35장

세인은 집요한 세인트 존의 청혼을 거절한다.
어느 날 제인은 자신을 부르는 로체스터의 목소리를 환청으로 듣고,
진정한 사랑의 의미에 대해 다시 진지하게 생각한다.

세인트 존은 자기가 말했던 것처럼 다음 날 케임브리지로 떠나지 않았다. 세인트 존은 자신의 출발을 일주일을 꼬박 미루었다. 단 하나의 적의 있는 행동, 한마디 비난의 말도 없이, 세인트 존은 나에게 깊은 인상을 줄 것을 꾀했다.

나에게 있어서, 세인트 존은 사실 더 이상 살과 뼈로 만들어진 사람이 아니라 대리석이 되었는데, 그의 눈은 차갑고 밝고 푸른 보석이었고, 그의 혀는 말하는 기계에 불과했다. 그 이상은 아니었다.

이 모든 것이 나에게는 고문, 질질 끌면서도 잘 정제된 고문이었다. 세인트 존은 계속해서 자신과 결혼하라며 나를 압박했고, 나는 최대한 점잖고 친절하게 저항했다. 그러나 나의 친절은 오로지 세인트 존이 더욱 지독하고 완고하게 고집을 피우게 만들 뿐이었다. 나는 다이애나에게 무슨 일이 있었는지 말했고, 다이애나

---

defer 연기하다, 미루다 **overt** 명백한, 공공연한 **upbraiding** 나무라는, 비난하는 **contrive** 꾸미다, 획책하다 **impress** 감동시키다, 감명을 주다 **marble** 대리석 **instrument** 기계, 기구 **refined** 세련된, 품위 있는 **pressure** 압력을 가하다, 강제하다 **insist** 강요하다, 조르다 **bitterly** 몹시, 지독하게 **unyieldingly** 완고하게, 단호하게

told me that I would be a fool to go to India with St. John, because he considers me merely a tool to aid his great cause.* This gave me some comfort.

The night before St. John was to leave for Cambridge, the five of us had dinner together. After dinner, St. John prayed for me, and the power of his speech was so great that I was in awe.* I was almost feeling compelled* to marry him, when I heard a strange noise.

"Did you hear that?" I asked abruptly.

St. John, Mary and Diana looked at me strangely.

"What did you hear?" asked Mary.

"Jane! Jane! Jane!" I heard the voice again. I knew it very well. It was the voice of Mr. Rochester!

"I am coming!" I cried. I rushed to the door and looked into the passage. It was empty. I ran out into the garden. Nothing.

"Where are you?" I shouted at the top of my lungs.*

The hills beyond Marsh Glen sent back nothing but echoes of my own voice. I listened. Only silence followed.

I broke away from St. John, who had followed and tried to detain* me. It was my time to assume superiority.* My powers were in play and in force.*

"Don't ask me any questions!" I said. "Just leave me alone. I need to be alone!"

는 내가 세인트 존과 함께 인도에 가는 것은 바보 같은 짓이라고 말했다. 그가 나를 단지 자신의 위대한 대의를 지원해 줄 도구로 여기기 때문이라는 것이었다. 이 말은 나에게 다소의 위안을 주었다.

세인트 존이 케임브리지로 떠나기로 한 전날 밤, 우리 다섯은 함께 저녁 식사를 했다. 저녁 식사 후, 세인트 존은 나를 위해 기도해 주었고, 그의 말의 힘은 너무나 커서 나는 경외심이 들었다. 내가 거의 그와 결혼하도록 강요받는 느낌이 들었을 때, 나는 이상한 소리를 들었다.

"저 소리 들었어?" 내가 갑자기 물었다.

세인트 존, 메리, 그리고 다이애나는 나를 이상하게 쳐다보았다.

"무엇을 들었는데?" 메리가 물었다.

"제인! 제인! 제인!" 나는 다시 목소리를 들었다. 나는 그 목소리를 잘 알았다. 그것은 로체스터 씨의 목소리였다!

"가요!" 내가 소리쳤다. 나는 문으로 달려가 복도를 들여다보았다. 복도는 텅 비어 있었다. 나는 정원으로 나갔다. 아무것도 없었다.

"어디 계세요?" 나는 있는 힘껏 소리쳤다.

마시 글렌 너머에 있는 언덕은 내 자신의 목소리의 메아리를 제외하면 아무것도 돌려보내지 않았다. 나는 귀를 기울였다. 오로지 적막만이 이어졌다.

나는 세인트 존을 뿌리쳤다. 그는 나를 따라와서 나를 못 가게 붙들었다. 이번에는 내가 우월함을 취할 차례였다. 나의 힘이 작동했고 유효했다.

"제게 아무 질문도 하지 마세요!" 나는 말했다. "그냥 혼자 있게 내버려 두세요. 혼자 있고 싶어요!"

---

cause 대의, 목적 in awe 경외하며 compel 강요하다 at the top of one's lungs 큰 소리로, 목청껏 소리 내어 detain 못 가게 붙들다 superiority 우월, 탁월 in force 유효한

He obeyed at once. I went to my room, locked myself in and fell on my knees. I prayed in my way—a different way to St. John's. I was filled with gratitude* toward God. I rose from my prayer, lay down, enlightened* and anxious for the morning to arrive.

세인트 존은 즉시 순순히 응했다. 나는 내 방으로 가서 안에서 문을 잠갔고 무릎을 꿇었다. 나는 세인트 존의 기도와는 다른 방식으로, 내 방식대로 기도했다. 나는 신을 향한 감사한 마음으로 충만했다. 나는 기도 자세에서 일어나 무언가 깨달음을 얻은 상태로 다가올 아침을 고대하며 누웠다.

---

gratitude 감사   **enlighten** 계몽하다, 교화하다

Chapter 36

As daylight came, I rose at dawn. I busied myself for an hour or two with* arranging* my things in my chamber.

I left Moor House at three o'clock p.m., and soon after four I stood at the foot of the signpost of Whitcross, waiting the arrival of the coach which was to take me to Thornfield. It was a journey of six-and-thirty hours. I left Whitcross on a Tuesday afternoon, and early Thursday morning, the coach stopped to water the horses at a wayside* inn. The scenery surrounding the inn, whose green hedges* and large fields and low pastoral* hills, met my eye like the lineaments* of a once familiar face. Yes, I knew the character of this landscape.

제36장

제인은 손필드로 돌아가지만 폐허 더미만 발견한다.
인근 여관에 묵으면서 제인은
그간 손필드에서 일어났던 사건의 전말을 듣는다.

날이 밝았고, 나는 새벽에 일어났다. 나는 내 방에서 한두 시간 동안 내 물건들을
정리하느라 바빴다.

나는 오후 3시에 무어 하우스를 떠났고 4시 직후에는 나를 손필드로 데려다
줄 마차의 도착을 기다리며 휘트크로스 표지판 밑에 서 있었다. 그것은 36시간짜
리 여행이었다. 나는 휘트크로스에서 화요일 오후에 출발했고, 목요일 아침 일찍
마차는 말들에게 물을 먹이려고 어느 길가의 여관에서 멈췄다. 그 여관을 둘러싼
초록색 울타리와 넓은 들판과 낮은 시골 언덕들의 경치는 한때 친숙했던 얼굴의
생김새처럼 나의 눈에 들어왔다. 나는 이 풍경의 특징을 알고 있었다.

---

busy oneself with ~으로 바쁘다 **arrange** 정돈하다, 정리하다 **wayside** 길가, 노변 **hedge**
산울타리, 울타리 **pastoral** 전원생활의, 시골의 **lineament** 얼굴 모양, 생김새

"How far is Thornfield Hall from here?" I asked of the hostler.*

"Just two miles, ma'am, across the fields."

"My journey is closed," I thought to myself. I got out of the coach, paid my fare,* and then started to walk toward Thornfield Hall. The sun shined on the sign of the inn, and I read in gilt* letters, "The Rochester Arms." My heart leapt up. I was already on my master's very lands. How fast I walked! How I ran sometimes! How I looked forward to catching the first view of the well-known woods!

At last the woods appeared. Strange delight inspired me; on I hastened. Another field crossed and there were the courtyard walls. I had walked along the lower wall of the orchard, and turned its corner. The gate was just there. From behind one pillar I could peep* around quietly at the full front of the mansion. To my surprise, I found it was stone dead!

I looked with timorous* joy toward the stately house; I saw a blackened ruin.*

There was no need to listen to fancy* steps on the pavement* or the gravel* walk. The grounds were trodden* and waste. The front was, as I had once seen it in a dream, but a well-like wall, very high and very fragile-looking,* perforated* with paneless windows: no roof, no battlements,* no chimneys—all crashed in.

"여기서 손필드 저택은 얼마나 멀지요?" 내가 마부에게 물었다.

"들판을 가로지르면 딱 2마일 거리입니다, 아가씨."

'내 여행이 끝났구나.' 나는 속으로 생각했다. 나는 마차에서 내렸고 요금을 지불했으며, 그런 다음 손필드 저택을 향해 걷기 시작했다. 태양은 여관의 간판을 비췄고, 나는 '로체스터 암스'라는 금빛 글자를 읽었다. 나의 가슴은 뛰었다. 나는 이미 나의 주인의 바로 그 영지에 있는 것이었다. 얼마나 빨리 걸었던지! 때로는 얼마나 뛰었던지! 잘 아는 숲의 첫 조망을 보기를 얼마나 학수고대했던지!

마침내 숲이 나타났다. 이상한 기쁨이 나를 고무시켰고, 나는 계속해서 서둘렀다. 또 다른 들판을 건너자 안마당의 담이 있었다. 나는 과수원의 낮은 담을 따라 걸었고 그 모퉁이를 돌았다. 바로 거기에 대문이 있었다. 한 기둥 뒤에서 나는 조용히 저택의 전면을 훑어볼 수 있었다. 놀랍게도, 그것은 완전히 죽어 있었다!

나는 위풍당당한 저택을 향해 주저하는 듯한 기쁨을 느끼며 쳐다보았다. 나는 거무스름해진 폐허를 보았다.

포장도로나 자갈길 위의 복잡한 발자국에 귀를 기울일 필요도 없었다. 마당은 짓밟히고 황폐해져 있었다. 일전에 꿈에서 본 것처럼 저택의 정면은 창틀 없는 창문으로 구멍이 뚫린 채 아주 높고 아주 무너지기 쉬워 보이는 우물 같은 벽뿐이었다. 지붕도 없고, 총 구멍이 난 흉벽도 없고, 굴뚝도 없이 모두 무너져 있었다.

---

hostler 마부 **fare** 운임, 요금 **gilt** 금박 **peep** 엿보다 **timorous** 소심한, 겁먹은 **ruin** 폐허 **fancy** 복잡한, 변덕스러운 **pavement** 포장도로 **gravel** 자갈 **tread** 밟다, 지나가다 **fragile-looking** 부서질 듯 보이는 **perforate** 구멍을 내다 **battlements** 총 구멍이 있는 흉벽

And there was a solitude and silence of death about it. In wandering around the shattered* walls and through the devastated* interior,* I gathered evidence* that the calamity* was not of late occurrence.*

Some answer must have been as to what had happened. I could find it nowhere but at the inn, so I returned. The host himself brought my breakfast into the room. I requested him to sit down, because I had some questions to ask him. But when he complied,* I did not know of the horror of his possible answers. The desolation* I had just left prepared me in a measure* for a tale of misery. He was a respectable-looking, middle-aged man.

"Is Mr. Rochester living at Thornfield Hall now?"

"No, ma'am! No one is living there. I suppose you are a stranger in these parts, or you would have heard what happened last autumn. Thornfield Hall is a ruin. A dreadful calamity! Such an immense* quantity of valuable property destroyed.* The fire broke out in the middle of the night, and before help arrived from Millcote, the building was one mass of flame. It was a terrible spectacle.* I witnessed* it myself."

"Middle of the night!" I muttered. "Was it known how it originated*?" I demanded.

"You are not perhaps aware that there was a lady, a lunatic, kept in the house?" he continued, pulling his chair closer to the table, and speaking low.

그리고 그 주변에는 죽음 같은 고독과 적막이 있었다. 산산이 부서져 내린 담벼락과 황폐한 내부를 통해 이리저리 거닐며, 나는 그러한 큰 재난이 최근의 사건은 아니라는 증거를 수집했다.

어떤 일들이 일어났는지에 대해서 어떤 대답이 있을 터였다. 나는 여관에서 말고는 아무 데에서도 그 대답을 찾을 수 없었으므로 그곳으로 돌아갔다. 주인이 직접 나의 아침 식사를 방으로 가져왔다. 나는 그에게 물어볼 몇 가지 질문들이 있어서 그에게 앉으라고 청했다. 그러나 막상 그가 응했을 때, 나는 그가 해 줄 수 있는 대답들에 대한 공포에 대해서는 알지 못했다. 내가 방금 떠나 온 폐허가 나에게 비참한 이야기에 다소 대비하게 해 주었다. 그는 점잖아 보이는 중년의 남자였다.

"로체스터 씨는 지금 손필드 저택에서 사시나요?"

"아니요, 아가씨! 그곳에는 아무도 살고 있지 않아요. 아가씨는 이 지역에 처음 오신 것 같군요. 아니면 지난 가을에 무슨 일이 일어났는지 들으셨을 테니까요. 손필드 저택은 폐허가 되었지요. 끔찍한 재난이에요! 그처럼 막대한 귀중한 재산이 파괴되었어요. 한밤중에 화재가 일어났고, 밀코트로부터 도움의 손길이 도착하기 전에, 건물은 화염 덩어리가 되었어요. 그것은 끔찍한 광경이었지요. 제가 직접 목격했어요."

"한밤중에요!" 나는 중얼거렸다. "그 불이 어떻게 일어났는지 밝혀졌나요?" 내가 물었다.

"아가씨는 아마도 어떤 여자가, 미친 여자가 그 집에 감금되어 있었던 것을 모르시겠지요?" 그가 탁자로 의자를 가까이 당기고 낮은 목소리로 말하며 말을 이었다.

---

shattered 산산이 부서진 **devastated** 황폐한 **interior** 내부, 안쪽 **evidence** 증거, 물증 **calamity** 큰 재난, 큰 불행 **occurrence** 사건 **comply** 응하다, 따르다 **desolation** 황량한 곳, 폐허 **in a measure** 다소, 일정 부분 **immense** 거대한, 막대한 **destroy** 파괴하다 **spectacle** 광경 **witness** 목격하다, 보다 **originate** 비롯하다, 일어나다

"She was kept in very close confinement,* ma'am. People even for some years were not absolutely certain of her existence. No one saw her. They only knew by rumor that such a person was at the Hall, and who or what she was it was difficult to conjecture.* They said Mr. Edward had brought her from abroad, and some believed she had been his mistress. But a queer* thing happened a year ago—a very queer thing.

"This lady, ma'am, turned out to be Mr. Rochester's wife!" he answered. "The discovery was brought about in the strangest way. There was a young lady, a governess at the Hall, whom Mr. Rochester fell in love with. The servants say they never saw anybody so much in love as he was: he was after her continually. They used to watch him, and he set store on* her past everything: for all, nobody but him thought her so very beautiful. Mr. Rochester was about forty, and this governess not twenty; and you see, when gentlemen of his age fall in love with girls, they are often like as if they were bewitched. Well, he would marry her."

"Please tell me this part of the story another time," I said. "Now I want to hear all about the fire. Was it suspected that this lunatic, Mrs. Rochester, had any hand in* it?"

"You've hit it, ma'am. It's quite certain that it was she that set fire to the Hall. On this night, she made her way to the chamber that had been used by the governess and

"그 여자는 아주 철저히 감금되어 있었어요, 아가씨. 사람들은 심지어 몇 년 동안이나 그녀의 존재를 절대적으로 확신할 수 없었어요. 아무도 그 여자를 못 봤죠. 그러한 사람이 저택에 있다는 소문으로만 알 뿐이었고, 그녀가 누구이고 어떤 여자인지는 추측하기가 어려웠습니다. 사람들은 에드워드 씨가 그녀를 외국에서 데려오셨다고들 했고, 어떤 사람들은 그녀가 그분의 애인이었다고 믿었어요. 하지만 1년 전에 이상한 일이 일어났어요. 아주 일상한 일이었지요."

"이 여자는요, 아가씨, 로체스터 씨의 아내인 것으로 밝혀졌답니다!" 그가 대답했다. "그러한 발견은 아주 이상한 방식으로 일어났어요. 저택에는 로체스터 씨가 사랑하게 된 가정 교사 아가씨가 있었어요. 하인들이 말하기를 그분만큼 사랑에 빠진 사람은 어느 누구도 보지 못했다고 합니다. 계속 그 아가씨 뒤만 쫓아다니셨다는 것입니다. 그들은 로체스터 씨를 지켜보곤 했는데, 그분은 자신을 제외한 아무도 그 아가씨를 그렇게 아주 예쁘다고 여기지 않았는데도 불구하고 과거 그 아가씨의 모든 것을 소중히 여기셨다고 합니다. 로체스터 씨는 약 마흔 살 정도이셨고, 이 가정 교사는 스무 살이 채 안되었지요. 그런데 아시다시피, 이 나이의 신사들이 사랑에 빠지면, 그분들은 종종 마치 마법에 홀린 듯합니다. 글쎄요, 그분은 그 아가씨와 결혼하려고 하셨어요."

"그 이야기 부분은 다음에 들려주세요." 내가 말했다. "지금 저는 화재에 관한 모든 것을 듣고 싶어요. 이 정신 이상인 로체스터 부인이 그 화재에 어떤 관여를 했다고 의심받았나요?"

"정곡을 찌르셨어요, 아가씨. 저택에 불을 지른 것이 그 여자인 것이 분명해요. 이날 밤, 그 여자는 가정 교사가 사용했던 방으로 가서 그곳에 있던 침대에 불을

---

confinement 감금, 유폐   **conjecture** 추측하다, 어림대고 말하다   **queer** 기묘한, 괴상한   **set store on** ~을 중요시하다   **have a hand in** ~에 관여하다

kindled the bed there. But there was nobody sleeping in it, fortunately. The governess had run away two months before; and for all Mr. Rochester sought her as if she had been the most precious thing he had in the world, he never could hear a word of her; and he grew savage on his disappointment: he never was a wild man, but he got dangerous after he lost her. He used to be alone by shutting himself up like a hermit at the Hall."

"What! Did he not leave England?"

"Leave England? No! He would not cross the doors of the house, except at night, when he walked just like a ghost about the grounds and in the orchard as if he had lost his senses. I have often wished that Miss Eyre had been sunk in the sea before she came to Thornfield Hall."

"Then Mr. Rochester was at home when the fire broke out?"

"Yes, indeed he was; and he went up to the attics when all was burning above and below, and got the servants out, and went back to get his mad wife out of her cell. And then they called out to him that she was on the roof, where she was standing, waving her arms, above the battlements, I saw her and heard her with my own eyes. I witnessed Mr. Rochester ascend* through the skylight* on to the roof; we heard him call 'Bertha!' We saw him approach her; and then, she yelled and sprung, and the next minute she lay smashed* on the pavement."

질렀지요. 하지만 다행히도 그 침대에는 아무도 자고 있지 않았어요. 가정 교사가 두 달 전에 도망을 친 터였고, 로체스터 씨는 그 아가씨가 자신이 세상에서 가지고 있는 가장 귀중한 것인 듯 그 아가씨를 찾으셨지만, 그 아가씨로부터 아무런 소식도 듣지 못하셨지요. 로체스터 씨는 좌절감으로 점점 난폭해지셨어요. 사나운 분은 아니었지만, 그 아가씨를 잃고 나서는 위험한 사람이 되시고 말았어요. 로체스터 씨는 세상과 단절하고 은자처럼 저택에 혼자 틀어박혀 계시곤 했어요."

"뭐라고요! 로체스터 씨가 영국을 떠나지 않으셨어요?"

"영국을 떠나셔요? 천만에요! 로체스터 씨는 밤을 제외하면 집 안의 문도 넘으려고 하지 않으셨어요. 그때는 마치 제정신이 아닌 사람처럼 영지와 과수원을 유령처럼 걸어 다니셨어요. 저는 종종 제인 에어 양이 손필드 저택으로 오기 전에 바다에 빠졌으면 얼마나 좋을까 하고 바랐습니다."

"그러면 로체스터 씨는 불이 났을 때 집에 계셨나요?"

"네. 실제로 계셨죠. 그리고 위아래 층이 모두 불타고 있을 때 다락방으로 올라가셨고, 하인들을 내보내시고, 자신의 정신 나간 아내를 방에서 꺼내려고 되돌아가셨어요. 그리고 그때 사람들이 로체스터 씨에게 그녀가 지붕 위에 있다고 외쳤어요. 그녀는 지붕 위에 서서 총 구멍이 난 흉벽 위로 팔을 흔들고 있었지요. 저는 제 눈으로 직접 그녀를 보고 그녀의 목소리를 들었어요. 저는 로체스터 씨가 지붕의 채광창을 통해 지붕으로 올라가시는 것을 목격했어요. 우리는 로체스터 씨가 '버사!'라고 외치는 것을 들었죠. 우리는 로체스터 씨가 그 여자에게 다가가시는 것을 보았어요. 그때 그녀가 소리를 지르고 뛰어내렸고, 다음 순간 그녀는 포장도로 위에 쾅 하고 떨어져 누워 있었어요."

---

ascend 오르다, 올라가다 **skylight** 채광창 **smash** 깨뜨리다, 산산이 부수다

"Dead?"

"Yes, dead as the stones on which her brains and blood were scattered."

"It was frightful*!" he shuddered.*

"And afterward?" I asked.

"Well, ma'am, afterward the house was burnt to the ground. There are only some bits of walls standing now."

"Were any other lives lost?"

"No... perhaps it would have been better if there had."

"You said he was alive?" I exclaimed.

"Yes, yes, he is alive."

"Where is he?" I asked. "Is he in England?"

"He's in England. He can't get out of England."

"Why? How?" My blood was again running cold.

"He is stone-blind," he said at last. "Yes, Mr. Edward is stone-blind."

I had dreaded worse. I had dreaded he was mad. I summoned strength to ask what had caused this calamity.

"It was all his own courage. He was taken out from under the ruins, alive, but sadly hurt. A beam had fallen in such a way as to protect him partly, but one eye was knocked out, and one hand so crushed that the surgeon had to remove* it directly. The other eye inflamed.* He lost the sight of that also. He is now helpless, blind and a cripple.*"

"죽었나요?"

"네. 돌 위에 뇌와 피가 산산이 흩어진 채로 죽었어요."

"무시무시했어요!" 그가 몸을 부르르 떨었다.

"그 다음에는요?" 내가 물었다.

"그게요, 아가씨, 그 다음에는 집이 불타서 땅으로 무너져 내렸어요. 지금은 몇 개의 담벼락만 조금 서 있을 뿐이죠."

"다른 누가 또 죽었나요?"

"아니요, 있었다면 차라리 좋았을지도 몰라요."

"로체스터 씨가 살아 계시다고요?" 내가 소리쳤다.

"네, 네, 살아 계세요."

"어디 계시죠?" 내가 물었다. "영국에 계신가요?"

"영국에 계세요. 영국을 떠나실 수 없으니까요."

"왜요? 어째서요?" 나의 피는 다시 싸늘해지고 있었다.

"그분은 완전히 장님이 되셨어요." 그가 마침내 말했다. "네, 에드워드 씨는 완전히 눈이 머셨어요."

나는 훨씬 더 두려워하고 있었다. 나는 로체스터 씨가 미쳤을까 봐 두려웠다. 나는 무엇이 이러한 재난을 야기한 것인지 물으려고 힘을 끌어모았다.

"모두 로체스터 씨의 용기 때문이었어요. 로체스터 씨는 폐허 아래에서 목숨이 붙어 있는 채로 꺼내어지셨지만, 심하게 다치셨어요. 들보 하나가 로체스터 씨를 부분적으로 막아 주는 방식으로 떨어지기는 했지만, 눈 하나가 튀어나오고 말았고, 손 하나는 너무 으스러져서 의사는 즉시 그것을 제거하지 않으면 안 되었어요. 다른 쪽 눈은 감염이 되었어요. 로체스터 씨는 그쪽 시력도 역시 잃으셨지요. 로체스터 씨는 이제 무력하고, 장님인 데다가 불구가 되었어요."

---

frightful 무서운, 무시무시한　**shudder** 떨다, 벌벌 떨다　**remove** 제거하다, 없애다　**inflame** 염증이 생기다　**cripple** 불구자

"Where is he? Where does he now live?"

"At Ferndean, a manor-house on a farm he has, about thirty miles off: quite a desolate spot."

"Who is with him?"

"Old John and his wife. He would have none else. He is quite broken down, they say."

"로체스터 씨는 어디에 계시죠? 지금은 어디에 사시나요?"

"펀딘에요. 약 30마일 떨어져 있는 본인 소유의 농장에 있는 저택입니다. 상당히 적막한 곳이죠."

"누가 함께 계신가요?"

"늙은 존 영감님과 그분의 부인이요. 그 외의 다른 사람은 없어요. 상당히 쇠약해지셨다고 하더군요."

Chapter 37

The manor house of Ferndean was an extremely old building. I had heard of it before. Mr. Rochester often spoke of it, and sometimes went there.

I reached it on a dark evening. The front door opened slowly. A man came out into the twilight* and stood on the step. He stretched out his hand as if to feel whether it was raining. It was my master, Mr. Rochester. He went back in drearily.

I now drew near and knocked. John's wife opened the door.

"Mary, how are you?" I said.

제37장

제인은 로체스터를 찾아가고 둘은 반갑게 재회한다.
둘은 아직도 식지 않은 서로에 대한 사랑을 깨닫고
결혼하기로 약속한다.

펀딘의 저택은 몹시 낡은 건물이었다. 나는 전에 그곳에 관해 들어본 적이 있었다. 로체스터 씨는 종종 그곳에 관해 이야기했고, 때로는 그곳에 갔다.

나는 어두워진 저녁 무렵에 그곳에 도착했다. 현관문이 천천히 열렸다. 한 남자가 황혼 속으로 걸어 나와 계단 위에 섰다. 그는 마치 비가 오는지 감지하려는 듯 손을 뻗었다. 그것은 나의 주인 로체스터 씨였다. 로체스터 씨는 쓸쓸하게 돌아갔다.

나는 이제 가까이 다가가서 문을 두드렸다. 존의 부인이 문을 열어 주었다.

"메리, 잘 있었어요?" 내가 말했다.

She jumped as if she had seen a ghost. I calmed her down and explained to her that I had come to see Mr. Rochester. I saw that she was carrying a tray.

"Is that for Mr. Rochester?" I asked.

"Yes."

"Give the tray to me. I will carry it in."

I took it from her hand, and she pointed to a door. I walked in, and Mary shut the door behind me.

This room looked gloomy. A neglected* handful of fire burnt low in the grate.* Leaning over it, with his head supported against the high mantelpiece,* was my blind master. His old dog, Pilot, lay on one side and coiled up* as if he were afraid of being inadvertently* trodden upon. Pilot pricked up his ears* when I came in, and then he jumped up with a yelp* and a whine,* and bounded* toward me.

"Give me the water, Mary," he said.

"Mary is in the kitchen," I answered, handing him the water.

He recognized my voice immediately.

"Is that Jane?" he said. "Am I going mad? It can't be... it can't be!"

"It is me, Jane Eyre, sir."

"The Jane Eyre who left me?"

"I will never leave you again, sir."

"I cannot believe it. Embrace me, Jane."

메리는 마치 유령을 본 듯이 펄쩍 뛰었다. 나는 메리를 진정시키고 로체스터 씨를 만나러 온 거라고 설명했다. 나는 메리가 쟁반을 나르고 있는 것을 보았다.

"로체스터 씨께 드릴 것인가요?" 내가 물었다.

"네."

"그 쟁반을 저에게 주세요. 제가 가지고 들어갈게요."

나는 그것을 메리의 손에서 받았고, 그녀는 문 하나를 가리켰다. 나는 안으로 들어갔고, 메리는 내 뒤에서 문을 닫았다.

이 방은 음침해 보였다. 방치된 한 줌의 불길이 벽난로에서 맥없이 타고 있었다. 머리를 높은 벽난로 선반 위에 받친 채 그 위로 몸을 기대고 있는 나의 눈 먼 주인이 있었다. 로체스터 씨의 늙은 개 파일럿이 마치 무심히 밟힐 것을 두려워하는 것처럼 한쪽에 웅크리고 누워 있었다. 내가 안으로 들어가자 파일럿은 귀를 쫑긋 세웠고, 그런 다음 짖고 낑낑거리며 벌떡 일어서더니 나를 향해 뛰어올랐다.

"물 좀 줘, 메리." 로체스터 씨가 말했다.

"메리는 부엌에 있어요." 내가 물을 건네며 대답했다.

로체스터 씨는 즉시 내 목소리를 알아차렸다.

"거기 제인이오?" 로체스터 씨가 말했다. "내가 미쳐 가고 있는 건가? 그럴 리가 없지. 그럴 리 없어!"

"저예요. 제인 에어예요, 로체스터 씨."

"나를 떠난 제인 에어 맞소?"

"다시는 당신을 떠나지 않겠어요, 로체스터 씨."

"믿을 수 없군. 나를 안아 주오, 제인."

---

neglected 돌보지 않은   **grate** 쇠창살   **mantelpiece** 벽난로 선반   **coil up** 돌돌 감다
inadvertently 부주의하게, 무심결에   **prick up one's ears** 귀를 쫑긋 세우다   **yelp** 짖는 소리
whine 낑낑거림   **bound** 도로 튀어 오르다

I pressed my lips to his once brilliant and now blind eyes. I swept his hair from his brow, and kissed that too.

"It is you! Have you come back to me then?"

"Yes."

The evening flew by, I did not let go of his hands while I related to him, in detail, my experiences since the day I left Thornfield Hall. We talked for hours, and I fell asleep next to him, still holding his hands.

We went for a walk early next morning. He had his hand on my shoulder as I guided him through the woods. Suddenly he stopped.

"Miss Eyre, you can leave me," he said.

"But this is my home, next to you. I told you I would never leave you again."

"No, Jane, this is not your home, because your heart is not with me. It is with this cousin—this St. John. Jane, leave me. Go and marry Rivers, and go to India with him."

"You can try to push me away all you want, but I will never leave you. I do not love St. John. He is my cousin, and a friend."

Mr. Rochester smiled.

"Then will you marry me?" he asked.

"Yes, sir."

"You'll marry a poor blind man?"

"Yes, sir."

나는 한때 반짝반짝 빛났고 지금은 멀어 버린 로체스터 씨의 눈에 입술을 가져다 댔다. 나는 로체스터 씨의 이마에서 머리카락을 쓸어 넘기고 거기에도 키스를 했다.

"당신이군! 그럼 나에게 돌아온 것이오?"

"네."

저녁 시간이 지나갔고, 손필드 저택을 떠난 날 이후 내가 경험했던 것을 로체스터 씨에게 상세히 설명하는 동안 나는 그의 손을 놓지 않았다. 우리는 몇 시간 동안 이야기를 나누었고, 나는 여전히 로체스터 씨의 손을 잡은 채 그의 옆에서 잠이 들었다.

우리는 다음 날 아침 일찍 산책을 갔다. 내가 그를 숲 속으로 안내할 때 로체스터 씨는 자신의 손을 내 어깨 위에 얹었다. 갑자기 로체스터 씨가 멈춰 섰다.

"에어 양, 당신은 나를 떠나도 되오." 로체스터 씨가 말했다.

"하지만 이곳 당신 옆이 제 집이에요. 다시는 당신을 떠나지 않을 거라고 말씀드렸잖아요."

"아니요, 제인. 이곳은 당신 집이 아니오. 당신의 마음이 나와 함께 있지 않기 때문이오. 당신의 마음은 사촌인 세인트 존과 함께 있소. 제인, 나를 떠나시오. 가서 리버스와 결혼해서 그와 함께 인도로 가시오."

"당신은 당신이 원하는 만큼 힘껏 저를 밀어내셔도 돼요. 하지만 저는 절대로 당신을 떠나지 않겠어요. 저는 세인트 존을 사랑하지 않아요. 그는 제 사촌이며 친구랍니다."

로체스터 씨가 미소를 지었다.

"그러면 나와 결혼하겠소?" 로체스터 씨가 물었다.

"네, 로체스터 씨."

"불쌍한 장님과 결혼하겠다는 말이오?"

"네, 로체스터 씨."

"You will marry a crippled man, twenty years older than you, whom you will have to wait on?"

"Yes, sir."

He embraced me and kissed me over and over again.

On the way back to the house, Mr. Rochester stopped to tell me how a few nights earlier, in a moment of desperation,* he had called out my name three times. He thought he had heard my answer. Had he not been blind, he would have seen an expression of utter* shock on my face. Yet I made no sound, and did not tell him that it was his voice that I heard at Moor House that had brought me to him. I did not want to upset him or excite him in his fragile condition.

He stretched his hand out to be led back to the house. I took that dear hand, held it a moment to my lips, and then put it around my shoulder. We strolled homeward, contented and blissfully.

"당신보다 20살은 더 나이가 많고, 당신이 시중을 들어야 할 불구자와 결혼하겠다는 말이오?"

"네, 로체스터 씨."

로체스터 씨는 여러 차례 나를 껴안고 입맞춤을 했다.

집으로 돌아오는 길에, 로체스터 씨는 자신이 며칠 전날 밤 절망의 순간에 어떻게 하다가 내 이름을 세 번 불렀는지 말해 주려고 걸음을 멈췄다. 로체스터 씨는 자신이 내 대답을 들었다고 생각했다. 눈이 멀지 않았다면, 로체스터 씨는 나의 얼굴에 나타난 완전한 충격의 표정을 보았을 것이었다. 그러나 나는 아무 소리도 내지 않았고, 나를 그에게 데려온 것이 무어 하우스에서 들었던 그의 목소리였다고 로체스터 씨에게 말하지 않았다. 나는 허약한 상태인 로체스터 씨를 화나게 하거나 흥분시키고 싶지 않았다.

로체스터 씨는 집으로 돌아가게 안내해 달라며 그의 손을 내밀었다. 나는 그 사랑스러운 손을 잡고 그 손을 잠시 내 입술에 대었으며, 그런 다음 그 손을 내 어깨 위에 둘렀다. 우리는 만족스럽고 행복한 마음으로 집을 향해 걸었다.

---

desperation 절망, 자포자기   **utter** 완전한, 철저한

Conclusion

Reader, I married him. We had a quiet wedding, and the only witnesses we had were the parson and clerk of the church.

I sent word of the happy news to my cousins. Mary and Diana wrote back with their good wishes, but I am not sure whether St. John even received the news. When he wrote to me six months later, he did not even mention Mr. Rochester's name or my marriage.

You have not forgotten little Adèle, have you, reader? I had not. I soon visited her at her school, where I found her unhappy. I remembered my own childhood experience at Lowood, so I moved Adèle to a better, more suitable school. I am happy to tell you, reader, that Adèle has now grown up to be a most pleasant, mild-mannered young woman.

I have now been married to my dear Edward for ten years. They were years of complete bliss. My husband continued to be blind for the first two years of our union. Perhaps it was that circumstance that drew us so close. I was his vision, and was and still am his right hand.

One morning at the end of the two years, as I was writing a letter, he came and bent over me.

맺음말

독자여, 나는 로체스터 씨와 결혼했다. 우리는 조용한 결혼식을 올렸고, 우리의 유일한 증인은 교회의 목사와 서기뿐이었다.

나는 기쁜 소식을 내 사촌들에게 보냈다. 메리와 다이애나는 축복을 빌어 주며 답장을 보냈으나, 세인트 존은 그 소식을 받았는지조차도 확실치가 않다. 6개월 뒤에 나에게 편지를 썼을 때, 세인트 존은 로체스터 씨의 이름이나 나의 결혼을 언급하지도 않았다.

어린 아델을 잊지 않았을 것이다, 그렇지 않은가, 독자여? 나는 잊지 않았다. 나는 곧 학교에 있는 아델을 방문했고, 그녀가 불행한 것을 알았다. 나는 로우드에서 보냈던 내 자신의 어릴 적 경험이 기억났고, 그래서 아델을 더 좋고 더 적합한 학교로 옮겼다. 독자여, 아델이 아주 유쾌하면서도 온화한 예절을 지닌 아가씨로 성장했다는 것을 알려주게 되어 기쁘다.

이제 나는 나의 사랑하는 에드워드와 결혼한 지 10년째이다. 그 10년은 완전히 행복한 날들이었다. 나의 남편은 우리가 결혼하고 첫 2년 동안은 계속 장님으로 지냈다. 아마도 우리가 그처럼 가까워진 것은 그러한 환경 때문이었을 것이다. 나는 로체스터의 눈이었고, 과거에도 그랬지만 지금도 여전히 그의 오른손이다.

2년이 지난 어느 날 아침, 내가 편지를 쓰고 있을 때, 로체스터가 와서 나에게 몸을 굽혔다.

"Jane, are you wearing a glittering ornament* round your neck?" he said.

I had a gold watch chain.

"Yes," I answered.

"And are you wearing a pale blue dress?"

He had regained his vision in his right eye. When his first-born son was put into his arms, he could see that the boy had inherited his own eyes, as they once were— large, brilliant, and black.

My Edward and I are happy, partly because those we most love are also happy. Diana and Mary Rivers are both married. They come to see us every year, and we go to see them also. Diana's husband is a captain in the navy, a gallant* officer and a kind, gentle man. Mary's husband is a clergyman, a college friend of her brother's.

As to St. John Rivers, he left England and went to India. He entered on the path he had planned for himself. He stands firm, faithful, and devoted to his cause.

St. John never married, and he will never marry now. He claims to have had a premonition* of his own approaching death. The last letter I received from him drew countless tears from my eyes, and yet it filled my heart with divine joy: he anticipated his sure reward of being welcomed into heaven. The next letter I receive from India will not be from him, but from a stranger who'll inform me of the death of God's good and faithful

"제인, 당신 목에 빛나는 장신구를 걸고 있소?" 로체스터가 말했다.

나는 금 시곗줄을 걸고 있었다.

"네." 내가 대답했다.

"그리고 엷은 푸른색 드레스를 입고 있소?"

로체스터 씨는 오른쪽 눈의 시력을 회복했다. 자신의 첫째 아들이 품에 안겼을 때, 로체스터 씨는 그 아이가 한때 크고 빛나고 새까맸던 자신의 눈을 물려받았다는 것을 알 수 있었다.

나의 에드워드와 나는 행복한데, 부분적으로는 우리가 사랑하는 대부분의 사람들이 또한 행복하기 때문이다. 다이애나 리버스와 메리 리버스는 둘 다 결혼했다. 그들은 매년 우리를 만나러 오며, 우리 역시 그들을 만나러 간다. 다이애나의 남편은 해군 대위인데, 용감한 장교이며 친절하고 관대한 남자이다. 메리의 남편은 목사인데, 자기 오빠의 대학 친구이다.

세인트 존 리버스로 말하자면, 그는 영국을 떠나 인도로 갔다. 세인트 존은 그가 자신을 위해 계획했던 길에 들어섰다. 세인트 존은 자신의 대의에 확고하고 충실하고 헌신적이다.

세인트 존은 결혼하지 않았고 앞으로도 결혼하지 않을 것이다. 세인트 존은 자기 자신에게 다가오는 죽음에 대한 전조를 느끼고 있다고 주장한다. 세인트 존으로부터 받은 마지막 편지는 내 눈에서 끊임없는 눈물이 흐르게 했으며, 여전히 내 마음을 신성한 기쁨으로 채워 주었다. 세인트 존은 하늘로 부름을 받을 거라는 자신에게 주어질 확실한 보상을 기대했다. 인도에서 받는 다음 편지는 세인트 존으로부터가 아니라 주님의 착하고 충실한 하인의 죽음을 알릴 낯선 사람으로부

---

ornament 장식품, 장신구 **gallant** 용감한, 씩씩한 **premonition** 징후, 전조

servant. I need not be sad for him. No fear of death will darken St. John's last hour. His mind will be unclouded,* his heart will be undaunted,* and his faith will be steadfast.* His own words are proof of this:

"My Master has forewarned* me," he said. "He announces* more and more distinctly every day, 'Surely I come quickly!' and I more eagerly respond, 'Amen; even so come, Lord Jesus!'"

터 오는 것일 것이다. 나는 세인트 존을 위해 슬퍼할 필요가 없다. 어떠한 죽음의 두려움도 세인트 존의 마지막 시간을 어둡게 하지 않을 것이다. 세인트 존의 마음에는 구름이 끼지 않을 것이고, 그의 마음은 담대할 것이며, 그의 믿음은 흔들리지 않을 것이다. 세인트 존의 말은 이에 대한 증거이다.

"주님께서는 저에게 미리 주의를 주셨습니다." 세인트 존이 말했다. "날마다 더욱 더 분명하게 알려주십니다. '나는 분명히 속히 가리니!' 그러면 저는 열정적으로 답합니다. '아멘, 속히 임하소서, 주여!'라고."

---

unclouded 구름이 끼지 않은, 활짝 갠   **undaunted** 담대한, 겁내지 않는   **steadfast** 고정된, 흔들리지 않는   **forewarn** 미리 주의를 주다   **announce** 알리다, 발표하다